實用租稅救濟

陳廷献 著

自序

　　依法納稅是憲法所定的義務，任何人只要有一定的收入或財產，就須負擔一定的稅捐。所以，納稅事務與現代國民的生活息息相關。然而，國人對於一般租稅的法律常識非常有限，往往在違反租稅法律所定的作為或不作為義務後，仍無所覺，甚至在稅捐稽徵機關發單補徵或移送法院處罰後，仍然一片茫然，因此，對於所謂「租稅救濟」也就更乏人問津了，這不是現代國民應有的態度。

　　依法課稅是依法納稅的相對理念，所謂「租稅法律主義」，是現代民主法治國家課稅的鐵則，但是稽徵機關在行使其稽徵權的公權力時，仍有基於本位主義誤解既有租稅法律，而做出違法或不當的稽徵處分者，因此，納稅義務人若不起而行使其救濟權，而讓此權利睡著，將遭致不必要的補稅或處罰。然而，可嘆的是，時至今日，坊間甚少有關租稅救濟的完整著述可供納稅義務人參考。本人有鑑及此，爰不揣譾陋，特撰「實用租稅救濟」一書，以資「救濟」。但由於篇幅關係，本書僅能就內地稅部分的救濟程序作為介紹的內容，至於關稅部分的救濟程序，因其關係層面較窄，只好割捨。

　　本書是以虛擬的生動實例，作為各節目探討的導引，以增加讀者研讀的興趣。本書除將內地稅的行政救濟程序，從復查前的補救程序開始，進而就復查、訴願與行政訴訟程序，逐一作有系統的介紹外，更將一般人鮮少涉及的司法救濟程序，即租稅刑事罰的救濟程序，及租稅強制執行的救濟程序，作一完整的解析。因此，本書不但是一般納稅義務人的必備讀物，也是從事稽徵工作者的良伴，只要人人一卷在手，相信依法納稅及依法課稅的理想，必能早日實現。

　　本書是沿襲舊版的「租稅救濟」乙書而來。因舊版所適用的稅捐稽徵法、各種內地稅法、訴願法、行政訴訟法等各相關法規，均已因時空的變遷，而有大幅度的修正，以致舊版中斷多年，茲為因應各方殷切需求，乃按舊版全面改寫，並增列「租稅強制執行之救濟程序」乙篇，以報答讀者

多年來的支持與愛護。

　　本書在改版期間，承蒙陳雅伶小姐利用工作餘暇，悉心校對，備極辛勞，特此致謝！由於本書篇幅不少，雖經細心校正，惟百密難免一疏，誤漏之處，仍所難免，尚祈各界碩學賢達，不吝指教，無任感德！

著者　陳廷獻　謹識

第三篇　各論

PART *1*

緒　論

第一章 ｜ 租稅的種類

一、依租稅的結構來區分

我國現行的租稅結構，是依照憲法和財政收支劃分法的規定，區分為：國稅（中央稅）、直轄市及縣（市）稅（地方稅）二級，其劃分情形如下：

國稅（中央稅）	直轄市及縣（市）稅（地方稅）
1.所得稅	1.印花稅
（1）營利事業所得稅	2.使用牌照稅
（2）綜合所得稅	3.土地稅：
2.遺產及贈與稅	（1）田賦
（1）遺產稅	（2）地價稅
（2）贈與稅	（3）土地增值稅
3.貨物稅	4.房屋稅
4.證券交易稅	5.契稅
5.期貨交易稅	6.娛樂稅
6.關稅	
7.營業稅	
8.菸酒稅	
9.特種貨物及勞務稅	

二、依租稅的性質來區分

直接稅	間接稅
1.所得稅	1.關稅
2.遺產及贈與稅	2.貨物稅
3.證券交易稅	3.營業稅
4.期貨交易稅	4.印花稅
5.土地稅	5.使用牌照稅
6.房屋稅	6.娛樂稅
7.契稅	7.菸酒稅
	8.特種貨物及勞務稅

說明：

（一）直接稅是指納稅義務人同時是稅收的實際負擔人，納稅人不能或不便把稅收負擔轉嫁給別人的稅種。屬於直接稅的這類納稅人，不僅在表面上有納稅義務，而且實際上也是稅收承擔者，即納稅人與負稅人一致。直接稅一般可以採用累進稅率，課稅的結果，所得高和財產多的人，負擔的稅比較重，會有平均社會財富的功用，但也會影響投資和工作的意願。

（二）間接稅是指納稅義務人不是稅收的實際負擔人，納稅義務人能夠以提高價格或提高收費標準等方法把稅收負擔轉嫁給別人的稅種。屬於間接稅稅收的納稅人，雖然表面上負有納稅義務，但是實際上已將自己的稅款加於所銷售商品的價格上由消費者負擔或用其他方式轉嫁給別人，即納稅人與負稅人不一致。間接稅多採用比例稅率或固定稅率，租稅負擔與納稅能力不成正比，但是稅的負擔常隱含在消費行為或售價之內，納稅不易有痛苦的感覺。

三、各稅目的內容

（一）所得稅：分為綜合所得稅和營利事業所得稅兩種，分別以個人和營利事業的所得作課稅對象，採用累進稅率，由所得的個人和營利事業為納稅義務人。

（二）遺產及贈與稅：分為遺產稅和贈與稅兩種。遺產稅是以死亡人遺留的財產作課稅對象，納稅義務人是：一、遺囑執行人；二、繼承或受遺贈遺產的個人；三、遺產管理人。贈與稅是以在我國境內的贈與財產作課稅對象，納稅義務人是贈與財產的人，如果贈與人無法繳納，就要由受贈財產的人去納稅。以上兩種稅本來都是採用累進稅率，但在民國98年1月21日修正的遺產及贈與稅法，一律採單一的百分之十稅率課稅。

（三）貨物稅：以稅法規定的貨物作課稅對象，分別由生產廠商或進口貨物的收貨人或持有貨物或提貨單的人為納稅義務人，採用比例稅率或定額稅率。

（四）期貨交易稅：以在中華民國境內期貨交易所從事期貨交易作為課稅對象，依交易金額按比例課稅，其納稅義務人係買賣期貨之雙方交易

人，稅款則由期貨商於交易時代徵。

（五）**證券交易稅**：以買賣有價證券的交易行為作課稅對象，採比例稅率，以出賣證券的人為納稅義務人，由證券商或受讓證券的人代政府扣繳。

（六）**關稅**：以國外進口的貨物作課稅對象，採用比例稅率及定額稅率，納稅義務人是收貨人或貨物與提貨單的持有人。

（七）**營業稅**：以銷售的貨物或勞務，及進口的貨物作課稅對象，按營業的加值額或進口貨物依規定計算的金額，採用比例稅率課徵。以營業人、進口貨物的收貨人或持有人為納稅義務人，但是在我國境內沒有固定營業場所的外國營業人在我國銷售勞務，由勞務買受人負納稅義務。

（八）**菸酒稅**：對國內產製及國外進口之菸酒所課徵之消費稅，與貨物稅性質相同。

（九）**印花稅**：以銀錢收據、買賣動產契據，承攬契據及典賣、讓受、分割不動產契據的立據行為作課稅對象，採比例稅率及定額稅率，以立據人為納稅義務人。

（十）**使用牌照稅**：以行駛公共道路的機動車輛為課稅對象，採定額稅率，以車輛所有人或使用人為納稅義務人。

（十一）**土地稅**：分為田賦、地價稅和土地增值稅三種稅。田賦是對農業使用的土地課徵；地價稅是對農地以外的土地作課稅對象，土地增值稅是對土地自然漲價作課稅對象。田賦採定額稅率，地價稅和土地增值稅都是累進稅率。三種土地稅的納稅義務人，原則上是土地所有權人。

（十二）**房屋稅**：是以房屋及增加使用價值的建築物作課稅對象，採用比例稅率，納稅義務人基本上是房屋所有人。

（十三）**契稅**：對買賣、承典、交換、贈與、分割及占有取得的房屋，作為課稅對象，採取比例稅率，分別以買受人、典權人、交換承受的取得人、受贈人、分割後的取得人及占有取得的所有權人為納稅義務人。

（十四）**娛樂稅**：以稅法規定的娛樂行為作課稅對象，採取比例稅率，以娛樂的消費人為納稅義務人，由娛樂場所或娛樂活動負責人代徵稅款，向政府繳納。

（十五）**特種貨物及勞務稅**：特種貨物及勞務稅條例於100年5月4日公布，對於持有房屋及其坐落基地，未滿1年移轉者，按銷售價格課徵15%的特種銷售稅；超過1年未滿2年移轉者，課徵10%稅率；其他高額消費貨物，如小客車、遊艇、飛機、直升機及超輕型載具，單價在300萬元以上，以及高爾夫球會員證等每次銷售價格在50萬元以上，均課徵10%特種銷售稅。但對於合理、常態及非自願性的不動產移轉則予排除，以導正民眾對於高價奢侈消費之正確觀念。行政院訂於100年6月1日施行。

第二章 | 租稅稽徵的行政體系

一、財政部是全國最高稅務行政機關，財政部賦稅署主管全國內地稅行政業務，其直屬之稅務單位如下：

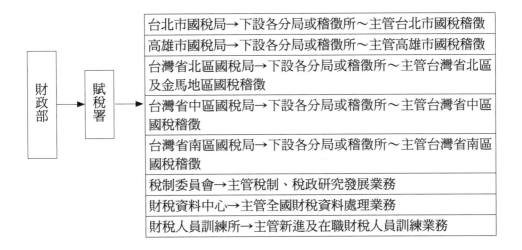

財政部 → 賦稅署 →

台北市國稅局→下設各分局或稽徵所～主管台北市國稅稽徵
高雄市國稅局→下設各分局或稽徵所～主管高雄市國稅稽徵
台灣省北區國稅局→下設各分局或稽徵所～主管台灣省北區及金馬地區國稅稽徵
台灣省中區國稅局→下設各分局或稽徵所～主管台灣省中區國稅稽徵
台灣省南區國稅局→下設各分局或稽徵所～主管台灣省南區國稅稽徵
稅制委員會→主管稅制、稅政研究發展業務
財稅資料中心→主管全國財稅資料處理業務
財稅人員訓練所→主管新進及在職財稅人員訓練業務

二、台北市及高雄市等各直轄市政府財政局下設稅捐稽徵處，負責稽徵直轄市稅；各縣市政府下設地方稅務局，負責縣市稅稽徵業務，其組織系統如下圖：

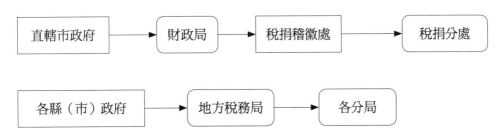

直轄市政府 → 財政局 → 稅捐稽徵處 → 稅捐分處

各縣（市）政府 → 地方稅務局 → 各分局

第三章 ｜ 租稅救濟的基本概念

一、租稅救濟的由來

　　租稅是政府經常性的收入，為眾所周知的常識，但有關「租稅」一詞的定義，因學者間的界定不一，也就人言言殊。簡言之，所謂「租稅」，是指國家為應政務需要或達成其他政策目的，強制人民移轉部分財富歸政府所有而言。析言之，租稅是國家與國民間財富的無償受授，從納稅者而言，租稅是一般國民為滿足國家公共目的之需要，按照國家權力單方面決定，向國家所為的無償給付，以盡國民的法定義務；就課稅者而言，租稅則是國家為滿足一般的公共需要，運用政治權力，以單方意思決定，向國民強制徵收的財政收入。足見，租稅具有強制性、無償性、財政性與政策性等特質。

　　由於租稅的徵收不以對待給付為報償，被徵收的一方，難免會有或多或少的痛苦感。又因為有此痛苦感，故國民在給付之際，無不存有「能少則少，能免則免」的心態，因之，租稅的徵收，多少都會受到抵制，隨之而來的便產生逃稅漏稅的行為。在徵收的一方，則無不運用其強制力以確保國家的稅收，隨之而來的便是制定各種法規以強制納稅者履行一定作為或不作為的義務，對於違反者，更處以相當的制裁，於是產生了所謂的租稅罰則。

　　納稅是國民應盡的義務，每個國民固然不應存有倖免之心態去規避稅負，即在行使稽徵權的稅捐稽徵機關，亦應一本大公無私的態度依法課稅，方是正辦。然而，時至今日，依法課稅及依法納稅的法治觀念，在徵納雙方仍然未能全面確立，因而違背租稅法定義務者，固然屢見不鮮，而違法或不當的稽徵處分，亦時有所聞，為釐清徵納雙方在稽徵過程中的紛爭，租稅救濟制度，也就應運而生。

二、租稅救濟的種類

　　依法納稅，固然是人民的法定義務，但是人民對於中央或地方稅捐稽徵機關所為的稽徵處分，或對於司法機關有關租稅案件的裁判，如果認為有違法或不當的地方，亦有請求有關機關撤銷或變更原處分或原裁判的權利，此項申請救濟的權利，就是一般所謂的租稅救濟權。

　　租稅救濟權，是在國民納稅義務下的「相對產物」，此項權利是源於各種租稅法規及有關法律的規定，而此項權利的行使與否完全基於納稅義務人個人的意願，如果納稅義務人明知有此權利而不行使，或不知有此權利而未予行使，都將產生失權的效果，任何租稅案件，也都將在其救濟期間終了後，發生拘束力、確定力與執行力，納稅義務人在該租稅案件確定後，均有依照原處分、原決定或原裁判予以履行的義務，否則就要接受強制執行，足見租稅救濟的重要性。

　　我國目前的租稅救濟程序，可分為三個體系，一為行政救濟程序，一為司法救濟程序，一為強制執行救濟程序。前者，是指納稅義務人不服各級稽徵機關的行政處分，所為請求原機關或上級機關或行政法院撤銷或變更原處分或決定的救濟程序，此種救濟程序又可分為廣義與狹義兩類。狹義的行政救濟程序，是指復查、訴願及行政訴訟等程序，而廣義的行政救濟程序，除了上述的狹義救濟程序外，尚包括復查前的申請查對、更正或提出申辯等救濟程序在內；中者，是指納稅義務人對於普通法院就租稅刑事罰所為的裁判，所得請求其上級法院變更或撤銷原裁判的救濟程序，此種救濟程序，是以稅捐稽徵法及刑事訴訟法為主要的訴求的依據，其救濟程序可由地方法院上訴至最高法院為止；後者，是指納稅義務人對於已確定的稅捐或罰鍰，在執行機關強制執行之際，所為侵害其權利或利益的行為，所得請求其上級機關或法院予以停止或撤銷執行程序的救濟程序，分由法務部行政執行署、行政法院或普通法院受理各救濟程序。

PART 2

通　論

第一章 | 租稅法律主義的意義

索取統一發票要加收5%的營業稅嗎？

實例

　　明芳是王有為的掌上明珠，今年十八歲剛從北一女畢業，不但長得乖巧可愛、亭亭玉立，而且在高中三年的成績，都是品學兼優，名列前茅，很得同學與老師的愛護。她參加今年的大專聯考，成績不錯，終以五百多分的高標準考上了台大的外文系。王有為在高興之餘，乃決定在台北的洋洋得意大飯店擺三桌酒席，宴請親朋好友，以表示歡慶之意。當晚，明芳在各位親友的恭賀聲中，甚覺快樂，亦深悟「一分耕耘，一分收獲」的至理名言。王有為更是眉飛色舞地在各桌間勸酒感謝，直至九時左右，當各親友離去後，他到櫃檯結帳並要求服務小姐開立統一發票時，服務小姐竟告訴他：「如果要開立發票，就要多付5%的營業稅，如果不開立發票，每桌就可省下五百元的營業稅！」王有為為了不讓該飯店逃漏營業稅，乃硬著頭皮多付了一千五百元的「營業稅」而索取了一張統一發票，不過，對於到飯店吃飯為什麼還要顧客多負擔5%的營業稅這個問題，他還是百思而不得其解！

解說

　　現代國家均有「非依法律無租稅」的觀念，也就是租稅的徵收，均須有法律為根據，無徵稅的法律，即無繳稅的義務。此種依法納稅的思想，就是一般所謂的「租稅法律主義」，亦即人民應依法律所定之納稅主體、稅目、稅率、納稅方法及納稅期間等項而負納稅之義務。在稅捐稽徵法第11條之3規定「財政部依本法或稅法所發布之法規命令及行政規則，不得增加或減免納稅義務人法定之納稅義務。」也就是「租稅法律主義」的切實體現。

　　我國是一個現代化的民主法治國家，所以凡是涉及人民權利義務的事項，都必須依法定的立法程序，即由立法院通過，總統公布的法律，才能對人民產生拘束力，因此，憲法第19條規定：「人民有依法律納稅之義務。」就是租稅法律主義的時代觀念。

　　國家課稅權的行使，以及人民納稅義務的履行，固然須有立法院通過，總統明令公布的法律，即所謂「成文法」，以保障人民的合法權益。然而「形式上的法律」，僅能做原則性、概括性的規定，而社會上的經濟現象，非常複雜，且變化多端，絕不是簡要的成文法所可包羅無遺，因此，在執行租稅法律時，仍然有借助於該成文法的委任立法、行政命令、司法解釋、判例、條約等予以配合運用，才能使租稅的徵納雙方各有遵循，以達成租稅的順利徵收。茲將課徵租稅所依據的法令，分述如次：

(一) 憲法

　　憲法為國家的根本大法，我國憲法第19條規定「人民有依法律納稅之義務。」第170條又規定「本憲法所稱之法律，謂經過立法院通過，總統公布之法律。」所以憲法該等規定，是課徵租稅的基本依據。

(二) 各種稅法

　　目前我國依憲法第19條規定，所制定的租稅法律，共有稅捐稽徵法、所得稅法、遺產及贈與稅法、關稅法、貨物稅條例、證券交易稅條例、加值型及非加值型營業稅法、期貨交易稅條例、菸酒稅法、印花稅法、使用牌照稅法、土地稅法、房屋稅條例、契稅條例、娛樂稅法等法律，為課徵租稅的母法。

(三) 行政命令

　　即由以上的租稅法律所授權訂定的施行細則、徵收細則、辦法等及由租稅行政機關依據各該母法所發布的行政命令都屬之。然而，這些行政命令，都不得與以上的母法相牴觸，否則，其行政命令無效，不得以之做為課稅或處罰的依據。又這些行政命令，祇能做為母法的輔助命令，所以在

該等行政命令中，不得創設關係納稅義務人的義務或限制納稅義務人的權利，更不能設定處罰的規則，否則，均屬違背前述憲法的立法精神，對人民應不發生任何拘束力。

　　例如大法官會議釋字第289號所為：「稅法規定由法院裁定之罰鍰，其處理程序應以法律定之，以符合憲法保障人民權利之意旨。本院院解字第3685號、第4006號解釋及行政院於中華民國61年10月12日修正發布之財務案件處理辦法，係法制未備前之措施，均應自本解釋公布之日起，至遲於屆滿二年時失其效力。」之解釋，即是最好的說明。

(四) 解釋

　　凡適用以上各種稅法而發生疑義時，可依「司法院大法官審理案件法」的規定，聲請司法院大法官加以解釋，其經大法官會議所為的解釋，亦具有法律的效力，可以此做為課稅的依據。例如：司法院大法官會議釋字第415號解釋：「所得稅法有關個人綜合所得稅『免稅額』之規定，其目的在以稅捐之優惠使納稅義務人對特定親屬或家屬盡其法定扶養義務。同法第17條第1項第1款第4目規定：『納稅義務人其他親屬或家屬，合於民法第一千一百十四條第四款及第一千一百二十三條第三項之規定，未滿二十歲或滿六十歲以上無謀生能力，確係受納稅義務人扶養者』，得於申報所得稅時按受扶養之人數減除免稅額，固須以納稅義務人與受扶養人同居一家為要件，惟家者，以永久共同生活之目的而同居為要件，納稅義務人與受扶養人是否為家長家屬，應取決於其有無共同生活之客觀事實，而不應以是否登記同一戶籍為唯一認定標準。所得稅法施行細則第21條之2規定：『本法第十七條第一項第一款第四目關於減除扶養親屬免稅額之規定，其為納稅義務人之其他親屬或家屬者，應以與納稅義務人或其配偶同一戶籍，且確係受納稅義務人扶養者為限』，其應以與納稅義務人或其配偶『同一戶籍』為要件，限縮母法之適用，有違憲法第19條租稅法律主義，其與上開解釋意旨不符部分應不予援用。」、釋字第622號解釋：「憲法第十九條規定所揭示之租稅法律主義，係指人民應依法律所定之納稅主體、稅目、稅率、納稅方法及納稅期間等項而負納稅之義務，迭經本院解釋在案。中華民國六十二年二月六日公布施行之遺產及

贈與稅法第十五條第一項規定，被繼承人死亡前三年內贈與具有該項規定身分者之財產，應視為被繼承人之遺產而併入其遺產總額課徵遺產稅，並未規定以繼承人為納稅義務人，對其課徵贈與稅。最高行政法院九十二年九月十八日庭長法官聯席會議決議關於被繼承人死亡前所為贈與，如至繼承發生日止，稽徵機關尚未發單課徵贈與稅者，應以繼承人為納稅義務人，發單課徵贈與稅部分，逾越上開遺產及贈與稅法第十五條之規定，增加繼承人法律上所未規定之租稅義務，與憲法第十九條及第十五條規定之意旨不符，自本解釋公布之日起，應不予援用。」，及釋字第674號解釋：「財政部於中華民國八十二年十二月十六日發布之台財稅字第八二○五七○九○一號函明示：『不能單獨申請建築之畸零地，及非經整理不能建築之土地，應無土地稅法第二十二條第一項第四款課徵田賦規定之適用』；內政部九十三年四月十二日台內地字第○九三○○六九四五○號令訂定發布之『平均地權條例第二十二條有關依法限制建築、依法不能建築之界定作業原則』第四點規定：『畸零地因尚可協議合併建築，不得視為依法限制建築或依法不能建築之土地』。上開兩項命令，就都市土地依法不能建築，仍作農業用地使用之畸零地適用課徵田賦之規定，均增加法律所無之要件，違反憲法第十九條租稅法律主義，其與本解釋意旨不符部分，應自本解釋公布之日起不再援用。」等之解釋，均與前述的租稅法律具有相同的效力。

(五) 判例

最高行政法院對於租稅案件所為之判決，經判例委員會議決編入判例要旨，呈奉司法院核定者，即成為具有與一般租稅法律相同效力的判例，對一般納稅義務人亦有拘束力，稽徵機關亦得以之作為課稅的依據。例如：最高行政法院 95年判字第569號：「遺產及贈與稅法第20條第1款對捐贈公立教育機關之財產為不計入贈與總額之租稅優惠，係基於政府稅收本即須挹注作為公立學校等公立教育機關之經費，而透過民間捐贈亦可達到相同施政目的之考量；故該款所稱公立教育機關自係指中華民國政府依法令須挹注經費之公立教育機關，而不及於大陸地區之公立教育機關。」、96年判字第1403號：「我國營業稅原則上採加值型課徵方式，

係就銷項稅額與進項稅額之差額課徵之，依加值型及非加值型營業稅法第35條第1項及同法施行細則第29條規定進項稅額之扣抵採申報制，故計算同法第51條第3款漏稅額時所得扣減者，限於稽徵機關查獲時已申報之進項稅額。」、93年判字第309號：「行政機關為行使法律所授與裁量權，在遵循法律授權目的及範圍內，必須實踐具體個案正義，惟顧及法律適用之一致性及符合平等原則，乃訂定行政裁量準則作為下級機關行使裁量權之基準，既能實踐具體個案正義，又能實踐行政之平等原則，非法律所不許。財政部發布稅務違章案件裁罰金額或倍數參考表按各種稅務違章情形及違章後情形等事項分別訂定裁罰金額或倍數，該表除訂定原則性或一般性裁量基準外，另訂有例外情形之裁量基準，與法律授權之目的，並無牴觸。」等要旨，均具有與一般租稅法律相同效力的判例。

(六) 條約

　　國際間對於彼此有關租稅之優惠減免等事項，所簽訂的條約，因須經一定的法定程序，所以亦具有法律的效力，也可以以之作為課稅的依據。例如早在1996年與新加坡簽訂的「中新避免所得稅雙重課稅及防杜逃稅協定」，在2005年與丹麥簽訂的「台丹避免所得稅雙重課稅及防杜逃稅協定」等避免雙重課稅之協定，亦具有法律的效力是。

　　平常消費者到各餐館吃飯，很少人向店方索取統一發票，其實索取統一發票的好處很多，不但可替國家徵起一筆營業稅，更可以對獎，其最高獎額可達新台幣一千萬元之鉅，消費者大可不必放棄為國家爭取稅收及對獎的雙重機會。依修正營業稅法實施注意事項三、（一）規定，營業人銷售應稅貨物或勞務之定價應內含營業稅，買受人為非營業人時，依定價金額開立統一發票；買受人為營業人時，除經核准使用收銀機開立二聯式統一發票者外，應將定價金額計算銷售額與銷項稅額於統一發票上分別載明之。營業人若於定價之外加5%營業稅，而使得消費者不願因索取統一發票而增加負擔，若經稽徵機關查獲會受到補稅裁罰的處分。可見，依前述「租稅法律主義」，任何人均無權在定價金額以外加收5%的營業稅。本例中的洋洋得意飯店就是以須多付5%的營業稅為藉口，用以迫使王有為放棄索取統一發票的伎倆。還好王有為不為所動，毅然索取統一發票，但

他卻在半信半疑中多付了1,500元所謂的「營業稅」，此時，該飯店的服務小姐，如果是使用詐術所騙取，亦可能構成刑法上的詐欺取財罪，而王有為對於該筆溢付的款項，亦可依據民法上不當得利等相關的法律關係請求返還。又稅務人員對於無法律依據，若明知不應徵收的租稅而徵收者，係犯刑法第129條第1項的違法徵收罪，要處一年以上七年以下有期徒刑，這些都是貫徹租稅法律主義的配合罰則。

第二章 ｜ 租稅救濟的意義

對於錯誤的稽徵處分可以抗爭嗎？

實例

　　由國稅局所送達如玉的一張補稅通知單，說她未依法申報所得稅，要補繳所得稅新台幣一萬二千元，並且要處以二倍的罰鍰。如玉心急如焚，她想所得稅沒有申報固然沒錯，但因她在該年度的薪資所得總額只有二十萬元，並未超過當年度規定的免稅額、標準扣除額及薪資所得特別扣除額的總和，依法並無申報的義務，怎麼國稅局突然要她補稅並處罰呢？在百思不解的情況下，乃前往國稅局問明緣由，據王姓稅務員說，那是因為她在該年度除了有二十萬元的薪資所得外，尚有一筆三十餘萬元的租賃所得，經電腦歸戶出來，這兩樣所得加起來，共達五十多萬元，顯已達到所得稅的起徵點，她卻未依法於五月三十一日前申報，亦未申請延期申報，經該局查獲，所以要補稅並處罰。但如玉認為該筆租賃所得是她前夫孟謙所有房屋出租之所得，而孟謙已在前年六月與她離婚，所以該筆所得不能再算在她的頭上，故乃置國稅局的補稅及罰鍰通知於不顧，心想這一次可要讓孟謙吃吃被處罰的苦頭以洩心頭之恨。不料，過了一個多月後，如玉不但收到了國稅局移送行政執行處強制執行的通知書，也收到了裁處罰鍰二倍的處分書，這下可把如玉嚇壞了，她到底有沒有救濟的途徑可循呢？

解說

　　人民固有依法納稅的義務，但是人民如認為稅捐稽徵機關所為的稽徵處分，有違法或不當，致損害其權利或利益，或對於租稅的處罰案件，不服原處分機關所為的裁罰，均得依法請求有關行政機關或司法機關撤銷或變更原處分或原裁判，此種救濟的程序，稱為租稅救濟程序。

　　在現行所得稅法等租稅法中規定，納稅義務人對於稅捐稽徵機關核

定的稅額通知書，認為其記載或計算有錯誤時，得向該管稽徵機關查對或請予更正。又依稅捐稽徵法第17條規定「納稅義務人如發現繳納通知文書有記載、計算錯誤或重複時，於規定繳納期間內，得要求稅捐稽徵機關查對更正。」及第35條規定「納稅義務人對於核定稅捐之處分如有不服，應依規定格式，敘明理由，連同證明文件，依左列規定，申請復查：一、依核定稅額通知書所載有應納稅額或應補徵稅額者，應於繳款書送達後，於繳納期間屆滿翌日起算三十日內，申請復查。二、依核定稅額通知書所載無應納稅額或應補稅額者，應於核定稅額通知書送達後三十日內，申請復查；納稅義務人或其代理人，因天災事變或其他不可抗力之事由，遲誤申請復查期間者，於其原因消滅後一個月內，得提出具體證明，申請回復原狀。但遲誤申請復查期間已逾一年者，不得申請；前項回復原狀之申請，應同時補行申請復查期間內應為之行為；稅捐稽徵機關對有關復查之申請，應於接到申請書後二個月內復查決定，並作成決定書，通知納稅義務人；前項期間屆滿後，稅捐稽徵機關仍未作成決定者，納稅義務人得逕行提起訴願。」如對於訴願決定仍有不服者，可向行政法院提起行政訴訟，此一連串的救濟程序，就是一般所稱的「租稅行政救濟程序」。

又當納稅義務人有違章（即違反租稅法律規章）漏稅情事，或有違反租稅秩序情事時，須由該管稅捐稽徵機關依「各級稽徵機關處理違章漏稅及檢舉案件作業要點」或稅捐稽徵法第50條之4之規定予以審理裁罰，受處分人如有不服，均可依法申請復查，或提起訴願、行政訴訟以謀救濟；另外納稅義務人對於有關逃漏稅的刑事案件，如被普通地方法院處以刑事責任而有不服者，亦得依法向高等法院、最高法院提起上訴，請求改判無罪或處以較輕的罪刑，此即一般所稱的「租稅司法救濟」。

由以上說明，可知我國現行的租稅救濟制度，是採行行政救濟及司法救濟的雙軌制。即對於稅捐稽徵機關的稽徵處分，可循行政救濟程序辦理，對於地方法院的刑事裁判，可循司法救濟程序辦理。故任何人對於稅捐稽徵機關的稽徵處分，只要認為是違法或不當的，都可向其上級機關請求救濟。因此，本例中的如玉，對於國稅局的補稅處分，如有不服，應立即向國稅局查對或請予更正，其不此之為，而至被移送強制執行時，才慌

忙地想要進行其救濟程序，顯然使自己的權利呈現於睡眠狀態，難怪她要著急萬分。如玉對於國稅局補稅通知書，因未於繳納期間屆滿翌日起算三十日內，申請復查，則該補稅處分即告確定，故被國稅局移送執行。但其對於剛收到裁處罰鍰二倍的處分書，既有不服，即可依稅捐稽徵法第50條之2「依本法或稅法規定應處罰鍰者，由主管稽徵機關處分之，不適用稅法處罰程序之有關規定，受處分人如有不服，應依行政救濟程序辦理。但在行政救濟程序終結前，免依本法第39條規定予以強制執行。」之規定，對該罰鍰處分提起復查等行政救濟程序，並依同法條之但書規定，申請國稅局向行政執行處暫行撤回強制執行之移送，以求救濟。可見「即時行使權利，才是保障自己權益的不二法門」！

第三章 | 租稅救濟的標的

不服房屋的評定現值可以申請復查嗎？

實例

　　似玉所有坐落於台中市○○路○段100號房屋，於民國97年3月間建造完成時，總造價僅新台幣5百萬元，有承攬契約與結構圖可稽，與該管稅捐處所核定之97年之房屋現值9,557,300元（每坪10,131元）並不一致，且系爭房屋經台中市政府所核發之97年中建使字第0100號使用執照，載明構造種類為鋼骨造，係為配合市政府工務局核發使用執照之規定，其實僅以幾條輕量H型鋼為支柱，其餘均為鐵條之材料構建，與所謂鋼骨大樓之建材相比，實不足以認定為鋼骨構造，不應被認定為鋼骨結構大樓，該管稽徵機關適用「房屋標準單價表」核計房屋現值時，本應派員至現場勘查後，依造屋用料不同為增減標準單價、核計現值，惟該管稽徵機關卻逕依台中市政府所核發之使用執照及評價委員會評定之單一標準核計房屋現值為9,557,300元，並據以課徵房屋稅，似玉認為該稽徵機關所評定之房屋現值，有違實質課稅原則應予更正，並請求退還溢繳之房屋稅款，故而對於該稽徵機關98年○月○日中市稅法字第98000號函所為房屋現值之評定說明，表示強烈不滿，此時，似玉可對該一函釋提起行政救濟嗎？

解說

　　租稅行政救濟的提起，須以稅捐稽徵機關的「行政處分」為對象，而所謂稅捐機關的行政處分，是指稅捐稽徵機關基於職權，就特定的具體事件所為直接發生公法上效果的單方行政行為。因此，稅捐稽徵機關的行政處分上須具備下列各要件，缺一不可：

(一) 須是稅捐稽徵機關本於職權的行政處分

　　行政程序法第92條規定：「本法所稱行政處分，係指行政機關就公法上具體事件所為之決定或其他公權力措施而對外直接發生法律效果之單方行政行為。」而所謂「稅捐稽徵機關本於職權的行政處分」，是指稅捐稽徵機關對於核定稅額（含滯納金、利息、滯報金、怠報金、短估金等在內）的稽徵處分及對於違反租稅秩序行為所為的罰鍰處分而言。如非稅捐稽徵機關本於職權的處分，即非其行政處分，亦不屬租稅行政救濟的對象。例如：行政執行處依據稅捐稽徵機關的移送書，對於納稅義務人所有財產所為之執行命令，即非稅捐稽徵機關本於其職權所為的行政處分，納稅義務人如有不服，僅得向行政執行處聲明異議，而不得向移送之稅捐稽徵機關表示不服。

(二) 須是就特定的具體事件所為的處分

　　如果是稅捐稽徵機關就非特定的抽象事件所為的處分，即非行政救濟的對象。例如：主管機關就其主管事項訂頒規章的行為、就現有租稅法規所為的解釋、上級稅務機關對下級稅務機關所為全面性的行政指示等，都僅是就一般不特定的事項，為抽象的規定或處置，就不是行政處分，不得對之提起行政救濟。

(三) 須是直接發生公法上效果的處分

　　稅捐稽徵機關所為發生公權力法律上效果的行為，有如前述課稅處分及罰鍰處分，均係直接發生公法上效果的處分行為。而發生法律上效果的行為，可分為公法上的行為及私法上的行為兩種。如果是基於私法上的法律關係所為的行為，那只是發生私法上效果的行為，不得對之提起行政救濟。例如：稅捐稽徵機關與人民訂立關於承印稅單的契約，其間所發生的爭執，是屬於私權關係，應依民事訴訟法規定的訴訟程序訴由普通法院裁判，而非行政救濟的對象；又觀念通知，是指行政機關單就一定事實的認識而向相對人民表示的事實行為，通常以告知或通知的形式為之，僅屬事實行為，亦無處分之具體內容，並未生公法上法律具體效果，自難認係行

政處分，亦不得成為行政救濟之標的。例如：對於稅捐稽徵機關回復說明稅額計算方式、經辦案件進度的公函，因不屬於發生公法上效果的行政處分，自不能作為復查、訴願、行政訴訟的標的。

(四) 須是稅捐稽徵機關的單方行為

稅捐稽徵機關依據法令行使國家公權力，以意思主體的地位，所為課徵稅捐或裁處罰鍰的處分，就是該稽徵機關的單方行為。換言之，也就是稅捐稽徵機關因單方面基於公權力的作用而成立，不須加入他人的行為，而所為單方意思表示的行為。雖然在稅捐稽徵機關行為之際，不免有他人的申請為發動行為，然而他人的申請為一獨立行為，而稽徵機關的准否又為另一獨立的行為，並不是與該他人的行為相結合而成立的合約行為，自亦屬單方行為。例如稽徵機關對於人民申請營利事業登記所為許可處分之行為，就是該稽徵機關的單方行為。至於在公法上契約行為的成立，須經雙方（通常一方為行政機關，他方為人民）意思表示互相一致，與行政處分僅為行政機關單方的意思行為不同，就不是該機關的單方行為，自不得對之提起行政救濟。

從以上說明，可知租稅行政救濟的提起，是以稅捐稽徵機關的「行政處分」為對象，而稅捐稽徵機關的行政處分，可分為稽徵處分（含課稅處分及罰鍰處分）及一般行政處分二種，如係對前者不服，即係「納稅義務人對於核定稅捐之處分」不服，可依第35條第1項第1、2款規定，於繳款書送達後，於繳納期間屆滿翌日起算三十日內，申請復查；如係對後者不服，即係對於稽徵機關之一般行政處分表示不服，而非對於核定稅額通知書表示不服，自不屬於稅捐稽徵法第35條提起復查之範圍，若此，亦即係「納稅義務人對於因適用法令錯誤或計算錯誤溢繳之稅款」不服，可依同法第28條規定，自繳納之日起五年內申請退還，若不服稽徵機關否准退還之處分，可依訴願法第1條所定「人民對於中央或地方機關之行政處分，認為違法或不當，致損害其權利或利益」之規定，向其上級機關提起訴願。本例似玉對於該管稽徵機關所評定之房屋現值，因非屬核課稅捐之處分，其若對之有所不滿，本應依房屋稅條例第10條第2項之規定，於接到通知書之日起三十日內，檢附證件，向該管稽徵機關申請「重行核

計」，若對其否准有所不服，只能依法提起訴願，不能對之申請復查；況其申請退還所謂「溢繳」之房屋稅款，亦係對於該管稽徵機關一般行政處分表示不服，亦僅能提起訴願，而非申請復查之救濟範疇。

　　本件該管稽徵機關98年○月○日中市稅法字第98000號函復似玉所為房屋現值之評定說明，僅係一種觀念通知，並未生公法上法律具體效果，不屬行政處分，自不得成為行政救濟之標的。似玉如對之申請復查，該管稽徵機關會以其不合法為理由，為不受理之決定。

第四章 ┃ 租稅救濟的法令適用原則

稅務違章案件裁罰金額或倍數參考表有無從新從輕原則之適用？

實例

　　天仁獨資經營一家信義服飾有限公司，專賣最時尚的女性服飾，因為款式新穎、品質優美、價錢公道，所以生意興隆，稅負沈重，天仁為了逃避稅捐，乃決定就部分進貨取得非實際交易對象之虛設行號所開立之統一發票，以作為進項憑證申報扣抵銷項稅額，後經人檢舉，被管轄稽徵機關派員查獲，經審理結果，除要補徵鉅額營業稅外，並依行為時營業稅法第51條第5款及「稅務違章案件裁罰金額或倍數參考表」規定，按所漏稅額裁處5倍罰鍰，天仁不服，經申請復查及提起訴願，均遭駁回，復提起行政訴訟，其間適逢「稅務違章案件裁罰金額或倍數參考表」修訂，上開相同違章情事，修訂改處3倍罰鍰，天仁聽人說「裁罰應採從新從輕原則」，心想此次罰鍰若是不能免除，亦會獲得較輕的處罰。惟其本件行政訴訟，仍遭高雄高等行政法院駁回，維持舊有的5倍罰鍰，天仁搞不懂其故安在？

解說

　　租稅的救濟，其救濟程序的提起發動，可能與原處分或原裁罰相隔日久，更可能與受處分人行為當時相隔數月或數年，再加上救濟的層級很多及其審查或審理費時，往往在救濟過程中，發生新舊法令更替的情形，因此便發生了審查或審理機關應適用何種法令方為允當的問題，此對於受處分人權益的影響甚大，爰將租稅救濟程序中法令適用的主要原則說明如次：

(一) 程序從新實體從舊原則

　　現行租稅法規的內容，可分為實體規定與程序規定兩種。所謂實體規定，是指就有關租稅的權利義務之實體事項所為的規定，如稅率的適用及處罰的內容等，屬於實體法部分；所謂程序規定，是指就有關租稅權利義務之實行程序事項所為的規定，如補稅發單限期繳納及申請復查等，屬於程序法部分。現行各稅法，包括以程序法為主的稅捐稽徵法，都包含上述兩種法規在內。

　　違章漏稅案件，自受處分人行為時起至被查獲時止，乃至於提起救濟程序時，甚至在救濟程序各階層進行時，都可能發生舊法令的修訂、廢止或另訂新法，此時，受理救濟的機關，究竟應適用何時的法令才算適法呢？在舊法時代，並無明文規定，故依司法院34年院解字第2953號解釋：租稅法之適用，係採程序從新，實體從舊之原則。這個原則的要義，主要是說有關程序部分的事項，一律依照最新的法令處理，有關實體部分的事項，一律依照違章行為發生當時的法規處理。這個「程序從新實體從舊」原則，顯然與刑罰部分的救濟，應依刑法第2條規定「從舊從輕原則」大不相同，因所謂「從新從輕原則」，係指行為時法律規定應予處罰，因社會價值變遷，法律更異其評價，對該行為不再處罰或處罰較輕，既因其可罰性基礎已有動搖，故無續行處罰之必要或得以較輕之新法加以評價；反之，倘新法較重，則依法律不溯及既往之原則，仍應適用較輕之舊法。

　　稅務主管機關為因應時潮，於85年7月30日增訂稅捐稽徵法第1條之1及第48條之3，分別規定：「財政部依本法或稅法所發布之解釋函令，對於據以申請之案件發生效力。但有利於納稅義務人者，對於尚未核課確定之案件適用之。」、「納稅義務人違反本法或稅法之規定，適用裁處時之法律。但裁處前之法律有利於納稅義務人者，適用最有利於納稅義務人之法律。」乃奠定租稅解釋函令及裁處標準採從新從輕原則。惟依該二條規定，必須是依「稅捐稽徵法或稅法」規定，而由財政部所發布之解釋函令或裁處事件，才有其適用。而此「解釋函令」，又必須是依行政程序法第150條規定，基於法律授權，就一般事項所作抽象之對外發生法律效果之

規定，始屬當之。如果是屬行政程序法第159條第2項第2款規定，上級機關為協助下級機關或屬官統一解釋法令、認定事實及行使裁量權，而訂頒之解釋性規定及裁量基準的「行政規則」，則無此「從新從輕原則」之適用。例如，財政部訂定之「稅務違章案件裁罰金額或倍數參考表」，僅屬裁量基準的「行政規則」，而非依稅捐稽徵法或稅法所發布之「解釋函令」，應無「從新從輕原則」之適用。

(二) 程序優先於實體原則（程序不合實體不究原則）

　　租稅救濟的進行是否如同一般民事或刑事訴訟程序，以程序先於實體為審查，當程序合法後，再進行實體事項的審查，在現行的各稅法中並未有明文規定，惟依財政部53年台財稅發字第7721號令釋示：「各縣市稅捐稽徵處對稅捐復查案件，認為程序不合者，往往兼以實體為理由批復，自有未合，嗣後凡程序不合者，應通知不受理，不得就實體有所論列。」又依行政法院46年判字第16號判例，亦明白揭示：「按行政官署於受理訴願時，應先就程序上加以審核，合於法定程序者，方能進而為實體之審理，其不合格者，即應從程序上予以駁回，不能逾越範圍而為實體上之審究。」再依「行政院暨所屬各級行政機關訴願審議委員會審議規則」第5條第1項亦明文規定：「對於訴願事件，應先為程序上之審查，其無不應受理之情形者，再進而為實體上的審查。如遇法規變更，除法規別有規定外，以程序從新實體從舊為審查之基準。」從以上三則規定，可知我國目前的租稅行政救濟案件，應先就其程序上的事項，如：申請救濟是否已依照規定繳納部分稅款，是否於法定期限內提起等，先加以審查，必先各該程序事項均經審查合法後，始再進行實體事項，如：核課期間是否已過、稅率是否適用正確、稅額的計算是否無誤等加以審查。如在程序事項審查過程中，發現其有不合法者，即應從程序上予以駁回，而不應再就實體事項進行審究。但是如果完全依此規定處理，則對於原處分顯然違背法令或不當的案件，必將無法挽救而影響受處分人的合法權益，有損政府的威信，因此，現行訴願法為貫徹此一意旨，乃於該法第80條第1項規定：「提起訴願因逾法定期間而為不受理決定時，原行政處分顯屬違法或不當者，原行政處分機關或其上級機關得依職權撤銷或變更之。」因

此,受處分人提起訴願,縱然已逾越法定期限,原處分機關仍應於訴願程序的答辯中,就實體部分一併予以答辯,以作為受理訴願機關審查原處分是否違法或不當的依據。

(三) 特別法優於普通法原則

所謂「特別法優於普通法」,乃是指同一事項,在特別法與普通法同時都有規定時,特別法較普通法優先適用而言,亦即特別法有排斥普通法而優先適用的效力。中央法規標準法第16條之規定:「法規對其他法規所規定之同一事項而為特別之規定者,應優先適用之。其他法規修正後,仍應優先適用。」即係揭示此一原則。例如:在行政罰法第27條第1項雖規定:「行政罰之裁處權,因三年期間之經過而消滅。」惟同法第1條亦規定:「違反行政法上義務而受罰鍰、沒入或其他種類行政罰之處罰時,適用本法。但其他法律有特別規定者,從其規定。」而稅捐稽徵法第21條規定:「稅捐之核課期間,依左列規定:一、依法應由納稅義務人申報繳納之稅捐,已在規定期間內申報,且無故意以詐欺或其他不正當方法逃漏稅捐者,其核課期間為五年。…三、未於規定期間內申報,或故意以詐欺或其他不正當方法逃漏稅捐者,其核課期間為七年;在前項核課期間內,經另發現應徵之稅捐者,仍應依法補徵或並予處罰;在核課期間內未經發現者,以後不得再補稅處罰。」可見稅捐之核課處罰期間,在稅捐稽徵法第21條規定為五年或七年,較行政罰法第27條第1項所規定裁處權之三年期間為長,因行政罰法為普通法,稅捐稽徵法為特別法,依特別法優於普通法原則,稅捐稽徵機關自得依稅捐稽徵法第21條所定五年或七年之較長期間為稅捐之核課或處罰,自不受行政罰法三年期間之限制。

(四) 實質課稅原則

所謂「實質課稅原則」,係指應以實質經濟事實關係及其所生實質經濟利益之歸屬與享有,作為應負擔稅捐者之依據,而非以法律形式認定其交易本質,藉以貫徹租稅法律主義之精神。此在大法官會議釋字第420號解釋所為「涉及租稅事項之法律,其解釋應本於租稅法律主義之精神,依各該法律之立法目的,衡酌經濟上之意義及實質課稅之公平原則

為之。」已明白揭示其意旨。嗣在民國98年5月31日增訂稅捐稽徵法第12條之1，更將「實質課稅原則」加以明文化，此一增訂條文之主要內容有三：一、涉及租稅事項之法律，其解釋應本於租稅法律主義之精神，依各該法律之立法目的，衡酌經濟上之意義及實質課稅之公平原則為之。二、稅捐機關認定課徵租稅之構成要件事實時，應以實質經濟事實關係及其所生實質經濟利益之歸屬與享有為依據。三、課徵租稅構成要件事實之認定，稅捐機關就其事實有舉證之責任。使得稅捐稽徵機關對於曲意迴避稅法文義規定之非法經濟活動，得有據為核實認定課稅或處罰之基準。同時，亦可避免稅捐稽徵機關恣意核課稅捐或處罰之行為。例如：人民若利用應稅與免稅土地辦理共有物分割，藉由分割改算地價之規定，墊高土地之「前次移轉現值」，使之不具備課稅要件，其取巧規避應計之土地自然漲價數額，已違反土地稅法之立法意旨，屬脫法行為，應依應稅土地、免稅土地未分割前之原地價，作為前次移轉現值，計課土地增值稅，方符「實質課稅原則」之精神。又如：A公司應受僱人甲之要求，將甲之鉅額薪資列報為乙之所得，以幫助甲逃漏綜合所得稅，後經該管稅捐稽徵機關查獲，此時該管稽徵機關應將該筆所得歸入實質享受者甲之所得，並據以對甲補徵所漏綜合所得稅，且依法對甲處以漏稅罰，以符「實質課稅原則」。

　　租稅秩序罰為回歸行政罰由行政機關處分之正常體制，乃於民國81年11月23日增訂稅捐稽徵法第50條之2，將依稅法規定應處罰鍰者，改由各稽徵機關裁處，而財政部為使辦理裁罰的稅捐稽徵機關，對違章案件之裁罰金額或倍數有一客觀之標準可資參考，乃同時發布台財稅第811684678號函訂定「稅務違章案件裁罰金額或倍數參考表」，此一參考表，僅屬裁量基準的「行政規則」，而非基於法律授權，就一般事項所作抽象之對外發生法律效果之規定，應無「從新從輕原則」之適用。

　　首例之天仁在其補徵營業稅及裁處5倍罰鍰案件之行政救濟終結前，引用新修正較有利的「稅務違章案件裁罰金額或倍數參考表」，主張應予免罰或較輕之處罰，因不符「從新從輕原則」，故其遭行政法院駁回，維持舊有的罰鍰，乃是理所當然的結果。

第五章 ┃ 租稅救濟的管轄機關及其救濟程序之層級

實例

新元居住於台北市大安區，某天他接到台北市國稅局送給他的一張通知書，說他所申報的98年度綜合所得稅漏報了一筆財產交易所得，除了要補繳鉅額的綜合所得稅外，還要處以二倍以下的罰鍰，新元馬上到台北市稅捐稽徵處服務台查問詳情，服務台小姐告訴他，因他所漏的是國稅，所以要到台北市國稅局查詢，他跑到國稅局查問的結果，原來他在97年間出售一棟價值千餘萬元的樓房，未依法申報財產交易所得，周姓稅務員並告訴他，如果不服補稅及罰鍰處分，可以向國稅局申請復查，不服復查決定，可向財政部提起訴願，不服訴願決定，可向台北高等行政法院提起行政訴訟以求救濟。新元聽完後，覺得有點奇怪，為什麼周姓稅務員對他所說救濟程序，與他一個在嘉義市地方稅務局服務的朋友所告訴他的不一樣呢？後來他又跑到台北市稅捐稽徵處服務台詢問該處的行政救濟程序到底如何，據該處服務台小姐告訴他，台北市稅捐稽徵處的行政救濟層級與台北市國稅局及各縣市稅捐處的救濟層級不同。至此，新元更是大惑不解！

解說

租稅的救濟程序，可分為行政救濟程序及司法救濟程序二途，有如第一篇第三章之二所述，而租稅的行政救濟程序，除復查程序均應向原處分的稅捐稽徵機關申請辦理，行政訴訟程序均須向行政法院提起外，其餘訴願程序的管轄，則因各稅捐稽徵機關本身行政體系隸屬的不同，而有不同。又因各稅捐稽徵機關所掌管的稅目不同，而異其名稱。例如，國稅部分，在院轄市中，因國稅與地方稅分別稽徵，所以就將國稅交給直接隸

屬於財政部的國稅局稽徵，將地方稅交給隸屬於市政府的稅捐稽徵處徵收；在台灣省的國稅部分，則交由台灣省北、中、南區國稅局徵收，各縣市的地方稅，則交由各縣市地方稅務局徵收。因各該稽徵機關的行政隸屬不同，所以其救濟機關及救濟層級也就不一致。茲為使讀者很清楚的認識租稅行政救濟的進行程序，爰將「租稅行政救濟管轄機關及其救濟程序之層級」及「租稅救濟之流程」列表、圖如後：

一、租稅行政救濟管轄機關及其層級表

管轄機關　　稅別	救濟程序之層級			
	復查	訴願	行政訴訟	
			第一審	上訴審
國稅	直轄市國稅局 台灣省北、中、南區國稅局	財政部	高等行政法院	最高行政法院
直轄市地方稅	直轄市稅捐稽徵處	直轄市政府		
縣市地方稅	各縣市地方稅務局	各縣市政府		

二、租稅行政救濟流程圖

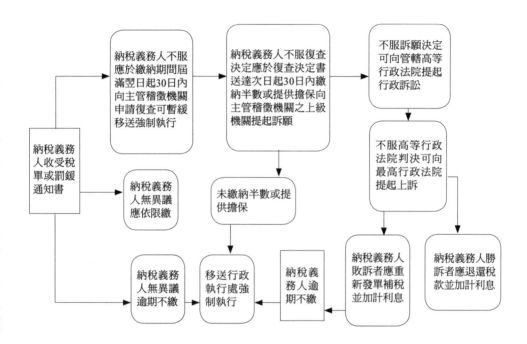

　　從上圖所示，可知現行之租稅因分為國稅與地方稅，而分由不同層級的稽徵機關管轄，而不同層級的稽徵機關又隸屬於不同的行政體系，因此，國稅與地方稅的行政救濟層級亦就各有不同，直轄市國稅與地方稅的復查、訴願受理機關當然不一，納稅義務人如果不弄清楚，很可能使直接關係本身利益的租稅救濟案件投訴錯誤，以致遺誤救濟的期限，終致徒勞無功。

　　又納稅義務人對於由稅捐稽徵機關所為一般租稅的稽徵，或對於違章漏稅案件的補稅或處罰，納稅義務人或受處分人如有不服，可在接到稅捐稽徵機關的通知書時，具狀提出具體事證向各該管轄稽徵機關申請復查，不服復查之決定者，可向其直接上級機關提起訴願，如仍不服訴願決定，可向管轄之高等行政法院提起行政訴訟，如仍不服其判決，可向最高行政法院提起上訴；至於租稅刑事案件，在檢察官偵查時，固可依法據理

力爭，即經檢察官依法提起公訴後，亦可在地方法院的刑事庭儘量檢證為自己作有力的辯解，倘於地方法院處刑後仍有不服，則可上訴於高等法院或最高法院，請求撤銷改判。

　　本件首例的新元居住於台北市大安區，其所涉逃漏的稅捐是綜合所得稅，則其主管稽徵機關為台北市國稅局，如果新元對於該局的補稅處罰有所不服，自可依上列表、圖所示途徑，逐一申請復查、提起訴願及行政訴訟以求救濟。

PART 3

各　論

第一章 ┃ 行政救濟程序

第一節　復查前的補救程序

對於錯誤的稅單可以申復嗎？

實例

立民與倩文相戀多年，最近已論及婚嫁，兩人決定於國慶日走向紅地毯的另一端。立民為了使婚後有個固定的住所，乃商得倩文的同意，在台北市的瑞安街向一個王姓的老長官買了一間半新不舊的公寓房子，因為王姓軍官急著出國依親，所以就以比較低廉價格新台幣（下同）1000萬元賣給了立民，立民乃依法檢具買賣契約書、產權證明等文件，向該管台北市稅捐稽徵處大安分處申報契稅，經該分處依房屋評定現值100萬元核定契稅後，通知立民於收受稅額通知書後三十日內繳納，但立民收到該通知書時，卻嚇了一跳，想不到買了一間舊房子，竟須繳納60萬元的契稅，立民立刻打電話給倩文告知此嚴重的壞消息，倩文卻輕鬆說的說：「絕不可能，一定是弄錯了！」立民回以：「稅單上白紙寫黑字，明明寫的是契稅60萬元。倩文說：「不用雄辯，你按照稅單上所記載的契價乘以百分之六看看就知道了。」立民一算，果然是6萬元才對，立民始化憂傷為歡喜，但是他對於這個天大的錯誤，卻不知道如何補救是好？

解說

　　在我國現行的稅法中，有部分稅法規定，納稅義務人對於稅捐稽徵機關核定的稅額通知單，如發現其記載或計算有錯誤時，得於一定期限內向該管稽徵機關請求查對更正，此種規定散見於以下稅法中：

　　（一）所得稅法第81條第2項規定：「前項（稅額）通知書之記載或計算有錯誤時，納稅義務人得於通知書送達後十日內，向該管稽徵機關查

對或請予更正。」

（二）所得稅法第116條第1項規定：「本章（獎懲章）規定之滯報金及怠報金，由稽徵機關核定填發核定通知書，載明事實及依據通知受處分人，如通知書之記載或計算有錯誤時，受處分人得於通知書送達之日起十日內，向該管稽徵機關查對或請予更正。」

（三）稅捐稽徵法第17條規定：「納稅義務人如發現繳納通知文書有記載、計算錯誤或重複時，於規定繳納期間內，得要求稅捐稽徵機關查對更正。」

以上（一）、（二）項的規定，雖然其所規範的事項不一，但是第（三）項的規定，因是規定在各稅法均適用的稅捐稽徵法中，所以對於其他各稅目均有其適用。然而以上各項規定的主旨卻都是一致的，無非是要使納稅義務人對於稅捐稽徵機關所核發的錯誤稅單，有一補救的機會，免得因復查而費時曠日，使得徵納雙方增加不必要的勞費。惟此種納稅義務人查對或申請更正的規定，須齊備下列二要件：

（一）須為各稅法規定的納稅義務人才可以請求查對或更正，並須於接到核定稅額通知書後十日內或規定繳納期間內為之。

（二）得請求查對或更正的事項，僅限於稅單之記載、計算錯誤或重複，如果是對於核定的事實或法令的適用有異議時，則僅得依法申請復查。

又前述規定，只是促請稅捐稽徵機關於發現稅單之記載、計算錯誤或重複時，應依申請予以查對更正，如果該管稅捐稽徵機關不予查對或更正時，或納稅義務人不願請求查對或更正時，均可逕依規定申請復查，因此上前述的查對更正，並不是申請復查前必先踐行的程序，所以有的學者，不認為它是行政救濟程序的一環。然而，這種程序，仍然不失為納稅義務人對於稽徵機關核定稅額處分的一種補救措施，應該屬於廣義的行政救濟程序的一部分。

至於這種查對更正的內涵究竟為何？其與復查程序究竟有何不同呢？依行政法院60年判字第237號判例意旨：「所得稅法第81條第2項規定所稱核定稅額通知書之記載或計算有錯誤時，納稅義務人得向該管稽徵機關查對或請予更正，係指通知書之文字記載或查定項目之數字上計算錯誤而

言。其對查定之事實或法令之適用有所異議者，應依本法第82條（按已刪除）之規定申請復查。」即已明白地說明了查對更正的範圍及其與復查程序的差別所在，二者不容混淆。

由以上說明，可知查對更正，是納稅義務人對於稅捐稽徵機關所核定的稅額通知單上有明顯的記載或計算錯誤及重複課稅時，所為直接、有效的請求補救的方法，祇要是納稅義務人有此表示，而為稽徵機關所接受，即可迅速獲得更正的結果，是為納稅義務人的救濟捷徑，不可不知。

本例立民所收到的契稅稅單上，既明顯地載明評定契價為100萬元，而依契稅條例規定買賣契稅之稅率為其契價的百分之六，則其契稅計算的結果，顯為6萬元，茲稅額通知書上卻誤載為60萬元，是為稅務員計算錯誤無疑，此時立民祇須依照稅捐稽徵法第17條規定，於規定繳納期間內，向該管稅捐稽徵處申請更正即可獲得補救，而不必去申請復查，以免冗長的救濟程序而勞神傷財，但是如果不幸碰到死不認錯的稅務員而不予以更正的話，那也只有依法申請復查，以求救濟了。

第二節　復查程序

第一目　復查的意義與必要

要塞地不輕棄

實例

允文自從大學畢業後，一個人在台北奮鬥了八、九年，現在已是一家貿易公司的高級主管，月入十餘萬元，銀行裡的存款數字也高達數百萬元，因此一心想要結婚，但要結婚就必須有個固定的住家，所以決定向信譽良好的愛群建設公司洽購一間坐落在台北市永吉路，由政府獎勵投資興建的國民住宅，這種住宅不但可以免徵百分之六的買賣契稅，還可以貸款百分之五十以上，分數十年攤還，利息又比一般的住宅貸款低，允文看了設計圖並參觀現場施工狀況後，很是中意，當即決定買受

第六棟第六樓的一間，雙方談妥房、地買賣總價額為1,500萬元，並立即簽下買賣契約。過了一年後，建築完成，允文也擇吉遷入居住，並在一個月後與他相戀多年的秀玉結婚，共組幸福美滿的新家庭，秀玉對於自己先生選擇的新屋也甚滿意，新婚燕爾，其樂融融。不料，秀玉在某日突然接到稅捐處寄來的補稅通知書，載明應繳契稅30萬元，允文獲知上情後，深感納悶，乃前往愛群建設公司查明究竟，經查該大廈確是愛群公司受政府獎勵投資集中興建的國民住宅，而且戶數在50戶以上，依國民住宅條例第35條規定「獎勵投資興建之國民住宅，其承購人免徵不動產買賣契稅。」因此，允文買受的住宅，確實可以免徵契稅無誤，他心想那張契稅繳款書的填發，一定是稅務員搞錯了，於是決定不予理會。過了二個月後，秀玉又收到了一張稅捐處寄來催繳30萬元契稅及應補徵百分之十五滯納金的稅單，允文只好跑到稅捐處詢問究竟，主管的張姓稅務員告訴他，愛群建設公司雖曾申請政府核准獎勵興建愛群大廈，但是該公司的計劃，後來並未經國民住宅主管機關核准，所以他所承買的房子仍要課徵契稅，允文聽了不以為然，因他在購屋之前，確曾看過該公司出示一張政府核准獎勵興建國民住宅的證明書，同時在他家裡還留有一張這種證明書影本，他可以舉證證明，允文並問張姓稅務員：「我應該怎麼辦？」張姓稅務員告訴他，如果不服補稅及加徵滯納金的處分，應趕快依法申請復查，否則屆滿繳納期限，即移送行政執行處強制執行，允文稱謝後離去，但他不知什麼叫做「復查」？要如何申請？心裡真不是味道！

解說

　　納稅義務人對於稅捐稽徵機關查核完畢的案件，固可依照本章第一節所述申請查對或更正，以求補救，但是如果遺誤了這個機會，並不是就到了絕路，相反的，你本來就可以不理會這個可有可無的查對更正程序，但卻不能忽視了申請復查的機會，否則，課稅或罰鍰的處分就告確定，其後果就是必須全數照繳，或被移送強制執行，只好變成啞巴吃黃蓮！那麼什麼叫做「申請復查」呢？所謂「申請復查」，是指納稅義務人對於稅捐稽徵機關核定應納稅額或裁處罰鍰的行政處分，認為其違法或不當，致

損害其權利或利益時，於法定期間內，檢同證明文件向原處分稽徵機關表示不服，請求變更或撤銷原處分的意思表示。可知申請複查是納稅義務人不服稅捐稽徵機關核定稅額或處罰鍰的一種意思表示，這種程序，就是一般所稱的行政救濟程序（即狹義的行政救濟程序）的第一關，非經過這個程序，就不得提起訴願及行政訴訟等後續的救濟程序，足見復查程序，是提起訴願等救濟程序的先行程序。復查程序，在舊有的各稅法中規定不一，故使得各稅的復查程序參差不一，寬嚴不同，頗讓納稅義務人困擾，財政部有鑑於此，乃在民國65年10月22日公布施行的稅捐稽徵法中特以專章作統一的規定，此後各稅目的復查程序，均須依照稅捐稽徵法第35到38條的規定辦理，使得徵納雙方因此省去了許多的困擾。

納稅義務人對於稅捐稽徵機關核定的納稅或罰鍰案件，一經依法申請復查，就有使該案件處於不確定狀態的效力，稅捐稽徵機關對該復查的案件，即不得移送行政執行處強制執行，所以，申請復查有停止原處分的確定力及執行力，對於納稅義務人的權益影響甚大。

申請復查，既是一種意思表示，因此納稅義務人祇要依規定為不服的表示即可，並沒有太多的限制，但因為必須敘明不服的理由，所以須以書面為之，而不得以言詞代替，因為用言詞表示，稽徵機關無法受理。納稅義務人如果不太明白，可以到各稅捐稽徵機關的服務台去請教服務人員，他們都會給你很滿意的答覆。

本例的允文，對於他所買受的房屋，既然有充分的證據可以證明他可以免徵契稅，當然可以依規定以書面敘明理由向主管稽徵機關申請復查，以求救濟，而不必瞻前顧後而有所遲疑。

第二目　申請復查的要件

不讓權利睡著了！

實例

　　小曼是一個二十多歲的青春少女，不但人長得甜美，而且善於歌唱，在一家公司擔任會計工作，因為歌聲美妙，所以在同事的慫恿下，

在民國98年6月間，報名參加電視台的歌唱比賽，結果所向無敵，連奪了好多次冠軍，在數月中就賺進了不少獎金。直到99年8月間，她突然接到國稅局寄來一張補稅通知單，說她漏報98年度綜合所得稅，共須補繳稅款3萬元，並須裁處0.5倍的罰鍰1.5萬元，小曼自己認為她的98年度綜合所得稅結算申報，已將所有薪資申報在內，並無漏報情事，所以並不將之放在心上。過了二個多月後，她想起來是不是歌唱所得沒有申報進去才被補稅處罰，於是心裡起了不安，乃跑到國稅局查問詳情，據主辦的王姓稅務員告訴她：「依據電腦歸戶查核的結果，除了有薪資所得外，還有在電視台歌唱競技所得10萬元及在台北市某大歌廳演唱歌曲的變動所得25萬元，未經申報在內，經核計的結果，尚須補繳稅款3萬元，並須裁處0.5倍的罰鍰無誤。」小曼聽了仍有些不服，乃決定以她在當會計所學得的心得申請復查。不料，在申請復查後，遭國稅局以程序上不合為理由予以駁回，她不信邪，又向財政部提起訴願，結果又遭到相同的命運，到底是為什麼呢？

解說

申請復查，固然是納稅義務人一種救濟的權利，但是並不是漫無限制，而可由納稅義務人隨心所欲胡亂為之。在稅捐稽徵法公布施行以前，復查程序是分別規定於各稅法中，所以各稅申請復查的要件並不一致，而且有部分稅法根本沒有規定，使得納稅義務人無所是從。政府為便於徵納雙方的遵循，乃在稅捐稽徵法第35條第1項統一規定：「納稅義務人對於核定稅捐之處分如有不服，應依規定格式，敘明理由，連同證明文件，依左列規定，申請復查：一、依核定稅額通知書所載有應納稅額或應補徵稅額者，應於繳款書送達後，於繳納期間屆滿翌日起算三十日內，申請復查。二、依核定稅額通知書所載無應納稅額或應補徵稅額者，應於核定稅額通知書送達後三十日內，申請復查。三、依第19條第3項規定受送達核定稅額通知書或以公告代之者，應於核定稅額通知書或公告所載應納稅額或應補徵稅額繳納期間屆滿之翌日起三十日內，申請復查。」足見申請復查有其一定的要件，如果不合乎復查要件而逕予申請復查或遺誤一定要件後再申請復查，都將徒勞無功。茲將申請復查必須具備的要件，析述如次：

(一) 須不服稅捐稽徵機關核定稅捐處分的案件

所謂稅捐稽徵機關核定的案件，一般可分為核定稅額的案件及非核定稅額的案件。前者，如核定應補徵所得稅的處分；後者，如停止營業的處分。納稅義務人對於稅捐稽徵機關所為的前述兩種處分，是不是都可以申請復查呢？依前開稅捐稽徵法第35條第1項第1至3款規定的意旨以觀，應只限於前一種核定稅捐處分的案件，方可申請復查。因為對於後一種非核定稅捐的處分，既無應納應補的稅額，亦無所謂核定稅額通知書，在性質上，當然有別於核定稅捐的處分，而僅屬於一般所稱的行政處分，所以應依一般行政機關所為行政處分的救濟程序，逐循訴願及行政訴訟程序請求救濟，而不得再依一般稅捐的救濟程序，由原處分的稅捐稽徵機關再作復查決定。

又所謂稅捐稽徵機關核定稅捐的案件，是否祇限於「本稅」而言？是否尚包含核定加徵的滯納金、利息、滯報金、怠報金、短估金及罰鍰等案件在內？此在稅捐稽徵法第49條所定：「滯納金、利息、滯報金、怠報金、短估金及罰鍰等，除本法另有規定外，準用本法有關稅捐之規定。」而其中所謂「本法另有規定」，係指同法條但書所規定的「但第6條關於稅捐優先及第38條關於加計利息之規定，對於罰鍰不在準用之列。」而言。又依同法第50條之2規定：「依本法或稅法規定應處罰鍰者，由主管稽徵機關處分之，不適用稅法處罰程序之有關規定，受處分人如有不服，應依行政救濟程序辦理。」可見滯納金、利息、滯報金、怠報金、短估金、罰鍰等，均可準用有關稅捐行政救濟程序之規定，故納稅義務人對於稅捐稽徵機關所核定加徵的滯納金、利息、滯報金、怠報金、短估金、罰鍰等案件，如有不服，均可依前開規定申請復查。

再者，扣繳義務人、代徵人、代繳人及其他依法負繳納稅捐義務之人，對於稅捐稽徵機關核定的應扣繳或代徵、代繳稅額如有不服，可否申請復查？此從稅捐稽徵法第50條所定「本法對於納稅義務人之規定，除第41條規定外，於扣繳義務人、代徵人、代繳人及其他依本法負繳納稅捐義務之人準用之。」的內容，亦可得到肯定答案，所以諸如娛樂稅的代徵人，地價稅的代繳人以及其他如稅捐稽徵法第13條、第14條所定負責

繳納稅捐義務的人等，都可準用前述復查的規定，申請復查。

又前面所謂經核定稅捐之處分，不論是納稅義務人自行申報的案件或非自行申報而由稅捐稽徵機關依據稅籍底冊或查得資料課徵稅捐的案件，都可以申請復查，前經財政部65年台財稅第38096號函釋在案，並已在稅捐稽徵法施行細則第10條加以明定，以供徵納雙方共同遵循。

(二) 須以規定格式敘明理由

申請復查是納稅義務人對於稅捐稽徵機關核定稅捐的處分，所為不服的一種意思表示，這種意思表示，必須敘明不服的理由，並檢附有關的證明文件，以供受理的稅捐稽徵機關作為審查的依據，所以是一種要式行為，必須以書面為之，否則，該管稽徵機關就不知你是如何的不服以及到底有哪些理由，當然就更無法進行查核了。至於稅捐稽徵法第35條第1項所稱「應依規定格式」乙語，是沿襲自舊有所得稅法第79條的用語，原來是指稽徵機關所規定的復查申請書表而言，然而這種「復查申請書表」，已隨前述舊所得稅法條文的修正刪除而不再援用。所以，稅捐稽徵法第35條第1項所稱「應依規定格式」乙語，是指同法施行細則第11條所規定的格式，亦即「納稅義務人依本法第35條規定申請復查時，應將原繳款書或其繳納收據影本連同復查申請書送交稅捐稽徵機關；前項復查申請書應載明下列事項，由申請人簽名或蓋章：一、申請人之姓名、出生年月日、性別、身分證明文件字號、住、居所。如係法人或其他設有管理人或代表人之團體，其名稱、事務所或營業所及管理人或代表人之姓名、出生年月日、性別、住、居所。有代理人者，其姓名、出生年月日、性別、身分證明文件字號、住、居所及代理人證明文件。二、原處分機關。三、復查申請事項。四、申請復查之事實及理由。五、證據。其為文書者應填具繕本或影本。六、受理復查機關。七、年、月、日。」至於所使用的名稱，不管是「不服」也好、「異議」也好，是「抗告」也好，甚至是用「註銷」等一類的話，只要是對稅捐稽徵機關所核定稅捐的處分表示不服即可，該管稅捐稽徵機關都必須一律受理，不得因納稅義務人沒有表明「申請復查」的字樣，就率以通知拒絕復查的申請（復查申請書的格式如附表）。又納稅義務人如已在法定期間內申請復查，雖然未敘

明理由或提供有關證件，稽徵機關應速通知補正，亦不得遽予駁回。又納稅義務人既經依法申請復查，縱令未能提示有關證據，亦僅申請復查在實體上有無理由的問題，稅捐稽徵機關仍須將該案件交由復查委員會進行復查決定，而不得逕行以通知核復申請人，否則，就是違法（參見行政法院54年判字第188號判例）。

(三) 須在法定期間內申請復查

　　申請復查除了須具備以上二要件外，依稅捐稽徵法第35條第1項的規定，尚須在一定期間內申請復查，始符合規定，此項期間可分二點說明：(1)在有應納或應補稅額的案件，應於繳款書送達後，於繳納期間屆滿翌日起算三十日內，申請復查。(2)在無應納或應補稅額者，應於核定稅額通知書送達後三十日內，申請復查。(3)依第19條第3項規定對全體公同共有人送達核定稅額通知書或以公告代之者，應於核定稅額通知書或公告所載應納稅額或應補徵稅額繳納期間屆滿之翌日起三十日內，申請復查。又此處規定所稱的「繳納期間屆滿翌日」，是從核定稅額通知書上所載限繳期限末日的第二天起算，如果納稅期限的末日適為星期日、紀念日或其他休息日時，應依民法第122條規定，以其休息日的次日為納稅期限的末日。又申請復查時，如果納稅義務人於規定期間內直接將復查申請書持交主管稅捐稽徵機關的收發室簽收，固無問題，如果是以郵寄方式投遞申請書者，其申請復查的日期，究以郵戳的日期為準，抑以主管稽徵機關收件的日期為準，在現行稅法中並無明文規定，惟財政部為維護人民權益，特以68年台財稅第36386號函從寬解釋，應以郵戳日期為準。又對於無應納或應補稅額案件申請復查的期間，應在核定無稅額的通知書送達日的次日起算，是不待言。以上所規定的申請復查期間，是屬於法定的不變期間，逾此期間不申請者，即生失權的效果，納稅義務人申請復查的權利，即因此喪失，無從補正。

　　又納稅義務人如因天災事變或其他不可抗力之事由，致遲誤申請復查之期間者怎麼辦？此在稅捐稽徵法第35條第2、3項已明白規定：「納稅義務人或其代理人，因天災事變或其他不可抗力之事由，遲誤申請復查期間者，於其原因消滅後一個月內，得提出具體證明，申請回復原狀。但遲

誤申請復查期間已逾一年者，不得申請；前項回復原狀之申請，應同時補行申請復查期間內應為之行為。」可見遲誤申請復查期間者，如是因天災事變或其他不可抗力之事由所致者，應於其原因消滅後一個月內，申請回復原狀，並補行申請復查，如遲誤申請復查之期間已逾一年者，即不得再以任何理由申請復查，此時原核定之應稅或補稅處分即告確定。

　　在說明過申請復查的要件以後，我們不難看出，申請復查並不是一件很困難的事，只要您細心閱讀以上各點，相信您碰到這個問題時，一定可以迎刃而解。現在回過頭來看看本例的小曼，為什麼她申請復查時一下子就被國稅局從程序上予以駁回呢？那是因為她犯了一個大忌，那就是她違背了上述的第三個復查的必要條件。因為小曼是綜合所得稅納稅義務人，而且已辦理結算申報，後經國稅局依據電腦歸戶查得資料查到其漏報歌唱獎金及收入等變動所得共35萬元，未依法申報，既經國稅局查獲核定通知補稅並處罰，她卻遲至繳納期間屆滿翌日起算三十日外才申請復查，顯已逾申請復查的法定期間，自非法之所許，其遭國稅局直接以程序不合法為理由從程序上予以駁回，乃理所當然。

附表：復查申請書格式

	姓名／商號名稱 （加蓋印章）	身分證字號 （統一編號）	地 址	手機或 聯絡電話
申請人				
代表人				
代理人				
復　查 請　求 事　項	為不服貴局 □核定＿＿年度＿＿＿＿稅，應納稅額＿＿＿＿＿元 　　　　　　　　　　　　　　　　，依法申請復查。 □裁處罰鍰＿＿＿＿＿元（管理代號：　　　）			

附送文件	___年_____稅核定稅額通知（繳款）書___紙。 ___年_____稅繳納收據影本___紙。 罰鍰繳款書__紙。 ___年___月___日中市稅法字第_____號裁處書正（影）本__份。 其他。_____

| 一、事實：
（簡述原處分所載事實）

二、理由：
（敘明原處分違法或不當的理由）

二、證據：
　　　　　　　　　　（提出有利的人證、物證或書證等證據） ||

此致 　○○○國稅局 　○○○地方稅務局 　○○○稅捐稽徵處	說明： 1.如有代理人請附委託書。 2.「復查事實與理由」欄位不敷使用時，請另以A4空白紙張書寫，並註記加頁數。 3.倘申請人欲收取復查決定書之地址與原處分或原核定地址不符，請另加註。
中華民國　　年　　月　　日	

第三目　稅捐稽徵機關的復查決定

可以公函踢皮球嗎？

實例

　　弘昇跟二個同學合股在台中市開設了一家全成有限公司，並自任董事長，專門經營皮鞋生意，由於地點適中，價格公道、信用良好，所以生意興隆，經營三年下來，不但全部出資均已回收，而且連年分紅甚豐，樂得弘昇笑逐顏開，幹勁十足。不料，在民國99年中秋節過後的某

日，他突然接到財政部台灣省中區國稅局寄來的通知書，載明全成有限公司在98年除應補徵營業稅3萬5千元外，還要補繳營利事業所得稅5萬元，並應依法按所漏營業稅額及營利事業所得稅額分別各處以0.5倍的罰鍰，弘昇大喊冤枉，於是緊急召集各股東開會，共謀對策，經股東一致決議由董事長全權提起行政救濟。弘昇受任重擔，又對行政救濟程序不大瞭解，急得就像熱鍋上的螞蟻，於是授權會計主任純傑全權處理，純傑雖是一個大學會計系畢業的高材生，但剛從軍中退伍不久，對公司業務亦半生不熟，又不知怎麼申請復查，於是就跑到國稅局查明究竟，據承辦稅務員說，全成有限公司被人檢舉在98年6至12月漏開統一發票100萬元，有銷貨單及證人可憑。純傑回公司後，就用十行紙寫了一張陳情書給國稅局，說明全成有限公司是一家老實商店，每筆銷貨都有開立發票，不可能逃漏稅捐，全成公司不服補稅及罰鍰處分，請國稅局查明事實，予以更正，以免冤枉。國稅局卻回函說：「如有不服，仍應依法申請復查，不能以陳情書代之。」到底純傑所寫的陳情書，算不算是申請復查的意思表示？純傑還要再寫一張正式的復查申請書，國稅局才能受理嗎？如果國稅局不予理會其陳情，全成公司還有救濟的管道嗎？國稅局會做出什麼樣的復查決定呢？

解說

　　按納稅義務人對於稅捐稽徵機關核定的應納或應補稅額，如果不服而欲申請復查者，應於接到核定稅額通知書後，於繳納期間屆滿翌日起算三十日內，申請復查，已有如前述。如果納稅義務人在申請復查的期限過後才申請復查，或其交由郵遞的復查申請書送達稅捐稽徵機關時，其郵戳業已逾越復查期限者，此時，其復查程序不合法且已無法補正，該管稽徵機關毋庸通知補正，可逕行交由復查委員會的承辦人員進行審查簽註意見，提交復查委員會報告（報告書之格式如附件一），並經審議後，從程序上予以駁回。但是，納稅義務人對於該復查的申請，縱然已逾越規定期間申請而有程序上的違法，如果原處分機關認為其處分確有違法或不當之處，仍得本於職權將原處分予以變更或撤銷。

　　當復查委員會的承辦人就程序審查合法後，即應就實體上的事項有無

理由進行審查，並得通知納稅義務人提供有關的帳簿、憑證、文件進行調查，調查後依據有關法令簽擬意見，提出復查委員會報告，由復查委員會進行審議後交付表決。復查委員會非有三分之二以上的委員出席不得開議，非有出席過半數的同意不得決議。同時復查委員會在進行審議時，如有必要亦得向納稅義務人進行調查或詢問。

復查案件，經復查委員會審查決議後，不論是從程序上駁回或就實體上予以准駁，均應作成復查決定書（復查決定書之格式如附件二）通知納稅義務人，而不得逕以通知拒絕申請或以公函告知復查結果，否則復查決定，就不合法，納稅義務人不受其拘束，並得於二個月的復查期間過後，以該管稅捐稽徵機關未依限作成復查決定為理由，逕向其上級機關提起訴願。又復查的決定，就其決定的內容，大概可分為三種，茲說明如次：

(一) 仍維持原處分

此又可分為下列二種：

1. 程序上駁回者

指納稅義務人所申請的復查，不備前述申請復查的要件時，所為程序上駁回復查申請的決定，此決定書應就納稅義務人不合程序之點予以敘明指駁，其決定之主文大多為「復查駁回」【如附件三復查決定書格式（一）之1】，亦有諭知「程序不合復查駁回」者【如附件三復查決定書格式（一）之2】。

2. 實體上駁回者

指納稅義務人所申請的復查，雖然在程序上並無不合，但是在其實體上的理由，並無足採之處，亦即原處分並無違法或不當的地方，稅捐稽徵機關所為維持原處分，而就實體上予以駁回復查申請的決定，其決定之主文大部分為「復查駁回」【如附件三復查決定書實例（二）之1】，亦有諭知「維持原處分」或「維持原核定」者【如附件三復查決定書實例（二）之2】。

(二) 撤銷原處分

指納稅義務人所申請的復查，經主管稽徵機關交由復查委員會審議的結果，認為申請復查有理由或認為申請復查雖無理由，但發現原處分顯有其他違法或不當時，所為全部撤銷原處分的決定，其決定之主文大多為「原處分撤銷」【如附件三復查決定書實例（三）之1】或「本件稅額繳納書原核定應納稅額為○○元，經重新核定應納稅額為○○元」【如附件三復查決定書實例（三）之2】。

(三) 部分維持部分撤銷原處分

指納稅義務人所申請復查的內容涉及多項事實，經主管稽徵機關復查委員會審議的結果，認定部分事項有理由，部分事項無理由，所為部分撤銷原處分，部分維持原處分的決定，其決定之主文大部分為「原處分關於○○部分撤銷，其餘復查駁回。」或諭知類此之主文【如附件三復查決定書（四）之1】。

又依稅捐稽徵法第35條第4、5項規定，稅捐稽徵機關對於有關復查的申請，應於接到申請書後二個月內予以復查決定，並作成決定書通知納稅義務人；納稅義務人為全體公同共有人者，稅捐稽徵機關應於公同共有人最後得申請復查之期間屆滿之翌日起二個月內，就分別申請之數宗復查合併決定，不得有所延誤；如在該項期間屆滿後，仍未作成決定者，納稅義務人得逕行提起訴願以求補救。

主管稽徵機關辦理申請復查的案件，僅得就納稅義務人不服原核定申請復查部分予以復查決定，不得於申請復查範圍以外，給予申請人以不利的決定（財政部50年台財稅發第1368號令釋）。又依行政救濟的法理，亦有「不利益變更禁止原則」的適用，即除原處分適用法律錯誤外，申請復查的結果，亦不得為更不利於行政救濟人的決定（行政法院62年判字第298號判例、訴願法第81條第1項規定、行政訴訟法第195條第2項規定）。

再者，復查案件一經主管稅捐稽徵機關依法為復查的決定後，其復查決定非由受處分人依法提起訴願或行政訴訟，經各該主管機關依法予以撤

銷或變更者，不但對於徵納雙方均發生拘束力，即其他機關亦應尊重該有效的復查決定，不得漫加否認。縱使該復查決定有瑕疵或其決定有違法或不當者，亦僅該主管稅捐稽徵機關得本於職權將其變更或撤銷，或由其上級行政機關本於行政監督權的作用，令原處分機關予以變更或撤銷，在未依此變更或撤銷前，原復查決定，均仍具拘束力。

　　目前各稅捐稽徵機關為貫徹便民的政策，對於納稅義務人申請復查的案件，無不儘量予以受理，除非納稅義務人在申請復查時所發生程序上的瑕疵無法補正，祇好從程序上予以駁回外，凡是形式上可以補正的事項，無不儘量設法通知補正，俾得進入實體方面的復查程序，使經復查委員會的客觀審議，作成更公正、公平的復查決定，以昭折服。

　　因此，本例中的純傑代理全成公司所寫的陳情書，既已說明「全成公司不服補稅及罰鍰處分，請國稅局查明事實，予以更正」，顯有「不服原核定，要申請復查」的意思表示，不因其以「陳情書」之名稱表示不服，即可認其非為申請復查，而任以公函回復：「如有不服，仍應依法申請復查，不能以陳情書代之。」以了結本案。故本案主管的國稅局應以申請復查的案件予以受理，將該案件分交復查委員會的承辦人員進行審查後提交復查委員會審議，再作成復查決定書予以准駁。所以純傑仍可在該管國稅局補行作成復查決定前，向其說明補徵及罰鍰的違誤理由，並提出有利的證據，由該管國稅局據以審議。若該管國稅局不予進行復查程序並作成決定書送達全成公司，則該復查案件便呈現不確定狀態，如果超過二個月後仍未作成決定者，全成公司可逕行依前述說明提起訴願。

附件一：復查報告書格式

○○○稅捐稽徵處復查報告書　　　　　　　　年　　　月　　　日
總收文：　　年　　月　　日　字第　　　　號
申請人：　　　　　　　　　　　　住址：
負責人（或代表人）：　　　　　　住址：
代理人：　　　　　　　　　　　　住址：
稅目：　　　稅　本稅：　　　　　元　繳納期限：自　年　月　日起
　　　　　　　罰鍰：　　　　　元　　　　　　　至　年　月　日止

（一）原核定事實：

（二）申請復查理由及主張：

（三）復查意見：
  1. 程序方面：

  2. 實體方面：
（四）結論：（附有關蒐證資料）
  1. 原核定（處分）：
  2. 復查擬核定：
  3. 變更情形：
課（科）長   股長   復查員

附件二：復查決定書格式

○○○稅捐稽徵處復查決定書
申請人：   住址：
負責人（或代表人）：   住址：
代理人：   住址：
申請人因 年度 稅事件，不服本處 年 月 日 字第號
補徵 稅繳納通知書所為之處分，申請復查一案，茲經復查決定如下：
  主文
復查駁回。
  事實（敘明原核定之事實）
  理由（敘明申請復查為不合法或原核定並無違法或不當的理由）
基上論結：本案申請復查為不合法（或原核定並無違法或不當），爰依○
○之規定，決定如主文。
       處　長○○○
中　華　民　國　 年　 月　 日
（本件申請人如有不服，應於收受本決定書次日起30日內，繕具訴願書

經由本處向○○機關提起訴願）

附件三：復查決定書實例

（一）程序駁回

1. 當事人不適格

財政部臺灣省中區國稅局復查決定書

申請人：甲　君　　　　　　　住址：

申請人因A營造工程有限公司（以下簡稱A公司）營業稅事件，不服本局原核定，申請復查，茲經復查決定如下：

　　主　文

復查駁回。

　　事　實

申請人係A公司股東，該公司93年4月6日經法務部行政執行署○○行政執行處拍賣房屋銷售額新臺幣（下同）1,220,000元，營業稅額61,000元，本局○○縣分局未獲分配，核定補徵營業稅額61,000元，嗣因A公司經經濟部撤銷登記，惟迄未進行清算程序，本局○○縣分局乃將稅額繳款書向申請人送達。申請人不服，申請復查。

　　理　由

一、按「納稅義務人對於核定稅捐之處分如有不服，應依規定格式，敘明理由，連同證明文件，依左列規定，申請復查：一、依核定稅額通知書所載有應納稅額或應補徵稅額者，應於繳款書送達後，於繳納期間屆滿翌日起算30日內，申請復查。」「前項復查申請書應載明下列事項，由申請人簽名或蓋章。一、申請人之姓名……如係法人或其他設有管理人或代表人之團體，其名稱、事務所或營業所及管理人或代表人之姓名、出生年月日、性別、住、居所。」為稅捐稽徵法第35條第1項第1款及同法施行細則第11條第2項第1款前段所明定。次按「營業稅之納稅義務人如左：一、銷售貨物或勞務之營業人。」「將貨物之所有權移轉與他人，以取得代價者，為銷售貨物。」「法院拍賣或變賣貨物前，應通知主管稽徵機關。主管稽徵機關如認該貨物屬應課徵營業稅者，應依法向法院聲明參與分配。主管

稽徵機關於聲明參與分配時，應以法院拍定或成交價額依規定稅率計算應納營業稅額，作為參與分配之金額。」「拍賣或變賣之貨物，其屬應繳納營業稅者，應依下列公式計算營業稅額：應納營業稅額＝拍定或成交價額÷（1＋徵收率5%）×徵收率5%」為加值型及非加值型營業稅（以下簡稱營業稅法）第2條第1款、第3條第1項及同法施行細則第47條第3項、第4項、法院及海關拍賣或變賣貨物課徵營業稅作業要點第4點所規定。又「解散之公司除因合併、分割或破產而解散外，應行清算。」「公司經中央主管機關撤銷或廢止登記者，準用前3條之規定。」「公司之清算，以全體股東為清算人。但本法或章程另有規定或經股東決議，另選清算人者，不在此限。」「公司變更章程、合併、解散及清算，準用無限公司有關之規定。」為公司法第24條、第26條之1、第79條及第113條所規定。末按「公司清算期間，稅單應向清算人送達……」「法院拍賣或變賣之貨物屬應課徵營業稅者……未獲分配之營業稅款，應由稽徵機關另行填發『營業稅隨課違章核定稅額繳款書』向被拍賣或變賣貨物之原所有人補徵之。」為財政部83年12月2日台財稅第831624248號及85年10月30日台財稅第851921699號函所明釋。

二、A公司登記經營房屋建築營建業，其所有坐落○○市○○區○○路○段○號房屋，經○○執行處於93年4月6日強制執行拍定銷售額1,220,000元，營業稅額61,000元（拍定價1,281,000元÷1.05×5%＝61,000元），依營業稅法第3條規定為銷售貨物應課徵營業稅，本局○○縣分局未獲分配，乃發單補徵營業稅額61,000元，嗣因A公司已於87年9月1日經經濟部撤銷登記，惟迄未進行清算程序，原查遂將稅額繳款書向包含申請人在內之全體股東（即乙君、丙君、丁君、戊君、己君及申請人）送達。申請人以個人名義主張A公司早已倒閉歇業，何來營業之事實，其本人並未實際參與營運，當年之投資亦血本無歸，是被偽造文書之人頭戶，其並非負責人或管理人，並無義務繳稅云云。

三、查A公司於87年9月1日經經濟部撤銷登記，即應行清算，原查向臺灣○○地方法院查證並未受理A公司聲報清算完結，是A公司未完成合

法清算，法人人格仍視為存續，乃依經濟部公司登記資料，以申請人係A公司股東，為法定之清算人，對其送達系爭稅額繳款書，參諸公司法第12條：「公司設立登記後，有應登記之事項而不登記，或已登記之事項有變更而不為變更之登記者，不得以其事項對抗第三人。」規定意旨，尚無不合。次查本件稅捐處分之納稅義務人為A公司，係公司組織之法人，具有獨立人格，其與法人代表之自然人，係不同之權利義務主體，申請人如欲對A公司之稅捐行使權利，自應以A公司名義為之始符法制，其以個人名義申請復查，主體即非適格。又本局於98年2月5日以中區國稅法一字第○號函，請申請人補正以A公司名義為申請人之復查申請書，申請人僅函復其本人為A公司之受害人，該公司已倒閉，其為被偽造文書之股東，實難照辦云云，迄未補正，其當事人不適格，程序不合，應予駁回；末申請人主張A公司虛偽不實登記乙節，係屬司法機關或公司登記主管機關之權責，自不宜循稅務行政救濟程序爭執，併予指明。綜上，本件復查之申請，既與首揭規定不符，其當事人不適格，程序不合，應予駁回。

基上論結，本件復查之申請，應認為不合法，爰依稅捐稽徵法第35條規定，決定如主文。

中　華　民　國　98　年　4　月　　日

本件申請人如有不服本決定，得於收受本決定書之次日起30日內，依訴願法第56條第1項規定繕具訴願書，載明訴願之事實及理由等事項，檢附相關證據，並將訴願書正本、副本經由本局向財政部提起訴願。

2. 逾期

高雄縣政府地方稅務局土地增值稅復查決定書

申請人因97年土地增值稅事件，不服本局土地增值稅繳款書所為核課，於民國97年○月○日申請復查乙案，茲經本局98年○月○日第○次復查委員會決議決定如下：

主文：程序不合，復查駁回。

事實：

緣申請人於民國（下同）97年6月○日申報移轉所有坐落高雄縣大社鄉

〇段甲、乙及丙地號土地（下稱系爭土地）等3筆，宗地面積分別為149平方公尺（權利範圍1/2）、108平方公尺（權利範圍1/1）及57平方公尺（權利範圍1/2），移轉持分及移轉面積分別為甲地號土地，移轉持分1/2，移轉面積74.5平方公尺；乙地號土地，移轉持分為1/1，移轉面積108平方公尺及丙地號土地，移轉持分1/2，移轉面積28.5平方公尺，申請按自用住宅用地稅率課徵土地增值稅。經本局審核後，大社鄉〇段（下同）甲地號土地上無建物亦非巷道，地上堆放貨物，無法適用自用住宅用地稅率核課；丙地號土地為使用上不可分離之巷道用地，准隨同主建物坐落基地乙地號移轉，併同部分適用自用住宅用地稅率核課；另查乙地號土地上建物（建物門牌：高雄縣大社鄉〇村〇路〇號）於立契出售前1年有出租情形，分別為頂樓出租〇〇電信設立基地台、1樓設有營業登記，出租予〇〇有限公司使用，故核認系爭乙、丙地號土地之移轉持分面積比例1/2（即54平方公尺及14.25平方公尺）分別按一般用地稅率及自用住宅用地優惠稅率核課土地增值稅額分別為新臺幣（下同）328,431元、86,669元，甲地號土地全部移轉面積按一般用地稅率課徵土地增值稅351,985元，總計767,085元，申請人不服，提起本件復查申請。

理由：

一、本案相關法律依據及中央主管機關函釋：

（一）稅捐稽徵法第35條第1項規定：「納稅義務人對於核定稅捐之處分如有不服，應依規定格式，敘明理由，連同證明文件，依左列規定，申請復查：一、依核定稅額通知書所載有應納稅額或應補徵稅額者，應於繳款書送達後，於繳納期間屆滿翌日起算30日內，申請復查。二、依核定稅額通知書所載無應納稅額或應補稅額者，應於核定稅額通知書送達後30日內，申請復查。」

（二）財政部80年12月13日台財稅字第 800425476號函釋：「納稅義務人申請復查之案件，其不合程序規定者，仍應作成復查決定書，以程序不合駁回。」

二、依首揭稅捐稽徵法第35條規定，納稅義務人對於核定稅捐之處分如有不服，應於繳款書送達後，於繳納期間屆滿翌日起算30日內，申

請復查。本案土地增值稅繳款書之繳納期限為97年9月○日至97年10月○日止，申請人遲至97年11月○日始提出復查申請，核已逾復查法定期限，本案應予程序不合駁回；另實體部分，不予論述。本案申請復查為無理由，爰依稅捐稽徵法第35條規定決定如主文。

局　長　林　○　○

中華民國98年○月○日

※本件申請人如有不服，應於收受本決定書次日起30日內繕具訴願書經由本局向高雄縣政府提起訴願。

（二）實體駁回
1. 復查駁回

財政部臺北市國稅局復查決定書

申請人：　　　　　　　　　住址：

申請人因95年度綜合所得稅及罰鍰事件，不服本局原核定，申請復查，茲經復查決定如下：

　　主　文

復查駁回。

　　事　實

申請人與配偶甲君分開辦理95年度綜合所得稅結算申報，違反所得稅法第15條及第71條第1項規定，經本局大安分局查獲，合併歸課申請人綜合所得總額新臺幣（下同）950,137元，補徵稅額11,940元，並經本局處罰鍰5,340元。申請人不服，申請復查。

　　理　由

壹、應納稅額

一、按「納稅義務人之配偶，及合於第17條規定得申報減除扶養親屬免稅額之受扶養親屬，有前條各類所得者，應由納稅義務人合併報繳。」、「納稅義務人應於每年5月1日起至5月31日止，填具結算申報書，向該管稽徵機關，申報其上一年度內構成綜合所得總額……之

項目及數額，以及有關減免、扣除之事實，並應依其全年應納稅額減除……扣繳稅額及可扣抵稅額，計算其應納之結算稅額，於申報前自行繳納。」為所得稅法第15條第1項前段及第71條第1項前段所明定。

二、申請人與配偶分開辦理95年度綜合所得稅結算申報，經本局大安分局查獲，合併歸課申請人綜合所得稅。申請人主張因配偶95年度所得額經試算未達繳稅標準，但仍應辦理結算申報，遂與申請人分別申報，惟2人所得均有誠實申報，並無逃漏，請重新考量云云，查申請人與配偶95年度綜合所得稅分開申報，申報書配偶欄互未填載，有戶籍謄本資料及綜合所得稅結算申報書可稽，原核定合併歸戶補徵稅額11,940元並無不合，應予維持。

貳、罰鍰

一、按「納稅義務人已依本法規定辦理結算申報，但對依本法規定應申報課稅之所得額有漏報或短報情事者，處以所漏稅額2倍以下之罰鍰。」為所得稅法第110條第1項所明定。次按「綜合所得稅納稅義務人依所得稅法第110條規定應處罰鍰案件，有下列情事之一者，免予處罰：……二、納稅義務人未申報或短漏報之所得，經調查核定有依規定應課稅之所得額在新臺幣25萬元以下或其所漏稅額在新臺幣1萬5千元以下，且無下列情事之一：（一）夫妻所得分開申報逃漏所得稅。」為稅務違章案件減免處罰標準第3條第2項第2款第1目所規定。又「若未填明配偶關係，致使稽徵機關無法歸戶合併課徵時，則顯有以其他不正當方法逃漏所得稅之累進稅負，應依所得稅法第110條規定處罰。」為財政部59年1月30日台財稅第20855號令所明釋。

二、申請人與配偶分開辦理95年度綜合所得稅結算申報，申報書配偶欄互未填載，本局按所漏稅額5,340元處1倍罰鍰5,340元。申請人主張2人所得均誠實申報，並無逃漏云云，經查申請人申報書配偶欄互未填載，已如前述，其違反所得稅法第15條規定合併報繳之義務，依前揭規定，原處罰鍰並無違誤，應予維持。

基上論結，本件復查之申請，應認為無理由，爰依稅捐稽徵法第35條及第49條規定，決定如主文。

2. 維持原處分

高雄縣政府地方稅務局房屋稅暨罰鍰復查決定書

　　申請人因97年房屋稅事件，不服本局岡山分局補徵97年房屋稅繳款書及罰鍰（繳納期限：97年○月○日起至98年○月○日止）所為之核課，於民國（以下同）98年○月○日依稅捐稽徵法第35條及同法第50條之2規定提起復查申請乙案，茲經本局98年○月○日第○次復查委員會決議決定如下：

主文：維持原處分。

事實：緣申請人所有門牌號碼：高雄縣燕巢鄉○村○路○號房屋（下稱系爭房屋），屬未辦保存登記建物，經本局岡山分局派員至現場勘查，發現系爭房屋於97年1月○日新建完成1層鋼骨造及2層鋼鐵造房屋，面積1,484平方公尺，本局岡山分局即依房屋稅條例第10條、第11條及高雄縣簡化評定房屋標準價格及房屋現值作業要點等規定評定房屋現值為新臺幣（以下同）2,467,900元，因申請人未依房屋稅條例第7條規定，於房屋建造完成之日起30日內申報房屋稅籍有關事項及使用情形，本局岡山分局爰依同條例第16條及財政部97年6月30日台財稅字第097045030690號令發布修正「稅務違章案件裁罰金額或倍數參考表」等規定，除責令補繳97年1月至6月房屋稅稅額37,346元外，並按所漏稅額處以0.5倍罰鍰18,673元，合計56,019元。申請人不服，乃提起復查申請。

理由：

一、本案相關法令依據

　　（一）按「房屋稅，以附著於土地之各種房屋，及有關增加該房屋使用價值之建築物，為課徵對象。」、「納稅義務人應於房屋建造完成之日起30日內檢附有關文件，向當地主管稽徵機關申報房屋稅籍有關事項及使用情形；其有增建、改建、變更使用或移轉、承典時，亦同。」、「各直轄市、縣（市）（局）應選派有關主管人員及建築技術專門人員組織不動產評價委員會。不動產評價委員會應由當地民意機關及有關人民團體推派代表參加，人數不得少於總額2/5。其組織規程由財政部定

之。」、「主管稽徵機關應依據不動產評價委員會評定之標準，核計房屋現值。」、「房屋標準價格，由不動產評價委員會依據下列事項分別評定，並由直轄市、縣（市）政府公告之：一、按各種建造材料所建房屋，區分種類及等級。二、各類房屋之耐用年數及折舊標準。三、按房屋所處街道村里之商業交通情形及房屋之供求概況，並比較各該不同地段之房屋買賣價格減除地價部分，訂定標準。」為房屋稅條例第3條、第7條、第9條、第10條第1項及第11條第1項所明定。

（二）次按「本條例第11條所稱房屋標準價格，應依同條第1項第1至3款規定之房屋種類、等級、耐用年數、折舊標準及地段增減率等事項調查擬定，交由本縣不動產評價委員會審查評定後，由本府公告之。」高雄縣房屋稅徵收細則第8條所明定。

（三）「房屋現值之核計，以『房屋標準單價表』、『折舊率標準表』及『房屋位置所在段落等級表』為準據。」、「『房屋標準單價表』內用途別之歸類，依『用途分類表』定之。」、「稽徵機關適用『房屋標準單價表』核計房屋現值時，對房屋之構造、用途、總層數及面積等，應依建築管理機關核發之使用執照（未領使用執照者依建造執照）所載之資料為準，但未領使用執照（或建造執照）之房屋，以現場勘定調查之資料為準。前項房屋總層數之計算，不包括地下室或地下層之層數。」分別為高雄縣簡化評定房屋標準價格及房屋現值作業要點第3、4、5條所明定。

（四）財政部77年6月28日台財稅第770190398號函釋：「關於未申領建築執照、完工證明之新、增、改建房屋，其建造完成日期之認定，除查有門牌編訂日期、戶籍遷入日期、接水電日期或其他資料足資佐證，自該日起設籍課徵外，其餘實際完成或可供使用之日難以勘查者，以稽徵機關調查日為準，據以起課房屋稅。說明：二、依主旨規定以稽徵機關調查日起課徵房屋稅之案件，應依據實際查得房屋構造、用途及總層數等資料，適用調查日之房屋評價標準核計其房屋現值。」

二、復查理由主張：

申請人所有坐落於燕巢鄉○村○路○號於97年1月○日新建完成1、2層鋼鐵造房屋，建造材料皆以舊料鋼鐵（從舊廠房拆除之鋼料再利用）為材料。申請人所用建材耗用新臺幣674,638元整（如附件），貴局裁定課稅現值合計（營業及住家）2,492,900元整，顯有高估現值，請鈞局依法撤銷原核定及罰鍰處分，重新核實裁定並退還溢繳房屋稅及罰鍰云云。

三、經查，系爭房屋為未辦保存登記之房屋，案經本局岡山分局派員至現場勘定調查結果，經申請人承諾系爭房屋係於97年1月○日由申請人自行僱工新建完成1層鋼骨造及2層鋼鐵造房屋，面積計1,484平方公尺，有申請人承諾書及房屋租賃契約書可參，本局岡山分局遂依財政部77年6月28日台財稅第770190398號函釋規定，以查得資料按不動產評價委員會評定之標準及「高雄縣簡化評定房屋標準價格及房屋現值作業要點」等規定之房屋評價標準，予以核計房屋現值2,467,900元，於97年8月○日予以設立房屋稅籍，並自97年1月起課徵房屋稅，其中1,468平方公尺作辦公室、工廠、倉庫使用，其餘16平方公尺作員工停車使用，分別按營業用稅率及住家用稅率課徵房屋稅，責令補繳97年1月至6月應納房屋稅額37,346元；另因申請人未依房屋稅條例第7條規定於房屋建造完成之日起30日內申報房屋稅籍及使用情形，爰依同條例第16條及財政部97年6月30日台財稅字第097045030690號令發布修正「稅務違章案件裁罰金額或倍數參考表」規定，按所漏稅額37,346元，處以0.5倍罰鍰18,673元，合計56,019元，洵屬有據。

四、申請人主張系爭房屋，建造材料皆以舊料鋼鐵（所提供之耗用明細表註記：係部分舊料，部分新料）為材料，其所耗用之建材價值為674,638元，本局岡山分局核定之課稅現值2,467,900元，顯有高估現象等云云，惟：

（一）按不動產評價委員會組織章程規定，該會之組成係由各縣（市）選派各級有關主管機關首長、當地縣（市）政府聘請當地議會代表、農會、營造業公會代表及建築師公會之專門

技術人員等所組成。關於房屋標準單價、房屋位置所在段落等級、各類房屋之耐用年數及折舊標準等，尚須先經縣（市）稅捐稽徵機關派員實地調查，並作成報告，經由該會召集會議評定後，始得送交縣（市）政府公告。故其所評定之房屋標準單價、房屋位置所在之段落等級及各類房屋之耐用年數及折舊標準，自具有專業性及公信力，本局岡山分局於核計系爭房屋現值時，遵照該會所評定之標準價格核課房屋稅，應屬合理，要難指為有不當之處。再者，縣（市）之稅捐，為縣（市）之自治事項，縣（市）得自為立法並執行，縣（市）所定之自治條例除與憲法、法律或基於法律授權之法規或上級自治團體自治條例牴觸外，自屬合法有效，此觀諸地方制度法第2條第2款、第19條第2款第2點、第28條、第30條第1項自明。經查，高雄縣房屋稅徵收細則第8條，就高雄縣房屋種類、等級、耐用年數、折舊標準及地段增減率等事項之評定規定，核與上述房屋稅條例第10條第1項、第11條第1項等相關之規定，並無牴觸。本局岡山分局依上述相關規定，據以核計系爭房屋之房屋現值，並課以房屋稅，洵無違誤。

（二）次按前揭房屋稅條例第10條第1項及第11條第1項等規定，房屋稅之核課，係依據不動產評價委員會評定之標準，核計房屋現值，再依房屋現值及使用情形計課房屋稅額，而房屋標準價格，乃由不動產評價委員會依據：(1)按各種建造材料所建房屋，區分種類及等級；(2)各類房屋之耐用年數及折舊標準；(3)按房屋所處街道村里之商業交通情形及房屋之供求概況，並比較各該不同地段之房屋買賣價格減除地價部分，訂定標準，分別評定，亦即房屋現值乃係依據房屋之構造、折舊、面積、地段、用途、總層數等因素加以核定，並非以建材之新舊為評定基準，合先敘明。

（三）再按「當事人主張有利於己之事實者，就其事實有舉證之責任。」亦為民事訴訟法第277條所明定。本案前經本局岡山分局派員至現場勘查時，申請人亦於97年8月○日出具承諾書承

　　諾系爭房屋係於97年1月1日由申請人自行僱工所建造完成之
　　房屋，今卻僅以乙紙自行繕寫之簡便計算「系爭建造房屋耗用
　　材料明細表」紙張，空言主張系爭房屋係用部分舊料，部分新
　　料所建造完成，尚無法提出其他具體足資證明之佐證資料，實
　　難認其具有證據力，是以，申請人主張該新建房屋係以部分舊
　　建材、部分新建材所興建完成，指摘本局岡山分局以不動產評
　　價委員會評定之標準核計系爭房屋現值，顯有高估現值等云
　　云，容屬誤解，委不足採。
五、綜上論結，本案復查為無理由，爰依稅捐稽徵法第35條及同法第50
　　條之2規定決定如主文。

局　長　林　○　○

中華民國98年○月○日

本件申請人如有不服，應於收受本決定書次日起30日內繕具訴願書經由
本局向高雄縣政府提起訴願。

（三）撤銷原處分
1. 原處分全部撤銷

財政部臺灣省南區國稅局復查決定書

發文日期：中華民國98年7月　　　日

發文字號：南區國稅法一字第　　　　　　號

申請人：A公司

代表人：○○○　君

申請人因稅捐稽徵法罰鍰事件，不服本局之處分，申請復查，茲決定如
下：

　　主　文

撤銷原處分。

　　事　實

申請人於92年8月1日至94年4月30日間進貨，未依規定取得合法憑證，卻
取得非實際交易對象有限責任台灣省第二資源回收物運銷合作社（下稱二

資社）開立之統一發票，合計新臺幣（下同）18,549,917元，充作進項憑證申報扣抵銷項稅額，經臺灣高等法院檢察署（下稱高檢署）查獲，通報本局○○分局查證屬實，移送本局裁處罰鍰927,495元。申請人不服，申請復查。

　　理　由

一、按「營利事業依法規定應給與他人憑證而未給與，應自他人取得憑證而未取得，或應保存憑證而未保存者，應就其未給與憑證、未取得憑證或未保存憑證，經查明認定之總額，處5%罰鍰。但營利事業取得非實際交易對象所開立之憑證，如經查明確有進貨事實及該項憑證確由實際銷貨之營利事業所交付，且實際銷貨之營利事業已依法處罰者，免以處罰。」為稅捐稽徵法第44條所明定。次按「關於調查單位查獲營業人取得台灣省廢棄物運銷合作社開立之統一發票作為進項憑證申報扣抵銷項稅額涉嫌違章案件，究應如何處理，案經與會單位充分討論，獲致結論如次：……如查明營業人雖有購進廢棄物之事實，惟未支付貨款予台灣省廢棄物運銷合作社，其取得該社開立之統一發票作為進項憑證申報扣抵銷項稅額者，除進貨未取得實際銷貨人出具之憑證，依營業稅法第19條第1項第1款規定，應就其取得不得扣抵憑證而扣抵銷項稅部分，追補稅款外，並應依稅捐稽徵法第44條規定處以行為罰。」及「稅務違章案件減免處罰標準第2條第5款規定之適用疑義……說明二、查旨揭條文將『實際銷貨之營利事業已依法處罰』列為營利事業取得非實際交易對象所開立憑證之免罰要件，並未明定需經處罰確定，故無需俟銷方營利事業行政救濟確定，進方營利事業即得予以免罰；惟進方營利事業之稽徵機關應告知該營利事業，如銷方營利事業於行政救濟階段經撤銷處罰處分，其撤銷理由已影響原核定進方營利事業免罰之基礎，且該違章案件尚在處罰期間內者，則進方營利事業無旨揭規定之適用，稽徵機關仍將依法處罰。」為財政部86年3月18日台財稅第861888061號函及97年6月13日台財稅字第09700277620號函所釋示。

二、申請人於92年8月1日至94年4月30日間進貨，未依規定取得合法憑證，卻取得非實際交易對象二資社開立之統一發票，合計18,549,917

元，充作進項憑證並申報扣抵銷項稅額，經高檢署查獲，通報本局○○分局查證屬實，移送本局處5%罰鍰927,495元。申請人主張：系爭期間向二資社社員甲君購進廢塑膠再生粒，已提供交易之進貨估價單、簽收單、驗收紀錄及付款明細等資料供核，依改制前行政法院39年度判字第2號及行政程序法第9條規定，稅捐稽徵機關應本於職權查明事實及證據，不得以擬制推測方式，推斷違章事實。又依據財政部97年1月17日台財稅字第09704507110號修正稅務違章案件減免處罰標準第2條第5款規定，應免補稅處罰等由，資為爭議。

三、查申請人於系爭期間向甲君進貨，未依規定取得合法憑證，卻取得非實際交易對象二資社開立之統一發票作為進項憑證申報扣抵銷項稅額，有臺灣板橋地方法院檢察署檢察官起訴書、申請人之會計乙君暨甲君談話紀錄、丙君暨丁君調查筆錄、營業人進銷項交易對象彙加明細表、二資社倉庫銷售明細表、申請人支付貨款明細暨帳證資料、二資社暨戊君等有關銀行帳戶存提明細及二資社銀行帳戶支出金額收款人明細之案關資料等可稽，違章事證明確。原處分依前揭規定，按查明認定之進貨總額18,549,917元處5%罰鍰927,495元，固非無據，惟查系爭進項憑證確由實際銷貨之甲君所交付，且甲君擔任代表人之B公司系爭交易未依規定開立發票交付申請人等實際買受人乙事，業經財政部臺灣省中區國稅局裁罰在案，有該局97年度財營業字第○○○號裁處書可稽，則申請人依稅捐稽徵法第44條但書規定免處行為罰，是原處罰鍰927,495元應予撤銷。

四、嗣後B公司因未依規定開立發票交付申請人受處罰鍰乙事，如於行政救濟階段經撤銷處罰處分，其撤銷理由已影響本件免罰之基礎，則申請人已無免罰規定之適用，將另案依法處罰，併予敘明。

基上論結，本件復查為有理由，爰依稅捐稽徵法第35條第4項及第49條之規定，決定如主文。

中　華　民　國　98　年　7　月　9　日

如對本復查決定不服，得於收受本決定書之次日起30日內依訴願法第56條第1項規定繕具訴願書載明相關資料，並將訴願書正本、副本經由本局向財政部提起訴願。

2. 重新核定

屏東縣政府地方稅務局復查決定書

申請人：財團法人台灣省屏東縣○○○○宮　　住址：屏東縣○○鎮○○里○街○號

法定代理人：陳○○　　　　　　　　　　　地址：同上

申請人因不服本局東港分局核課98年地價稅事件，申請復查乙案，經本局依法決議如下：

主文

本件稅額繳納書原核定應納稅額為269,806元，經重新核定後應納稅額為59,591元

事實：

緣申請人所有坐落本縣東港鎮東港段○○地號土地（下稱系爭土地）（面積2300m²，土地使用分區為保存區）原核准免徵地價稅，本局東港分局（下稱東港分局）於97年5月20日經屏東縣政府通報申請人所有系爭土地及同段735-15、735-55地號等3筆土地已於97年3月25日建築工程開工，因735-15、735-55地號2筆土地原已課徵地價稅，東港分局遂於97年9月18日屏稅東分壹字第0970518438號函通知申請人系爭土地應自98年起課徵地價稅。嗣於98年9月21日申請人申請地價稅減免，惟並未列入系爭土地，東港分局遂僅就申請書所載地號□□、◎◎土地，准予自98年起免徵地價稅，致申請人於收到98年地價稅繳款書時，發現系爭土地已改課地價稅，表示不服，申請復查。

理由：

一、「同一地號之土地，因其使用之情形或因其地上建物之使用情形，認定僅部分合於本規則減免標準者，得依合於減免標準之使用面積比率計算減免其土地稅。」「私有土地減免地價稅或田賦之標準如下：有益於社會風俗教化之宗教團體，經辦妥財團法人或寺廟登記，其專供公開傳教佈道之教堂、經內政部核准設立之宗教教義研究機構、寺廟用地及紀念先賢先烈之館堂祠廟用地，全免。」「無償供公共使用之私有土地，經查明屬實者，在使用期間內，地價稅或田賦全免。但其屬建造房屋應保留之空地部份，不予免徵。」「依法劃定為古蹟保存

區或編定為古蹟保存用地之土地，減免地價稅或田賦之標準如左：
一、土地或建築物之使用及建造受限制者，減徵百分之三十。二、
禁建之土地，減徵百分之五十；但因禁建致不能建築使用而無收益
者，全免。」「……但合於下列規定者，應由稽徵機關依通報資料逕
行辦理或由用地機關函請稽徵機關辦理，免由土地所有權人或典權人
申請：……五、私有無償提供公共巷道或廣場用地。」為土地稅減免
規則第5條、第8條第1項第9款、第9條、第11條之3、第22條但書第5
款規定。

二、系爭土地為申請人之廟宇廣場，原核准免徵地價稅，嗣經屏東縣政府
　　97年3月25日屏府建管字第52890函通報系爭土地及東港段□□、◎
　　◎地號土地建築開工起造房屋，東港分局以97年9月18日屏稅東分壹
　　字第0970518438號函通知申請人系爭土地已不符免徵地價稅規定，
　　應自98年起課徵地價稅，惟申請人主張於本宮王船廠旁興建倉庫時
　　因法定空地不足，遂以系爭土地部分作為法定空地申請使用等語。

三、依屏東縣政府97年3月25日屏府建管字第52890函檢附申請人建築
　　工程開工申報書，載明申請人為興建倉庫以東港段□□（總面積
　　45m²，使用面積45m²）、◎◎（總面積16m²、使用面積16m²）及系
　　爭土地（總面積2300m²、使用面積52.29m²）為建築基地地號，又依
　　建物所有權狀所載系爭倉庫建物坐落地號為東港段□□、◎◎，顯見
　　系爭土地使用面積52.29m²確實供為法定空地使用，東港分局逕以系
　　爭土地全部面積2,300平方公尺以一般用地課稅，未就該法定空地部
　　分依土地稅減免規則第9條規定區分課稅，顯有不合。

四、又申請人於98年9月21日申請地價稅減免時，東港分局依土地稅減免
　　規則第8條第1項第9款規定，核准東港段□□、◎◎地號土地自98年
　　起免徵地價稅，查前開2筆土地為系爭倉庫建物坐落地號，又查系爭
　　土地為系爭倉庫之法定空地，於前開2筆土地核准免徵地價稅時，系
　　爭法定空地作為課徵應已失其附麗，應無須再請求申請人依土地稅減
　　免規則第24條提出申請。

五、綜上，系爭土地原以廣場用地無償供公共使用經東港分局准予減免地
　　價稅，因部分面積52.29平方公尺供作興建倉庫之法定空地，應僅該

部分分離依土地稅減免規則第9條但書規定改課徵地價稅。嗣因倉庫建物坐落地號東港段□□、◎◎經東港分局核准免徵地價稅，使該建築倉庫應保留之法定空地課稅基礎失其附麗，已符合土地稅減免規則第22條規定土地，應免由申請人依同法第24條規定提出申請，系爭土地原課稅處分應予撤銷，申請人其餘16筆土地非本件訴訟標的，併案說明。

綜上論結，本案申請復查為有理由，爰依稅捐稽徵法第35條規定決定如主文。

局長　施　○○

中華民國99年○月○日

本案申請人如有不服，應於收受本決定書次日起30日內，繕具訴願書及本復查決定書影本，經由本局向屏東縣政府提起訴願。如不再提起訴願，本件隨函檢附之繳款書請依限繳納全額應納稅額；如提起訴願，請依限繳納半數稅款或提供相當擔保，俾免加徵滯納金及依稅捐稽徵法第39條規定移送行政執行處強制執行。

（四）部分維持部分撤銷原處分

財政部臺北市國稅局復查決定書

申請人：　　　　　　　　住址：

申請人因90、91年度綜合所得稅及罰鍰事件，不服本局原核定，申請復查，茲經復查決定如下：

　　主　文

追減91年度罰鍰新臺幣（下同）6,650元；其餘復查駁回。

　　事　實

申請人90、91年度綜合所得稅結算申報，經財政部臺灣省中區國稅局（以下簡稱中區國稅局）苗栗縣分局查獲配偶甲君借他人名義分散所得，核定營利、利息所得合計1,164,024元、671,802元，另經本局大安分局查獲91年度漏報配偶甲君營利所得5,540元，歸課綜合所得總額3,366,520元、1,676,342元，補徵稅額249,952元、65,857元，並經本局處罰鍰113,410元、13,299元。申請人不服，就補徵稅額及罰鍰申請復查。

理　由

壹、補徵稅額

一、按「稅捐之核課期間，依左列規定：……三、未於規定期間內申報，或故意以詐欺或其他不正當方法逃漏稅捐者，其核課期間為7年。」、「前條第1項核課期間之起算，依左列規定：一、依法應由納稅義務人申報繳納之稅捐，已在規定期間內申報者，自申報日起算。」為稅捐稽徵法第21條第1項第3款及第22條第1款所明定。次按「納稅義務人之配偶，及合於第17條規定得申報減除扶養親屬免稅額之受扶養親屬，有前條各類所得者，應由納稅義務人合併報繳。……」、「納稅義務人應於每年5月1日起至5月31日止，填具結算申報書，向該管稽徵機關，申報其上一年度內構成綜合所得總額……之項目及數額，以及有關減免、扣除之事實，並應依其全年應納稅額減除……扣繳稅額及可扣抵稅額，計算其應納之結算稅額，於申報前自行繳納。……」為行為時所得稅法第15條第1項及第71條第1項所規定。又「納稅義務人分散所得應補稅額應先扣除受利用分散人溢繳稅額後再行發單補徵。……基於同一筆所得不應重複課徵之原則，關於分散所得案件，於補徵分散人稅款時，仍應扣除受利用分散人溢繳稅款後，就其差額補徵之。」為財政部62年3月21日台財稅第32131號函所明釋。

二、申請人配偶甲君係A工程有限公司（以下簡稱A公司）及B工程有限公司（以下簡稱B公司）之實際負責人，借用乙君、丙君、丁君及戊君4人名義持有A公司及B公司股票，並借用己君及庚君名義於合作金庫松興分行設立帳戶，申請人配偶甲君90、91年度利用乙君等6人分散源自A公司、B公司營利所得及金融機構利息所得合計1,164,024元、671,802元，經中區國稅局苗栗縣分局查獲，通報本局大安分局歸課申請人綜合所得稅。申請人主張配偶甲君因借用他人名義登記股權，涉及分散所得，經本局補徵90至96年度所得稅，其中90及91年度補徵稅額，核課期間為5年，至96年6月1日及97年6月1日已屆滿，原核定至98年2月20日及98年3月16日發單送達，已逾5年核課期間，請求撤銷90及91年度所得稅云云。

三、查申請人配偶甲君為A公司及B公司之實際負責人，借用乙君、丙君、丁君及戊君4人名義持有A公司及B公司股票，並借用已君及庚君名義於合作金庫松興分行設立帳戶，申請人配偶90、91年度利用乙君等6人分散源自A公司、B公司營利所得及金融機構利息所得合計1,164,024元、671,802元，並將該不實營利及利息所得填入受利用分散人之90、91年度綜合所得稅結算申報書中，持向稅捐稽徵機關申報稅捐，足生損害稅捐稽徵機關對稅捐稽徵之正確性，其逃漏稅捐249,952元、65,857元之事實，為中區國稅局苗栗縣分局所查獲，有被繼承人丙君遺產稅更正案查簽報告及97年10月15日申請人配偶甲君於中區國稅局苗栗縣分局談話記錄可稽，其以不正當方法逃漏稅捐事證明確。又申請人係分別於91年5月28日及92年5月22日辦理90及91年度綜合所得稅結算申報，其以不正當方法逃漏稅捐，依首揭規定，其核課期間為7年，應分別至98年5月27日及99年5月21日屆滿，本件90、91年度核定稅額繳款書係於98年3月11日及同年月16日送達，有90、91年度綜合所得稅結算申報書、繳款書送達回執可稽，並未逾核課期間，申請人主張核課期間5年，核不足採。原核定補徵稅額並無不合，應予維持。

貳、罰鍰

一、按「納稅義務人已依本法規定辦理結算申報，但對依本法規定應申報課稅之所得額有漏報或短報情事者，處以所漏稅額2倍以下之罰鍰。」為行為時所得稅法第110條第1項所明定。次按「綜合所得稅納稅義務人依所得稅法第110條規定應處罰鍰案件，有下列情事之一者，免予處罰：……二、納稅義務人未申報或短漏報之所得……經調查核定有依規定應課稅之所得額在新臺幣25萬元以下或其所漏稅額在新臺幣1萬5千元以下，且無下列情事之一：……（三）以他人名義分散所得。」為稅務違章案件減免處罰標準第3條第2項第2款第3目所規定。

二、申請人配偶甲君90、91年度利用乙君等人名義分散營利及利息所得計1,164,024元、671,802元，另91年度申請人漏報配偶營利所得5,540元，原查90年度按所漏稅額226,821元處0.5倍罰鍰113,410元，91年

度按所漏稅額13,299元處1倍罰鍰13,299元。系爭利用他人名義分散之營利及利息所得1,164,024元、671,802元，既經維持已如前述，又綜合所得稅係採自行申報制，有所得即應申報，其未就實際所得予以申報，致漏報系爭所得核有過失，依前揭規定，處以罰鍰並無不合，惟行為時分散所得違章事件係按所漏稅額處0.5倍罰鍰，於93年3月29日修正之「稅務違章案件裁罰金額或倍數參考表」，始改按所漏稅額處1倍罰鍰，是91年度原處罰鍰按1倍處罰即有未合，經改按0.5倍重新計算罰鍰為6,649元，原處罰鍰應予追減6,650元。另90年度原處罰鍰113,410元並無違誤，應予維持。

基上論結，本件復查之申請，應認為部分有理由，爰依稅捐稽徵法第35條及第49條規定，決定如主文。

第三節　訴願程序

第一目　訴願的意義

被停止營業處分的煩惱！

實例

天良在高雄市經營一家天良女裝行，專門銷售應時的女裝，很得年輕女士的賞識，因此生意興隆，財源廣進。不料，天良在98年10月上旬，收到高雄市國稅局一張停止營業的公函，大意是說，天良女裝行自98年1月1日起至10月1日止，已連續被查獲三次漏開統一發票情事，依加值型及非加值型營業稅法第52條規定，應停止其營業，期間自98年10月10起至99年1月9日止共三個月。天良閱讀後，不覺大喊冤枉，心想雙十節至國曆新年期間，正是作生意的旺季，如被停止營業，那後果不堪設想，同時他的女裝行在前二次遭人檢舉漏開統一發票被處罰鍰後，他就關照行內的櫃台小姐，一定要注意開立統一發票給顧客，不要因小失大，不知道這次又是為什麼漏開統一發票，於是找來會計小姐嚴加責

問，據稱最近並沒有故意漏開統一發票情事，如果有的話，那可能是在中秋節那天，因為顧客擁擠，一時忘了開給人家。天良聽後，心存希望，乃決定依法請求救濟，但卻不知道是應該申請復查？還是提起訴願？或是兩者都不能提起而坐等「關門大吉」？他焦急得就像熱鍋上的螞蟻！

解說

訴願是憲法所賦予的一種行為請求權，任何人不得任意剝奪。我國憲法第16條明白規定「人民有訴願之權」，就是在保障這種基本人權。所謂「訴願」，是指人民對於中央或地方機關的行政處分，認為違法或不當，致損害其權利或利益時，對於該處分機關的上級機關，請求再予審查的一種救濟程序。而此處所謂的「行政處分」，在稅捐稽徵方面，一般是指稅捐稽徵機關（包含中央及地方稅務機關），就特定的具體稅務事件，所為發生公法上效果的單方核定稅額或處罰鍰的行政行為。納稅義務人對於這種核定稅額或處罰鍰的處分，如有不服，固得依稅捐稽徵法第35條的規定申請復查，但如果對於復查的決定還是不服的話，則可依同法第38條第1項的規定，依法提起訴願繼續請求救濟，固不待煩言。又該條項所謂的「依法提起訴願」，是指依訴願法的規定而言。再依訴願法第1條所定：「人民對於中央或地方機關之行政處分，認為違法或不當，致損害其權利或利益者，得依本法提起訴願。但法律另有規定者，從其規定。」的意旨觀之，顯然對於訴願案件，是採概括主義。此在法律有明文規定何種事件得以提起訴願者（如前述稅捐稽徵法第38條第1項所定），固得提起訴願無疑，即在法律無明文規定其事件得以提起訴願者，祇要其事件的性質具有一般訴願的要件而又無特別規定不得提起訴願者（如稅捐稽徵機關非核定稅額的停止營業處分案件），亦應認為當然得提起訴願。

又訴願法所規定的「行政處分」，包含作為的處分及不作為的準處分。前者，是指中央或地方機關基於職權，就特定之具體事件所為發生公法上效果的單方行政行為，如稅捐稽徵機關對納稅義務人申請復查案件，依法所為的復查決定是；後者，是指中央或地方機關對於人民依法

申請的案件，於法定期限內應作為而不作為，致損害人民的權利或利益時，視同行政處分，如稅捐稽徵法第35條第4項所定，稅捐稽徵機關對於納稅義務入所申請的復查的案件，在接到申請書後逾2個月，仍未作成決定者，依同法條第5項規定，納稅義務人得逕行提起訴願是。

　　目前各納稅義務人對於各種租稅案件的復查決定，如有不服，應一律適用稅捐稽徵法第38條第1項的規定提起訴願。又對於核定稅額的案件，須經過復查程序後，始得提起訴願，對於非核定稅額的案件，則同於一般行政處分，得直接提起訴願，而不必亦不可能經過復查程序。

　　按照以上說明，本例中的天良，對於他在高雄市所經營的天良女裝行被高雄市國稅局所裁處「停止營業參個月」的非核定稅額處分，雖不得依法申請復查，但仍得按照一般行政處分提起訴願的程序，依訴願法規定直接向財政部提起訴願，以求救濟，而不必坐等店門被關閉之停業損害的到來。

第二目　訴願的要件

不繳納稅款可提起訴願嗎？

實例

　　永昌於於民國98年年8月15日向龍鳳建設股份有限公司承買一棟坐落於台中市惠中路的六十坪新建大樓，房價新台幣（下同）1800萬元，未於買賣契約成立之日起三十日內填具契稅申報書，並檢同產權憑證等文件向台中市地方稅務局申報契稅，經該局於查獲，按評定價格200萬元，核課百分之六計12萬元的契稅。永昌認為他與龍鳳公司訂立的是委建契約，他是原始起造人，事實上並無房屋買賣之債權契約，依法應無繳納契稅義務，不服該局補稅處分，所以申請復查，後經該處認定他是以委建之名行其買賣之實，依法仍補徵買賣契稅為理由予以駁回復查之申請，永昌不服該復查決定，仍向台中市政府提起訴願，不料該府卻以限時專送催促永昌應先繳納半數稅款或提供相當擔保後，方得提起訴願。永昌閱讀該公函後，認為依稅捐稽徵法第38條第1項提起訴願者，

並無應先繳納半數稅款或提供相當擔保之規定，自無在提起訴願時須先
補足稅款之理，於是函知台中市政府表示，其催繳半數稅款或提供相當
擔保無理，請迅作訴願決定，不過他對於自己所提起的訴願是否會被受
理，卻仍然沒有把握，讀者諸君，您認為他的訴願合法嗎？

解說

租稅案件的訴願，除須具備訴願法所規定的一般訴願要件，如：
（一）須對中央或地方機關的行政處分。（二）須其行政處分違法或不
當。（三）須有損害人民的權利或利益。（四）須其權利或利益的損
害，與違法或不當的行政處分有因果關係等要件外，尚須具備稅法上規定
的一些特別要件，茲就其主要者說明如次：

(一) 提起訴願的主體，須為納稅義務人

稅法上所稱的「納稅義務人」，除指一般所謂的納稅義務人外，尚包
含其他的義務人，如扣繳義務人、代繳義務人、代徵人等在內。又此處
所謂的「人」，無論是自然人、法人（如公司組織的私法人及政府機關的
公法人等均是）、團體、事業、商號等，只要是稅務稽徵機關處分的對
象，均得提起訴願。因此，在法律上其有人格的自然人、法人，固得為訴
願的主體，就是不具有法律上人格的合夥、獨資之營利事業或商號，亦得
為訴願的主體，祇是這種「人」的訴願，應由其登記在案的代表人、管理
人或負責人提起而已。

(二) 訴願的客體，須是稅務機關的稽徵處分

稅務機關所為的稽徵處分，包括課稅處分及一般非稅課處分。而其課
稅處分又包含準用稅捐規定的滯納金、利息、滯報金、怠報金、短估金及
罰鍰等在內。又所稱的稅務機關，當然包含中央及地方各級的國稅局、院
轄市稅捐稽徵處及各縣市地方稅務局等機關在內。

(三) 須稽徵處分為違法或不當

所謂違法處分，是指其處分違反有效的法規者而言。若其處分不違反

法規，而僅在實際上有害公益性、公平性或統一性者，例如：對於同一類的稽徵事項，採取不同計算標準而造成不相同的稅課者，就是不當的處分。這兩者應予區別的理由，主要在於不服違法處分的訴願，在經決定後，得依行政訴訟法的規定，提起行政訴訟，若是不服不當的處分，其經訴願決定後，即告確定，不得再提起行政訴訟，請求撤銷原處分。

(四) 不經復查程序不得提起訴願

依稅捐稽徵法第35條第1項第1、2款規定，凡經稅捐稽徵機關核定稅捐的處分，如有不服者，應依規定格式申請復查。納稅義務人對於復查決定仍然不服者，始得依同法第38條第1項的規定，依法提起訴願。可見對於稅捐稽徵機關核定稅捐的案件，必先依法申請復查，不服復查決定者，始得再提起訴願，是為所謂的「復查前置主義」，如果納稅義務人對於此類案件，不經復查程序，即逕行提起訴願，即為法所不許（行政法院51年判字第503號判例參照）。至於對於非核定稅額的稽徵案件，既不在稅捐稽徵法第35條所定的復查範圍，如果納稅義務人對此類處分有所不服時，自可依訴願法的規定逕行提起訴願，而不必先進行復查程序。

(五) 不合程序的復查申請如經復查決定者得據以提起訴願

按納稅義務人所得提起訴願的對象，是稅捐稽徵機關的復查決定，從而稅捐稽徵機關對於納稅義務人的復查申請，如果已為復查決定，則不問納稅義務人申請復查時是不是合於法定程序（如未於規定期間申請復查，即不合法定程序是），只要對其復查決定有所不服，就可對之提起訴願（行政法院45年判字第2號判例參照）。

(六) 納稅義務人無須繳足其餘稅款即可提起訴願

稅捐稽徵法第38條第1項所稱「依法提起訴願」，是指依訴願法的規定而言，而在訴願法中並無受處分人須繳納任何款項始得提起訴願的規定，因此，納稅義務人提起訴願時，並不以繳足全部稅款為要件。只是納稅義務人對復查決定之應納稅額，須於繳納其半數或經核准提供相當擔保者，稽徵機關方可暫緩移送強制執行。

　　目前各稅的納稅義務人，對於不服復查決定提起訴願，既無先為繳納部分稅款之規定，則本例中的永昌對於不服台中市地方稅務局核定應課徵契稅的復查決定所提起的訴願，自亦不必先繳納半數稅款或提供相當擔保。是永昌主張其不須繳足稅款，即可提起訴願，於法並無不合，台中市政府函催其補足其先繳納半數稅款或提供相當擔保後，方得提起訴願，顯然於法有違，永昌自可不予理會而堅持提起訴願，如果台中市政府訴願會不在收受訴願書的次日起三個月內為訴願決定，則永昌得依行政訴訟法第4條第1項之規定，逕向台中高等行政法院提起行政訴訟，以求救濟。

第三目　訴願的程式

提起訴願非檢附原處分書或決定書不可嗎？

實例

　　家珍於民國99年6月1日，與其親友在台北市迪化街合夥開設一家利多綢布行，由其擔任負責人，負責實際的買賣業務，由於設立之初信譽尚未開展，所以生意顯得清淡，加上她自己不懂得簿記，所以對於台北市國稅局催促其依法定設置帳簿一事，祇是加以敷衍，直至三個月後仍未設立，遂被裁罰新台幣三千元。嗣後又接到同局催促設置帳簿的函件，並限於一個月內設立，家珍乃召其他合夥人開會謀求對策，經決議先設置日記帳一種，並僱用一位會計小姐幫忙記帳。到了12月初，經稅務人員到其行內抽查的結果，發現祇設有日記帳一種，而尚未設置總分類帳及存貨明細帳，因此，家珍又在12月中旬接到同局一紙應自12月25日起停止營業一個月的處分書，家珍認為如被停止營業，將愧對合夥人，仍決定迅速設置所有帳簿，並在三天內向財政部提起訴願，請求撤銷原處分，但並未檢附台北市國稅局原處分書，她的友人告訴她，依訴願法規定，提起訴願者，非檢附原處分書影本不可，但家珍找遍了全布行，就是找不到原來的停業處分書，在心慌意亂之下，真不知如何是好，心想這下子，非被駁回訴願而遭停業處分不可了。到底她的訴願有救嗎？

解說

　　關於租稅案件的訴願管轄機關，在前面第二篇第五章已經說明得很清楚（訴願法第4條參照），所以在此不再重複。茲僅將提起訴願，在程式方面所應注意的事項說明如次：

(一) 訴願期間

　　對於租稅案件提起訴願，就如同申請復查一樣，須於一定期間內為之，否則就發生失權的效果。依訴願法第14條親定「訴願之提起，應自行政處分達到或公告期滿之次日起三十日內為之；利害關係人提起訴願者，前項期間自知悉時起算。但自行政處分達到或公告期滿後，已逾三年者，不得提起；訴願之提起，以原行政處分機關或受理訴願機關收受訴願書之日期為準；訴願人誤向原行政處分機關或受理訴願機關以外之機關提起訴願者，以該機關收受之日，視為提起訴願之日。」故對於租稅案件提起訴願，應自稅捐稽徵機關的復查決定書送達（核定稅額案件）或自稅捐稽徵機關的行政處分書送達（非核定稅額案件）的次日起，在三十日內提起之。又訴願人如在前述法定期間內向管轄訴願機關作不服的表示者，視同已在法定期間內提起訴願，但亦應在三十日內補提訴願書。由此推論，訴願人如在法定期間內向管轄機關以通常申訴或聲明異議等非正式訴願方式表示不服者，均應視同已有訴願的提起，甚至其各該不服的表示，是誤向非主管機關為之，亦均應認為已有訴願的提起。又訴願人因天災或其他不應歸責於己之事由，致遲誤訴願期間者，於其原因消滅後十日內，得以書面敘明理由向受理訴願機關申請回復原狀。但遲誤訴願期間已逾一年者，不得為之。申請回復原狀，應同時補行期間內應為之訴願行為（訴願法第15條）。訴願人不在受理訴願機關所在地住居者，計算法定期間，應扣除其在途期間（**訴願人扣除在途期間辦法詳附表一**）。但有訴願代理人住居受理訴願機關所在地，得為期間內應為之訴願行為者，不在此限（訴願法第16條）。

(二) 須具訴願書

　　訴願為要式行為，並採書面審理的原則，所以訴願須提出訴願書（格

式如附表二），載明下列事項，並由訴願人或代理人簽名或蓋章：

一、訴願人之姓名、出生年月日、住、居所、身分證明文件字號。如係法人或其他設有管理人或代表人之團體，其名稱、事務所或營業所及管理人或代表人之姓名、出生年月日、住、居所。

二、有訴願代理人者，其姓名、出生年月日、住、居所、身分證明文件字號。

三、原行政處分機關。

四、訴願請求事項。

五、訴願之事實及理由。

六、收受或知悉行政處分之年、月、日。

七、受理訴願之機關。

八、證據。其為文書者，應添具繕本或影本。

九、年、月、日。

提起訴願應附原行政處分書及原決定書影本。但依行政法院66年判字第217號判決意旨，訴願人提起訴願未附原處分書、原決定書影本，經受理訴願之機關限期補送，而仍延不遵行者，依據原處分卷及訴願卷，自非不能予以審查決定，並不影響訴願之要件，尤難謂其不合法定程式而不予受理。可見提起訴願所應檢附之原處分書、原決定書，並不是必備的程式，雖然訴願人無法或不遵命補送，受理訴願機關仍然應依據原處分卷及訴願卷予以審查決定。又訴願人除須提出訴願書外，並應同時繕具訴願書副本，送於原處分或決定的機關，以供各該機關準備答辯事宜。

(三) 提起訴願之程序

訴願人應繕具訴願書經由原行政處分機關向訴願管轄機關提起訴願；原行政處分機關對於前項訴願應先行重新審查原處分是否合法妥當，其認訴願為有理由者，得自行撤銷或變更原行政處分，並陳報訴願管轄機關；原行政處分機關不依訴願人之請求撤銷或變更原行政處分者，應儘速附具答辯書，並將必要之關係文件，送於訴願管轄機關；原行政處分機關檢卷答辯時，應將前項答辯書抄送訴願人（訴願法第58條）。

(四) 訴願的撤回

　　訴願採當事人進行主義，所以當訴願人提起訴願後，如認為自己的訴願無提起的必要，均可在訴願決定書送達前，隨時以書面向受理訴願機關表示撤回。至於是撤回訴願的全部或一部，訴願人亦得自由決定為之。訴願人撤回訴願的全部或一部者，就其撤回部分發生拋棄行政救濟權利的效力，訴願人不得就同一事件，再提起訴願（訴願法第60條）。

　　租稅訴願案件的提起，與復查案件的申請，說起來大同小異，所不同的是，復查的申請，不須檢附原處分書，而訴願的提起，則應檢附原處分書及原復查決定書影本，以供受理訴願機關便於審查決定，訴願人為免訴願案件的拖延補件，應於提起訴願時，儘量備齊上述各文件，萬一短缺了各該文件，也不必瞻顧不前，祇要在訴願書中將訴願的事實及理由闡述充分並將有關證據檢附齊全，受理訴願機關仍然會依法進行審查決定，給予公正的裁決。因此，本例中的家珍，只要能儘速設置法定的帳簿並依規定予以記載，則其所提起的訴願，便可能獲致撤銷原停止營業處分的結果。至於她在提起訴願時所欠缺的原有處分書，依前面解說，並不是提起訴願的必備要件，家珍祇要向訴願機關表明無法提供的理由或向原復查決定機關申請補發一份補予提供訴願機關審查，都可以獲得解決。如果真的無法及時補正，該管訴願的財政部，亦必須依法受理訴願並進行審查決定，而不可以此理由作為從程序駁回的決定，否則，其訴願決定就是不合法。

附表一、訴願人扣除在途期間辦法（民國89年06月21日公發布）

第1條　本辦法依訴願法（以下簡稱本法）第16條第2項規定訂定之。

第2條　訴願人住居於臺灣地區者，其在途期間如下表：

訴願人住居地	訴願機關所在地 在途期	台北市	台北縣	基隆市	桃園縣	新竹縣	新竹市	苗栗縣	台中縣
台北市		○日	二日	二日	三日	四日	四日	四日	四日
台北縣		二日	○日	二日	三日	四日	四日	四日	五日
基隆市		二日	二日	○日	三日	四日	四日	四日	五日
桃園縣		三日	三日	三日	○日	三日	三日	三日	四日
新竹縣		四日	四日	四日	三日	○日	二日	四日	五日
新竹市		四日	四日	四日	三日	二日	○日	四日	五日
苗栗縣		四日	四日	四日	三日	四日	四日	○日	五日
台中縣		四日	五日	五日	四日	五日	五日	五日	○日
台中市		四日	五日	五日	四日	五日	五日	五日	三日
彰化縣		五日	四日	四日	五日	四日	四日	四日	五日
南投縣		四日	五日	五日	四日	五日	五日	五日	六日
雲林縣		五日	四日	四日	三日	四日	四日	四日	五日
嘉義縣		五日	四日	四日	三日	四日	四日	四日	五日
嘉義市		五日	四日	四日	三日	四日	四日	四日	五日
臺南縣		五日	四日	四日	三日	四日	四日	四日	五日
臺南市		五日	四日	四日	三日	四日	四日	四日	五日
高雄市		五日	六日	六日	六日	五日	五日	五日	五日
高雄縣		六日	六日	六日	五日	六日	六日	六日	七日
屏東縣		六日	六日	六日	五日	六日	六日	六日	七日
宜蘭縣		四日	四日	四日	三日	四日	四日	四日	五日
花蓮縣		六日	五日	五日	四日	五日	五日	五日	六日
臺東縣		七日	六日	六日	五日	六日	六日	六日	七日
澎湖縣		二十日	二十日	二十日	二十日	二十日	二十日	二十日	二十日
金門縣		三十日	三十日	三十日	三十日	三十日	三十日	三十日	三十日
連江縣		三十日	三十日	三十日	三十日	三十日	三十日	三十日	三十日
高雄市政府代管東沙島、太平島		三十日	三十日	三十日	三十日	三十日	三十日	三十日	三十日
金門縣管轄烏坵鄉		三十日	三十日	三十日	三十日	三十日	三十日	三十日	三十日

訴願人住居地	訴願機關所在地 在途期間	台中市	彰化縣	南投縣	雲林縣	嘉義縣	嘉義市	台南縣	台南市
台北市		四日	五日	四日	五日	五日	五日	五日	五日
台北縣		五日	四日	五日	四日	四日	四日	四日	四日
基隆市		五日	四日	五日	四日	四日	四日	四日	四日
桃園縣		四日	三日	四日	三日	三日	三日	三日	三日
新竹縣		五日	四日	五日	四日	四日	四日	四日	四日
新竹市		五日	四日	五日	四日	四日	四日	四日	四日
苗栗縣		五日	四日	五日	四日	四日	四日	四日	四日
台中縣		三日	五日	六日	五日	五日	五日	五日	五日
台中市		○日	五日	六日	五日	五日	五日	五日	五日
彰化縣		五日	○日	五日	四日	四日	四日	四日	四日
南投縣		六日	五日	○日	五日	五日	五日	五日	五日
雲林縣		五日	四日	五日	○日	四日	四日	四日	四日
嘉義縣		五日	四日	五日	四日	○日	二日	四日	四日
嘉義市		五日	四日	五日	四日	二日	○日	四日	四日
臺南縣		五日	四日	五日	四日	四日	四日	○日	二日
臺南市		五日	四日	五日	四日	四日	四日	二日	○日
高雄市		五日	四日	五日	四日	四日	四日	二日	○日
高雄縣		七日	六日	七日	六日	六日	六日	六日	六日
屏東縣		七日	六日	七日	六日	六日	六日	六日	六日
宜蘭縣		五日	四日	五日	四日	四日	四日	四日	四日
花蓮縣		六日	五日	六日	五日	五日	五日	五日	五日
臺東縣		七日	六日	七日	六日	六日	六日	六日	六日
澎湖縣		二十日	二十日	二十日	二十日	二十日	二十日	二十日	二十日
金門縣		三十日	三十日	三十日	三十日	三十日	三十日	三十日	三十日
連江縣		三十日	三十日	三十日	三十日	三十日	三十日	三十日	三十日
高雄市政府代管 東沙島、太平島		三十日	三十日	三十日	三十日	三十日	三十日	三十日	三十日
金門縣管轄烏坵鄉		三十日	三十日	三十日	三十日	三十日	三十日	三十日	三十日

訴願人住居地	訴願機關所在地　在途期間	高雄市	高雄縣	屏東縣	宜蘭縣	花蓮縣	台東縣
台北市		五日	六日	六日	四日	六日	七日
台北縣		六日	六日	六日	四日	五日	六日
基隆市		六日	六日	六日	四日	五日	六日
桃園縣		六日	五日	五日	三日	四日	五日
新竹縣		五日	六日	六日	四日	五日	六日
新竹市		五日	六日	六日	四日	五日	六日
苗栗縣		五日	六日	六日	四日	五日	六日
台中縣		五日	七日	七日	五日	六日	五日
台中市		四日	七日	七日	五日	六日	七日
彰化縣		四日	六日	六日	四日	五日	六日
南投縣		四日	七日	七日	五日	六日	七日
雲林縣		四日	六日	六日	四日	五日	六日
嘉義縣		四日	六日	六日	四日	五日	六日
嘉義市		四日	六日	六日	四日	五日	六日
臺南縣		三日	六日	六日	四日	五日	六日
臺南市		二日	六日	六日	四日	五日	六日
高雄市		○日	二日	三日	七日	六日	五日
高雄縣		二日	○日	四日	七日	六日	五日
屏東縣		三日	四日	○日	七日	六日	五日
宜蘭縣		七日	七日	七日	○日	五日	六日
花蓮縣		六日	六日	六日	五日	○日	五日
臺東縣		五日	五日	五日	六日	五日	○日
澎湖縣		二十日	二十日	二十日	二十日	二十日	二十日
金門縣		三十日	三十日	三十日	三十日	三十日	三十日
連江縣		三十日	三十日	三十日	三十日	三十日	三十日
高雄市政府代管東沙島、太平島		三十日	三十日	三十日	三十日	三十日	三十日
金門縣管轄烏坵鄉		三十日	三十日	三十日	三十日	三十日	三十日

訴願人住居地	訴願機關所在地 在途期間	澎湖市	金門縣	連江縣
台北市		二十日	三十日	三十日
台北縣		二日	三十日	三十日
基隆市		二十日	三十日	三十日
桃園縣		二十日	三十日	三十日
新竹縣		二十日	三十日	三十日
新竹市		二十日	三十日	三十日
苗栗縣		二十日	三十日	三十日
台中縣		二十日	三十日	三十日
台中市		二十日	三十日	三十日
彰化縣		二十日	三十日	三十日
南投縣		二十日	三十日	三十日
雲林縣		二十日	三十日	三十日
嘉義縣		二十日	三十日	三十日
嘉義市		二十日	三十日	三十日
臺南縣		二十日	三十日	三十日
臺南市		二十日	三十日	三十日
高雄市		二十日	三日	三十日
高雄縣		二十日	三十日	三十日
屏東縣		二十日	三十日	三十日
宜蘭縣		二十日	三十日	三十日
花蓮縣		二十日	三十日	三十日
臺東縣		二日	三十日	三十日
澎湖縣		○日	三十日	三十日
金門縣		三十日	○日	三十日
連江縣		三十日	三十日	○日
高雄市政府代管 東沙島、太平島		三十日	三十日	三十日
金門縣管轄烏坵鄉		三十日	三十日	三十日

第3條　訴願人住居於大陸地區者，其在途期間三十七日。

第4條　訴願人住居於香港或澳門者，其在途期間三十七日。

第5條　訴願人住居於國外者，其在途期間如下表：

訴願人住居地區	在途期間
亞洲	三十七日
澳洲	四十四日
美洲	四十四日
歐洲	四十四日
非洲	七二日

第6條　本辦法自本法施行之日施行。

附表二、訴願書格式

訴願人：　　　　　設○○市○○路○○號

負責人：　　　　　住○○市○○路○○號

原處分機關：　　　稅捐稽徵處（國稅局）

為不服○○○稅捐稽徵處（國稅局）x年x月x日○○字第○○號所為補徵○○稅捐（或停止營業）之處分提起訴願事：

一、事實：

　　（簡述原處分或原決定所載事實）

二、理由：

　　（敘明原處分或原決定違法或不當的理由）

三、證據：

　　1.

　　2.

謹檢附○○處分書（或○○復查決定書）影本敬陳

○○○稅捐稽徵處（國稅局）　轉陳

○○○政府或財　政　部（訴願會）

中　華　民　國　　年　　月　　日

　　　　　　　　具狀人：　　　（簽名蓋章）

　　　　　　　　代表人：　　　（簽名蓋章）

第四目　訴願的決定

復查確定後可以變更原處分嗎？

實例

松明在高雄市所經營的「不一樣汽車材料有限公司」，於民國99年1月初被其一名離職的洪姓職員檢舉逃漏營業稅，後經高雄市國稅局依稅捐稽徵法第31條的規定，向台灣高雄地方法院聲請簽發搜索票，會同當地警察機關到該公司搜查攜回部分的帳簿文件，經該局核對結果發現該公司在98年間共逃漏營業稅新台幣五萬元，除要補稅外，並要處三倍罰鍰，松明不服，後經申請復查，因其提不出當年度銷管費用的相關帳證，所以遭高雄市國稅局以無理由予以駁回復查的申請。直至99年中秋節洪姓職員自菲律賓返國，松明始央請洪姓職員的好友，請求洪員返還該公司98年度的銷管費用有關帳簿憑證，洪員始供出是藏放在該公司的閣樓小倉庫牆角，當松明找出該批帳證後，如獲至寶，乃決定以發現證據為理由，向財政部提起訴願，請求撤銷原處分，您認為松明的訴願會獲得滿意的結果嗎？

解說

訴願的決定，與復查的決定相同，都須由受理訴願的機關，依一定的程序辦理，否則其決定就不適法而不發生決定的效力。茲將訴願決定的單位、程序、程式、期限、種類及效力，分別說明如次：

(一) 有權決定的單位

訴願固應向原處分機關的上級機關提起，但是為求辦理訴願案件的客觀、公平起見，訴願法第52、53條分別規定：「各機關辦理訴願事件，應設訴願審議委員會，組成人員以具有法制專長者為原則；訴願審議委員會委員，由本機關高級職員及遴聘社會公正人士、學者、專家擔任之；其中社會公正人士、學者、專家人數不得少於二分之一。」、「訴願決定應經訴願審議委員會會議之決議，其決議以委員過半數之出席，出席委員

過半數之同意行之。」又為避免審議委員認事用法主觀、偏頗，同法第55條亦規定，訴願審議委員會主任委員或委員對於訴願事件有利害關係者，均應自行迴避，不得參與審議。訴願受理機關應於接到訴願書後，分由該委員會的承辦人員依規定程序擬具處理意見後，層轉訴願會會議予以決議。可見有權為訴願決定的單位，是該受理訴願機關內的訴願審議委員會（一般簡稱為訴願會），而不是受理訴願機關的本身，如果受理訴願機關不將訴願案件交由訴願會審議決定而逕以該機關名義的公函表達處理的結果者，則其決定即屬違法，訴願人不受其決定的拘束。

(二) 決定的程序

　　訴願經收受訴願書的機關認為管轄不合時（即管轄錯誤，例如本例中的原處分機關是高雄市國稅局，訴願人本應向其上級機關財政部提起訴願，誤向高雄市政府提起訴願是），應即函送有管轄權的機關辦理，並以副本通知訴願人。訴願管轄機關受理訴願事件，經審核管轄無誤後，應將該訴願事件分由訴願會承辦人，先為程序上的審查，經審查程序合法後，再進行實體上的審查，如果審查時，遇到法規變更，除有特別規定外，應依「程序從新實體從舊」的原則處理。但在進行程序審查時，如果發現程序不合而其情形可以補正的（如：訴願人漏未簽名、訴願人未檢附原決定書或處分書等是），應通知訴願人於相當期間內予以補正。訴願承辦人，對於合法程序的訴願案件，應即擬具公函請原處分或原決定機關針對訴願理由詳為舉證答辯。原處分或決定機關，亦應於收到訴願人所寄送的訴願書副本之次日起二十日內，主動擬其答辯書，並將必要的關係文件送交受理訴願機關的訴願會，但是原處分機關如果認為訴願為有理由者，得自行撤銷或變更原行政處分，並呈報受理訴願機關。訴願事件經答辯完備後，承辦人員應即擬具處理意見書連同有關卷證，送由訴願會全體委員或三人以上分組委員進行審查。該委員於詳閱卷證、研析事實及應行適用的法規後，應擬具審查意見以供委員會議審議。決議時，應以委員過半數的出席及出席委員過半數的同意決定之。訴願會在進行審查決定時，固以書面審查為原則，但認為必要時，得依職權或經由訴願人的聲請，指定期日及處所，通知訴願人、參加人或其代表人、訴願代理人、輔

佐人及原行政處分機關派員到場進行言詞辯論，等到辯論完畢後再進行審查及決議。

(三) 決定的程式

訴願的決定就如同復查的決定一樣，須由訴願會作成決定書，載明決定的主文、事實及理由等項，再以訴願受理機關的名義於決定後十五日內，將決定書正本送達於訴願人、參加人及原行政處分或原決定機關。訴願決定書並應附記如不服決定，得於決定書到達之次日起二個月內，向高等行政法院提起行政訴訟。

(四) 決定的期限

訴願的決定，應自收受訴願書之日起三個月內為之。必要時（例如事件繁雜審查費時）可延長一次，但不得逾二個月，並應通知訴願人及參加人。訴願逾前述期限不為決定者，訴願人得逕向有管轄權的高等行政法院直接提起撤銷訴訟。

(五) 決定的種類

訴願的決定，就其決定的內容，可分為程序上的決定及實體上的決定二種。前者，是就程序方面的是否合法為決定的標準，程序合法者，固可進行實體審查而無程序決定之可言，如果程序不合法的，便可從程序上逕為駁回的決定而不須進行實體上的審查。至於實體上的決定，是就訴願有無理由為決定的標準。就其決定的結果，又可分為駁回、維持、撤銷及變更數種決定。茲將決定的種類分述如次：

1.駁回的決定

此又可分為二方面說明：

(1)**程序駁回**：訴願事件，有下列情形之一者，為程序不合法，應為訴願不受理之決定，其決定的主文應載明：「訴願不受理」的字樣（訴願法第77條，決定書格式如附件一）：

①訴願書不合法定程式不能補正或經通知補正逾期不補正者。

②提起訴願逾法定期間或未於第57條但書所定期間內補送訴願書

者。

③訴願人不符合第18條之規定者。

④訴願人無訴願能力而未由法定代理人代為訴願行為，經通知補正逾期不補正者。

⑤地方自治團體、法人、非法人之團體，未由代表人或管理人為訴願行為，經通知補正逾期不補正者。

⑥行政處分已不存在者。

⑦對已決定或已撤回之訴願事件重行提起訴願者。

⑧對於非行政處分或其他依法不屬訴願救濟範圍內之事項提起訴願者。

(2)**實體駁回**：訴願事件經實體上審查的結果，認為訴願無理由，亦即原處分或原決定並無違法或不當者，即應由訴願會為駁回的決議。如果原處分或原決定所依據的理由雖屬不當，但依其他理由認為仍屬正當者（例如原處分或原決定認為營業人未設置帳簿而為停止營業的處分或決定，經審理的結果業已設置帳簿並記載，足見原處分及決定所憑以停止營業的理由不當，但依據全案的內容該營業人另在一年內被查獲三次漏開統一發票，仍應為停止營業的決定時），此時應認為原處分或決定仍為正當，而以訴願為無理由予以全部駁回之，其決定的主文應載明：「訴願駁回。」的字樣（訴願法第79條，決定書格式如附件二）。

(3)**情況決定**：即受理訴願機關發現原行政處分雖屬違法或不當，但其撤銷或變更於公益有重大損害，經斟酌訴願人所受損害、賠償程度、防止方法及其他一切情事，認原行政處分之撤銷或變更顯與公益相違背時，得駁回其訴願；前項情形，應於決定主文中載明原行政處分違法或不當（訴願法第83條）。受理訴願機關為前開決定時，得斟酌訴願人因違法或不當處分所受損害，於決定理由中載明由原行政處分機關與訴願人進行協議；前項協議，與國家賠償法之協議有同一效力（訴願法第84條）。此即一般所稱之「情況決定」。這種「情況決定」的法理思維，是強調憲法和法律中的「公共利益」與「個人利益」彼此之間雖有大小之別、多寡之分，但卻

無高低之差。但在「公共利益」、「個人利益」可能衝突的情況下，若為維護公共利益而導致個人利益有所犧牲甚或受到侵害，仍必須基於衡平原則，並須對受犧牲或侵害之人民給予補償或賠償，始得為之。故此種駁回，應於決定主文中載明原行政處分違法或不當之情形（訴願法第83條）。惟此種決定，在稅捐稽徵實務上，尚乏其例。

2. **撤銷原處分或原決定**　當訴願有理由時或雖無理由而原處分或原決定亦屬違法或不當時，受理訴願機關不使原處分或原決定繼續存在所為之決定，其情形有三：

(1) **單純撤銷**：又稱為無條件的撤銷，即原處分或決定全屬違法或不當時，訴願會所為全部撤銷的決定，原處分及決定一經全部撤銷，訴願人的權利或利益即完全恢復至原來的狀態。其決定的主文應載明：「原處分（或原決定）撤銷。」的字樣（訴願法第81條第1項，決定書格式如附件三）。

(2) **撤銷原處分或原決定，而由原機關再為適當的處分或決定**：即訴願事件部分有理由，部分無理由時，訴願會不自為變更原處分或原決定，而將訴願有理由部分撤銷發回原處分或原決定機關另為處分或決定，其無理由部分為訴願駁回之諭知，其主文應載為：「原處分（或原決定）關於○○部分撤銷，應由原處分（或原決定）機關另為適法之處分（或決定），其餘訴願部分駁回。」等類似之字樣（訴願法第81條第1項，決定書格式如附件四）

(3) **撤銷原處分或原決定，而自為決定**：即訴願事件為部分有理由，部分無理由時，由訴願會為部分撤銷原處分或原決定後，並自為決定，其餘訴願部分為駁回之諭知。其主文應載為：「原處分（或決定）關於○○部分撤銷，重新決定為本稅XX元，其餘訴願部分駁回。」例如：房屋若部分為營業用，部分為住家用，則依實際之比例課徵房屋稅，但就地價稅的課徵，稅捐稽徵處引用財政部的函釋，認為有別於房屋稅，應全部依一般稅率課徵。訴願會則依實質課稅原則逐將地價稅也比照房屋稅，依使用比例直接改處。惟目前各受理訴願機關，甚少自為重新決定，而大部分將有理由部分撤銷

　　　　發回另為決定（訴願法第81條第1項，決定書格式如附件五）。

3. **命原處分機關為一定作為**　即人民因中央或地方機關對其依法申請之案件，於法定期間內（法令未規定者，自機關受理申請之日起為二個月）應作為而不作為，認為損害其權利或利益者，亦得提起訴願，例如：甲君所有之房屋原作為營業使用，而由該管稽徵機關依營業用評定其現值據以課徵房屋稅，嗣甲君放棄營業，而將該房屋改為住家使用，甲君申請該管稽徵機關改以自用住宅評定其現值以課徵房屋稅，惟該管稽徵機關卻置之不理，仍按營業用房屋課徵房屋稅，以致損害甲君之合法權益，甲君自得提起訴願，請求命該管稽徵機關改以自用住宅評定其房屋現值用以課徵房屋稅。此類訴願案件，受理訴願機關認為有理由者，應指定相當期間，命該管機關應迅為一定之處分（訴願法第82條第1項）。惟此種決定，在稅捐稽徵實務上，並不多見。

(六) 決定的效力

　　稅捐稽徵機關所為的稽徵處分，不論是核定稅額或非核定稅額的處分，其經依法提起訴願後，其原處分即處於不確定的狀態，必須經訴願決定後未依法提起行政訴訟者，原處分始告確定。而訴願一經確定，即產生以下的效力：

1. 拘束力

　　訴願一旦決定，不論有利或不利，對訴願人自有拘束力。又訴願的決定確定後，就其事件，有拘束各關係機關的效力，訴願法第95條定有明文。又訴願決定對於參加人亦有效力，經受理訴願機關通知參加人參加或允許其參加而未參加者，亦同（訴願法第31條）。因此，原處分當時已存在的有利證據，若受處分人未發現而未及提供各層級受理救濟機關審核，而直到訴願決定確定後始行發現者，除依再審程序請求救濟外，已別無救濟途徑。惟提起訴願因逾法定期間而為不受理決定時，原行政處分顯屬違法或不當者，原行政處分機關或其上級機關得依職權撤銷或變更之。但有後列情形之一者，不得為之：①其撤銷或變更對公益有重大危害者。②行政處分受益人之信賴利益顯然較行政處分撤銷或變更所欲維護

之公益更值得保護者。但行政處分受益人有後列情形之一者，其信賴不值得保護：①以詐欺、脅迫或賄賂方法，使原行政處分機關作成行政處分者。②對重要事項提供不正確資料或為不完全陳述，致使原行政處分機關依該資料或陳述而作成行政處分者。③明知原行政處分違法或因重大過失而不知者。又行政處分之受益人值得保護之信賴利益，因原行政處分機關或其上級機關依前述規定撤銷或變更原行政處分而受有損失者，應予補償。但其補償額度不得超過受益人因該處分存續可得之利益（訴願法第80條）。又訴願程序，為官署的違法或不當處分致人民的權利或利益受損害而設的救濟方法，如果原處分或原決定或訴願受理機關於訴願決定確定後，發現有錯誤，或因他種情形而撤銷原處分而另為新處分，而訴願人的權利及利益並不因此受何損害者，自可本其行政權或監督權的作用另為處置，司法院25年院字第1557號解釋，亦有相同之闡示。

2. 確定力

訴願一經確定，即不得再就同一稽徵事件提起其他行政救濟，亦即因此有「一事不再理原則」的適用。如果重行提起訴願，就會被以程序不合法而為「訴願不受理」的決定。但是訴願的決定，並非如司法審判，具有牢不可破的確定力，若原處分、原決定或其上級機關，基於國家政策或其他情事變更的原則，仍可予以變更或撤銷之。

3. 執行力

訴願法第93條雖規定：「原行政處分之執行，除法律另有規定外，不因提起訴願而停止。」但依據稅捐稽徵法第39條規定，確定後逾期未繳之稅捐，經納稅義務人不服復查決定而繳納半數稅款或提供相當擔保提起訴願者，暫緩移送強制執行之意旨，稅捐稽徵案件，應屬訴願法第93條所稱「法律另有規定」的案件。所以租稅稽徵處分須於訴願決定確定後，始有執行力，在訴願進行中，均應停止執行。又依訴願法第93條第2、3項：「原行政處分之合法性顯有疑義者，或原行政處分之執行將發生難以回復之損害，且有急迫情事，並非為維護重大公共利益所必要者，受理訴願機關或原行政處分機關得依職權或依申請，就原行政處

分之全部或一部，停止執行；前項情形，行政法院亦得依聲請，停止執行。」所為停止執行之規定，亦屬因提起訴願而停止執行之例外情事。

訴願的決定確定後，就其事件，有拘束訴願當事人、參加人及各關係機關的效力，有如前述，此後，訴願人、參加人及其他利害關係人，即不得再申請變更原處分或原決定，亦即各有關機關仍應受原訴願決定的拘束。但訴願人仍得以發現有利的新證據為理由，請由原處分機關依職權另為處分，或由其上級機關本於行政監督權令原處分機關另為適當的處置。因此，本例中的松明，雖在申請復查時提不出銷管費用的有利帳證，而遭高雄市國稅局以無理由駁回其復查的申請，但若其在訴願期間內找出有利的帳簿憑證，自可以發現有利證據為理由，向財政部提起訴願，請求撤銷原補稅及罰鍰的處分，若是在訴願期間屆滿後始找出有利的帳簿憑證，亦可檢附該等證件逕向主管的高雄市國稅局申請撤銷其原處分及罰鍰，祇要松明所提供的帳證是合法的銷管費用憑證，一樣可以由高雄市國稅局本於職權另為免予補稅及罰鍰的適當處分，當亦可獲得圓滿的結果。

附件一：程序駁回

臺北市政府99.11.03.府訴字第09970125400號訴願決定書

訴　願　人　張○○

訴願人因地價稅事件，不服臺北市稅捐稽徵處文山分處民國99年8月13日北市稽文山甲字第09930447400號函，提起訴願，本府決定如下：

　　主文

訴願不受理。

　　理由

一、按訴願法第1條第1項前段規定：「人民對於中央或地方機關之行政處分，認為違法或不當，致損害其權利或利益者，得依本法提起訴願。」第77條第6款規定：「訴願事件有左列各款情形之一者，應為不受理之決定：……六、行政處分已不存在者。

二、查訴願人所有本市文山區萬芳段2小段637地號土地（下稱系爭土地，宗地面積為75平方公尺，權利範圍為全部），原經臺北市稅捐

稽徵處文山分處依土地稅法第22條第1項第2款規定，核定課徵田賦在案。嗣經本府地政處以民國（下同）99年5月28日北市地價字第09931506000號函通知臺北市稅捐稽徵處，系爭土地於98年劃定為公共設施完竣地區，臺北市稅捐稽徵處文山分處乃以99年8月13日北市稽文山甲字第09930447400號函通知訴願人，系爭土地已不符土地稅法第22條第1項第2款所定課徵田賦之要件，應自99年起課徵地價稅。該函於99年8月16日送達，訴願人不服，於99年9月3日向本府提起訴願。

三、嗣經臺北市稅捐稽徵處文山分處重新審查後，審認系爭土地經現場勘查供道路使用，符合土地稅減免規則第9條規定，乃以99年10月4日北市稽文山甲字第09933416000號函通知訴願人，並副知本府訴願審議委員會，撤銷上開99年8月13日北市稽文山甲字第09930447400號函，並核定系爭土地自99年起至減免原因消滅時止免徵地價稅。準此，原處分已不存在，訴願之標的即已消失，揆諸首揭規定，自無訴願之必要。

四、綜上論結，本件訴願為程序不合，本府不予受理，依訴願法第77條第6款，決定如主文。

訴願審議委員會主任委員　蔡　○　○

副主任委員　王　○　○

委員　劉（等九人）

中華民國99　　　年　　　11　　　月　　　3　　　日

市長　郝　龍　斌

訴願審議委員會主任委員　蔡○○決行

如對本決定不服者，得於本決定書送達之次日起2個月內，向臺北高等行政法院提起行政訴訟，並抄副本送本府。

附件二：實體駁回

高雄縣政府訴願決定書

訴願人：張○○

　　　　出生年月日：民國70年○月○日

身分證字號：T○○○○

地址：高雄縣鳥松鄉○○○○○

原處分機關：高雄縣政府地方稅務局

訴願人因契稅事件，不服原處分機關民國（以下同）98年10月○日高縣稅法字第098○○○○號復查決定書所為處分，提起訴願乙案，經本府依法審議決定如下：

主　文

訴願駁回。

事　實

一、緣訴願人於98年4月○日因拍賣取得坐落於本（高雄）縣大寮鄉○○○○路145之○號未保存登記之鐵皮造房屋（以下稱系爭房屋），經臺灣高雄地方法院發給98年6月11日雄院高96執敬字第85552號不動產權利移轉證書，訴願人於98年7月10日申報契稅，經原處分機關就系爭房屋現值與拍定金額從低，核定契價為新臺幣(下同)3,047,000元，並依契稅條例第3條規定適用買賣稅率6%核課契稅182,820元。訴願人不服，申請復查未獲變更，經由原處分機關向本府提起訴願，並經原處分機關檢卷答辯到府。

二、訴願意旨略謂：

（一）原處分機關核定系爭房屋課稅現值304萬餘元，致契稅要繳約18萬餘元，實在太高，與房屋現況不合，因系爭房屋已建造18年，外觀已十分老舊，卻要繳納高額稅金，一般人民無法信受。

（二）系爭房屋之屋頂、樑柱已生銹，外圍及屋簷有破損，已達折舊末期，原處分機關卻仍認為每年折舊率為1.2%，可使用年數50年，與一般人民認知及常情不符（另檢附行政院所發布之「固定資產耐用年數表」主張鐵皮屋使用年限應為20年），且對訴願人所提出生銹、破損等照片也置之不理，未說明何以不採之理由等，故提起訴願，請重新核定課稅現值。

三、答辯意旨略謂：

（一）按契稅條例第13條規定，凡不動產買賣所申報之契價，如有

未達申報時當地不動產評價委員會評定之標準價格者，於審查
契價時，除對依法領買或標購公產及向法院標購拍賣之不動產
外，應依評定標準價格計課契稅。本件系爭房屋申報移轉價格
即拍定價格為3,047,000元，未達本縣不動產評價委員會所評
定之標準價格，即房屋現值為6,823,300元，原處分機關爰依
契稅條例第13條及財政部66年3月15日台財稅第31752號函釋
規定，於標購價格低於標準價格時，按其買賣價格計課契稅之
規定，核定契價為3,047,000元，並依契稅條例第3條規定按買
賣稅率6%核課契稅182,820元，於法並無違誤。

（二）訴願人雖主張系爭房屋已建造18年，外觀十分老舊，且屋
頂、樑柱已生銹，外觀及屋簷有破損，原處分機關卻仍認每
年折舊率為1.2%，可使用年數50年，與一般人民認知及常情
不合等云云，惟契稅是依核定契價按其移轉原因所適用之契稅
稅率核課，向法院標購拍賣之不動產，其契價之核認，依規定
係以申報時不動產評價委員會評定之標準價格或申報移轉價格
「擇一從低」核定，本件系爭房屋係訴願人於98年4月16日以
標價3,047,000元得標買入，並經臺灣高雄地方法院以98年6月
11日雄院高96執敬字第85552號囑託塗銷不動產查封及辦理移
轉登記函發給不動產權利移轉證書，其契稅之核定原處分機關
已從低採按拍定金額3,047,000元為基準，適用買賣契稅之稅
率6%核定契稅稅額為182,820元，於法並無違誤。

理　由

一、本案適用之法律、相關函釋及判例如下：

（一）契稅條例第2條規定：「不動產之買賣、承典、交換、贈與、
分割或因占有而取得所有權者，均應申報繳納契稅。但在開
徵土地增值稅區域之土地，免徵契稅。」同法第3條：「契稅
稅率如下：一、買賣契稅為其契價百分之六。」同法第11條規
定：「依法領買或標購公產及向法院標購拍賣之不動產者，仍
應申報繳納契稅。」同法第13條規定：「納稅義務人申報契
價，未達申報時當地不動產評價委員會評定之標準價格者，得

依評定標準價格計課契稅。但依第11條取得不動產者，不在此限。不動產評價委員會組織規程，由財政部定之。」

（二）高雄縣簡化評定房屋標準價格及房屋現值作業要點第3點規定：「房屋現值之核計，以『房屋標準單價表』、『折舊率標準表』及『房屋位置所在段落等級表』為準據。」同要點第4點規定：「『房屋標準單價表』內用途別之歸類，依『用途分類表』定之。」同要點第5點規定：「稽徵機關適用『房屋標準單價表』核計房屋現值時，對房屋之構造、用途、總層數及面積等，應依建築管理機關核發之使用執照（未領使用執照者依建造執照）所載之資料為準，但未領使用執照（或建造執照）之房屋，以現場勘定調查之資料為準。前項房屋總層數之計算，不包括地下室或地下層之層數。」

（三）財政部66年3月15日台財稅第31752號函釋意旨略以：「領買或標購公產及向法院標購拍賣之不動產，其買賣價格高於不動產評價委員會評定之標準價格者，除當事人自願以實際買賣價格繳納契稅，准按其買賣價格課徵外，應按標準價格課徵契稅，至領買或標購價格低於標準價格者，仍依契稅條例第13條但書規定，按其買賣價格計課契稅。」

（四）最高行政法院（改制前行政法院）83年判字第1903號判決意旨略以：「按『固定資產耐用年數表』係行政院依所得稅法第51條第2項及第121條之授權，所發布之行政命令，只適用於營利事業之資產估價；而『簡化評定房屋標準價格及房屋現值作業要點實施注意事項』則係台灣省政府基於房屋稅條例第24條及台灣省各縣市房屋稅徵收細則第10條之授權而訂定，適用於房屋課稅現值之評定，二者無論在適用對象以及法令依據等方面，均屬不同。」

（五）最高行政法院（改制前行政法院）78年判字第215號判決意旨略以：「按行政院頒訂固定資產耐用年數表，係供營利事業所得稅查核資料計算折舊之標準，與本件房屋稅課徵之計算標準應依房屋稅條例所定標準有別。」

二、經查，訴願人因拍賣取得系爭房屋，於取得臺灣高雄地方法院發給之不動產權利移轉證書後申報契稅，經原處分機關審查後，以系爭房屋之房屋現值與拍定金額二者從低核定契價為3,047,000元，並依契稅條例第3條規定適用買賣稅率6%核課契稅182,820元，此有訴願人系爭房屋之「契稅申報書」、臺灣高雄地方法院98年6月11日雄院高96執敬字第85552號不動產權利移轉證書、系爭房屋98年契稅繳款書及原處分機關98年10月14日高縣稅法字第0980059181號復查決定書等影本附卷可稽。訴願人則主張系爭房屋已建造18年，屋頂、樑柱已生銹，應以行政院所發布「固定資產耐用年數表」所列鐵皮屋使用年限20年計算折舊，惟原處分機關卻以使用年數50年、每年折舊率1.2%計算，與一般人民認知及常情不符等云云。是本件綜觀訴辯雙方意旨，其關鍵在於「系爭房屋究應以50年或20年之使用年數來計算折舊始為適法」為主要爭點。

三、經查，系爭房屋之評定現值，係經原處分機關執行年度房屋稅稅籍清查，分別於83年及89年以現場勘定調查之構造、用途、總層數及面積等資料，並按其樓層高度、地段調整率，依「高雄縣簡化評定房屋標準價格及房屋現值作業要點」及附表「房屋標準單價表」、「折舊率標準表」等規定評定其房屋現值，並以耐用年數52年、每年1.2%折舊率計算98年房屋現值為6,823,300元，此有系爭房屋之房屋稅稅籍紀錄表附卷可稽。是原處分機關依財政部66年3月15日台財稅第31752號函釋意旨，以系爭房屋拍賣價格低於不動產評價委員會評定之房屋現值，以較低之拍賣價格3,047,000元為契價，並依契稅條例第3條規定核課契稅182,820元，並無違誤。至訴願人主張應以行政院所發布「固定資產耐用年數表」所列鐵皮屋使用年限20年計算折舊乙節，查「固定資產耐用年數表」係行政院依所得稅法第51條第2項及第121條之授權所發布之行政命令，只供營利事業所得稅查核資料時作為計算折舊之標準（最高行政法院【改制前行政法院】83年判字第1903號及78年判字第215號判決意旨參照）；至契稅之課徵，既以房屋現值為依據，即應依據契稅條例、「高雄縣簡化評定房屋標準價格及房屋現值作業要點」及其附表「房屋標準單價表」、「折舊率

標準表」等規定評定其房屋現值，訴願人上開主張，顯係對法令之誤解，並不足採。是本件原處分機關既已依查得資料按不動產評價委員會評定之標準及「高雄縣簡化評定房屋標準價格及房屋現值作業要點」等規定核定系爭房屋之現值，並以較低之拍賣價格為契價核課契稅，於法有據，原處分機關依法所為之原處分並無違誤，應予維持。

基上論結，本件訴願無理由，爰依訴願法第79條第1項規定決定如主文。

訴願審議委員會兼任主任委員　陳○○

委員（等六人）

中　華　民　國　98　年　12　月　7　日

縣　長　楊　秋　興

本件訴願人如有不服，得於收受決定書之次日起2個月內檢附原處分書、原訴願書及本決定書影本向高雄高等行政法院提起行政訴訟。

附件三：原處分（或原決定）撤銷

臺北縣政府訴願決定書　　　　　　　　　　　　案號：96860662

訴願人　　○○股份有限公司

代表人　　陳○○

原處分機關：臺北縣政府稅捐稽徵處

上列訴願人因地價稅罰鍰事件，不服原處分機關96年8月21日北稅法字第0960110719號復查決定書所為之處分，提起訴願一案，本府依法決定如下：

　　主　文

原處分及復查決定均撤銷。

　　事　實

緣訴願人所有坐落○○市○○○段○○小段○-○、○-○、○-○、○-○、○-○、○-○地號等6筆土地（下稱系爭土地）原經核准按工業用地稅率課徵地價稅，嗣原處分機關三重分處於95年清查工業用地使用情形時，發現系爭土地之工廠登記證已於93年9月16日經主管機關撤銷登記，惟訴願人於適用特別稅率之原因、事實消滅時30日內，未依法向原處分

機關三重分處申報，違反土地稅法第41條及同法施行細則第15條規定，原處分機關爰依96年7月11日修正前土地稅法第54條第1項第1款規定補徵系爭土地94年地價稅差額，並按該年短匿稅額處3倍罰鍰計332萬2,300元（計至百元止），訴願人不服，就罰鍰部分申請復查，未獲變更，遂向本府提起訴願案，並據原處分機關檢卷答辯到府。茲摘敘訴辯意旨於次：

訴願意旨略謂：

處分機關之復查決定內容，完全漠視大法官會議解釋第616號及第619號解釋，且擅自為上揭二號解釋之意旨說明……，系爭案情之處罰，假設認定仍有漏稅情事者，處分機關亦未考量訴願人之客觀情勢及違章情節輕重，甚且未給予訴願人補正申報之機會，即論以高達3倍之罰鍰，亦有違大法官釋字第616號之意涵，故併以此釋字闡述之意旨，作為本件訴願之理由。

答辯意旨略謂：

一、本案訴願人訴稱原處分機關未考量訴願人之客觀情事及違章情節輕重，即論以高達3倍罰鍰，有違大法官釋字第616號之意涵乙節，經查土地稅法第54條第1項第1款規定係屬應受行政罰之行為，僅須違反禁止規定或作為義務而不以發生損害或危險為其要件之情形，於申請人無法舉證其無過失，即應受罰；又按稅捐稽徵法第48條之2就違反稅法處罰之減輕或免除，其第1項、第2項分別規定：「依本法或稅法規定應處罰鍰之行為，其情節輕微，或漏稅在一定金額以下者，得減輕或免予處罰。」、「前項情節輕微、金額及減免標準，由財政部擬訂，報請行政院核定後發布之。」是違反土地稅法第54條第1項第1款（註：96年7月11日修正前條文）之處罰案件，由財政部擬訂經行政院核定後發布之「稅務違章案件減免處罰標準」第18條第1項規定：『依土地稅法第54條第1項第1款規定應處罰鍰案件，其短匿稅額符合下列規定之一者，減輕或免予處罰：一、短匿稅額每年在新臺幣2萬元以下者，免予處罰。二、短匿稅額每年逾新臺幣2萬元至新臺幣5萬元者，按短匿稅額處1倍之罰鍰。三、短匿稅額每年逾新臺幣5萬元至新臺幣8萬元者，按短匿稅額處2倍之罰鍰。』準此，凡短匿稅額每年逾新台幣8萬元以上者，稽徵機關並無裁量權，

　　仍應依土地稅法第54條第1項第1款規定，處唯一法定倍數3倍之罰鍰（最高行政法院93年度判字第845號判決參照）。則本案94年短匿稅額逾新臺幣8萬元以上，原處分機關依前揭土地稅法第54條第1項第1款規定按短匿稅額裁處3倍罰鍰，尚無違誤。又司法院釋字第616號解釋文係針對78年修正之所得稅法第108條第1項、88年增訂所得稅法108條之第1項規定宣告違憲，與本案案情各異，尚難予以比附援引，執為本案減輕裁罰之依據。

二、次查土地稅法施行細則第15條規定雖經司法院大法官會議釋字第619號解釋宣告違憲，惟上開解釋文對該規定之效力又定有「應於本解釋公布之日起至遲於屆滿1年時失其效力」之條款，基此，自司法院95年11月10日公布大法官釋字第619號解釋之日起迄今，因尚未逾1年之期限，土地稅法施行細則第15條規定並未失效仍屬有效規定，原處分機關自應受其拘束；且土地稅法施行細則第15條規定之內容，財政部已於大法官釋字第619號解釋公布後1年內提出土地稅法第54條第1項第1款修正草案而將該細則增列其中，並經立法院通過，於96年7月11日經總統公布在案；從而，訴願人於系爭土地適用工業用地稅率核課地價稅之原因事實消滅時，未依法踐行協力申報義務致短匿稅額，原處分機關依土地稅法施行細則第15條規定適用土地稅法第54條第1項第1款規定，按94年地價稅之短匿稅額處以3倍罰鍰，於法尚無不合。

理　由

一、按「納稅義務人……於減免地價稅……之原因、事實消滅時，未向主管稽徵機關申報者，逃稅或減輕稅賦者，除追補應納部分外，處短匿稅額或賦額3倍之罰鍰」、「適用特別稅率之原因、事實消滅時，土地所有權人應於30日內向主管機關申報，未於期限內申報者，依本法第54條第1項第1款之規定辦理」行為時土地稅法第54條第1項第1款（96年7月11日修正前條文）、土地稅法施行細則第15條固分別定有明文。

二、惟按：「對於人民違反行政法上義務之行為處以裁罰性之行政處分，涉及人民權利之限制，其處罰之構成要件及法律效果，應由法律

定之，以命令為之者，應有法律明確授權，始符合憲法第23條法律保留原則之意旨（本院釋字第394號、第402號解釋參照）。土地稅法第54條第1項第1款所稱『減免地價稅』之意義，因涉及裁罰性法律構成要件，依其文義及土地稅法第6條、第18條第1項與第3項等相關規定之體系解釋，自應限於依土地稅法第6條授權行政院訂定之土地稅減免規則所定標準及程序所為之地價稅減免而言。土地稅法施行細則第15條規定：『適用特別稅率之原因、事實消滅時，土地所有權人應於30日內向主管稽徵機關申報，未於期限內申報者，依本法第54條第1項第1款之規定辦理』，將非依土地稅法第6條及土地稅減免規則規定之標準及程序所為之地價稅減免情形，於未依30日期限內申報適用特別稅率之原因、事實消滅者，亦得依土地稅法第54條第1項第1款之規定，處以短匿稅額3倍之罰鍰，顯以法規命令增加裁罰性法律所未規定之處罰對象，復無法律明確之授權，核與首開法律保留原則之意旨不符，牴觸憲法第23條規定，應於本解釋公布之日起至遲於屆滿1年時失其效力」為95年11月10日司法院釋字第619號解釋甚明。

三、準此上開解釋意旨，土地稅法第54條第1項第1款所稱「減免地價稅」之意義，係限於依土地稅法第6條授權行政院訂定之土地稅減免規則所定標準及程序所為之地價稅減免而言，並不及於其他適用特別稅率之原因、事實消滅之情形（如工業用地依土地稅法第18條第1項規定適用千分之十稅率計徵地價稅之情形）；是土地稅法施行細則第15條規定，係以命令增加裁罰性法律所未規定之處罰對象，復無法律明確之授權，與法律保留原則有違，已牴觸憲法第23條規定，自不應再適用，以資適法（臺北高等行政法院95年度訴字第01453號判決參照）。

四、經查本件原處分機關依行為時土地稅法第54條第1項第1款、同法施行細則第15條規定，就短匿稅額裁處3倍罰鍰固非無見。惟依上開司法院釋字第619號解釋意旨有違法律保留原則，已牴觸憲法第23條規定。雖該解釋並稱「應於本解釋公布之日起至遲於屆滿1年時失其效力」等語，惟該號解釋非謂自公布之日起屆滿一年始失其效力（高

雄高等行政法院96年度訴字第60號判決參照），另雖於96年7月11日修正公布土地稅法第54條規定，惟按諸稅捐稽徵法第48條之3規定從新從優原則，應適用最有利於當事人之法律（最高行政法院89年9月份第1次庭長法官聯席會議決議意旨參照），且如前述，前揭土地稅法施行細則第15條之規定，乃以法規命令增加裁罰性法律所未規定之處罰，自創裁罰規定有違租稅法律主義，顯已牴觸憲法第23條之規定，自不應再適用，是以原處分機關仍援引該違反法律保留原則之同法施行細則對訴願人為3倍罰鍰處分，係屬違法處分應予撤銷，復查決定遞予維持，亦有未洽，爰將原處分及復查決定均撤銷，以資適法，並昭折服。

五、末按國家稅捐應以課稅為目的，罰鍰為手段，若罰鍰額度遠高於稅捐，則罰鍰額度與違反行政上義務情節之輕重遠不相當，其處罰手段顯超越實現行政目的之必要程度，即有違實質平等原則及比例原則，且土地稅法施行細則第15條有增加母法所無規定之限制，土地稅法第54條亦未予行政機關裁量違規行為人之故意、過失等主觀要件及違規情節輕重等因素，一律按短匿稅額處3倍罰鍰，於行政罰法施行後益形不合理及不合時宜。故縱依據上開司法院解釋意旨，修正土地稅法第54條：「納稅義務人藉變更、隱匿地目等則或於適用特別稅率減免地價稅或田賦之原因、事實消滅時，未向主管稽徵機關申報者，依下列規定辦理：一、逃稅或減輕稅賦者，除追補應納部分外，處短匿稅額或賦額三倍之罰鍰。……」（96年7月11日公布施行），將被大法官宣示違憲之土地稅法施行細則第15條規定內容納入母法，雖符合法律保留原則，然亦忽略予以行政機關裁量違規行為人之故意、過失等主觀要件及違規情節輕重等因素而維持舊條文一律按稅額處3倍罰鍰，仍有不合理之處。另土地稅法第54條雖規定納稅義務人於減免地價稅之原因、事實消滅時，應向主管稽徵機關申報，惟基於行政一體及便民措施，原處分機關得將目的事業主管機關通報資料視為人民申報案件辦理，以減少地價稅違章罰鍰案件之爭執，併予指明。

六、綜上論結，本件訴願為有理由，爰依訴願法第81條第1項規定，決定如主文。

主任委員　陳坤榮

中華民國　　96　　年　　12　　月　　　日

附件四：撤銷原處分或原決定，而由原機關再為適當的處分或決定

臺北縣政府訴願決定書　　　　　　　　　　　　　　卷號：95860067

訴願人　　○○○○電子股份有限公司

代表人　　羅○○

原處分機關　臺北縣政府稅捐稽徵處

上列訴願人因地價稅事件，不服原處分機關94年12月20日北稅法字第0940157855號復查決定書所為之處分，提起訴願一案。本府依法決定如下：

主　文

原處分（即復查決定）關於罰鍰部分撤銷，由原處分機關另為適法處分；其餘訴願駁回。

事　實

緣訴願人所有坐落本縣○○鎮○○段○○、○○-○地號等2筆土地（下稱系爭土地），原經核准按工業用地稅率課徵地價稅在案，嗣因原處分機關淡水分處清查工業用地使用情形時，查知訴願人於88年11月16日將自來水用水全部過戶予○○電子股份有限公司（下稱○○公司），並與該公司共同使用廠房及設備，顯已變更供其他使用，惟訴願人未依規定申報變更情形，原處分機關淡水分處遂自89年起改按一般用地稅率核課地價稅，並取具談話筆錄、臺灣省自來水股份有限公司第一管理處淡水營運所93年8月2日台水一淡業字第1238號函附「用戶用水動態查詢單」、訴願人89至92年度之營利事業所得稅損益及稅額計算表、訴願人營業成本及總分支機構銷售額暨期末存貨明細表等影本附案佐證，移經原處分機關審理違章成立，爰依土地稅法第54條第1項第1款規定，除補徵89年至92年改按一般用地稅率與原按工業用地稅率課徵地價稅之差額外，並按短匿稅額處3倍罰鍰新臺幣2,143萬9,300元。訴願人不服，申請復查，經復查決定

部分變更裁處為新臺幣2,143萬9,200元,餘復查駁回,訴願人仍有不服,向本府提起本件訴願,並據原處分機關檢卷答辯到府。茲摘敘訴辯意旨於次:

訴願意旨略謂:

一、訴願人所有坐落○○鎮○○段○○、○○-○地號土地,原經核准按工業用地稅率課徵地價稅在案。本公司工廠登記證並未被工業主管機關註銷,且未變更供其他使用……,應准繼續按特別稅率計徵地價稅,原核定改按一般稅率課徵地價稅,顯違法令。

二、本公司87年停止營運迄已5、6年之久,原處分機關若依規定進行抽查或普查發現停業即行輔導改課,本公司自無延誤申報之可能。

答辯意旨略謂:

一、本案系爭土地(○○地號土地使用分區:工業區;○○-○地號土地使用分區:住宅區),原經核准按工業用地稅率課徵地價稅,嗣本處淡水分處清查工業用地使用情形時,查獲訴願人於88年11月16日將自來水用水全部過戶予○○公司,已變更供其他使用,顯未繼續作工業用地使用,自無適用工業用地稅率課徵地價稅之餘地,惟訴願人未依規定於適用特別稅率之原因、事實消滅後30日內向本處申報,違反土地稅法第41條第2項及同法施行細則第15條規定,本處淡水分處遂自89年起改按一般用地稅率核課地價稅。

二、本處淡水分處於93年6月18日清查發現,系爭土地上之建物已殘破不堪,且現場並無任何人員及機器設備,已呈空置狀態,此有照片11幀附卷可參;次依卷附之財產目錄表、申報書及資產負債表作業檔等相關資料影本所載,訴願人85至87年之財產目錄,及自87年4月起營業額申報書之銷項總額及資產負債表之原料、物料、存貨、機械設備、生財器具等會計科目之帳載金額均為0元;且據臺灣電力股份有限公司台北北區營業處查復資料,系爭建物門牌號碼自88年1月6日亦已廢止用電,迄今仍未申請用電。是以系爭土地上工廠於87年間已無生產及營業狀態之事證至為明確,此亦為訴願人所不爭執。

三、本案系爭土地上之工廠既經查明停工多年,訴願人亦未提示其工廠停工狀態下如何從事其他工業使用之事實,雖謂其未為非工業使用,惟

亦屬未「供工業直接使用」之情形，核與上揭土地稅法第18條第1項第1款適用優惠稅率之要件不符，從而本處淡水分處依規定及查得事實改按一般用地稅率計課地價稅，自無不合。

四、再按現行土地稅法施行細則第14條第3項，係89年9月20日經總統令修正公布，應自89年9月23日起生效，而本案系爭廠地既於87年間確已停工迄今，訴願人依首揭行為時土地稅法施行細則第14條第2項第2款「核定按本法第18條特別稅率計徵地價稅之土地，停工或停止使用逾1年者，應由土地所有權人申報改按一般用地稅率計徵地價稅」之規定，自應向本處淡水分處申報改按一般用地稅率計徵地價稅，是以訴願人未負協力申報義務，依首揭土地稅法施行細則第15條之規定，於適用特別稅率之原因、事實消滅時30日內向本處淡水分處申報改按一般用地稅率計徵地價稅，俾使稅捐稽徵機關得據以正確核課系爭稅捐，從而本處淡水分處自其實際停工逾一年之次年期即89年起改按一般用地稅率計課地價稅，尚無違誤。

五、另訴願人主張本處應依土地稅減免規則第31條規定進行抽查或普查，於發現停業即行輔導改課，其自無延誤申報之可能，豈能5、6年後再予補徵稅款並裁處3倍罰鍰，顯有陷本公司高額罰鍰之損害乙節，查上開法條係規定已核准減免地價稅之土地，縣（市）主管稽徵機關，應每年會同會辦機關，普查或抽查1次，然經核准按工業用地稅率課徵地價稅之土地，稽徵機關因執行選案抽查結果未必每案獲選，本案原處分機關每年於執行減免稅土地抽查作業時，系爭土地於系爭年度雖未獲選列入抽查之列，惟依同規則第29條規定：「減免地價稅或田賦原因事實有變更或消滅時，土地權利人或管理人，應於30日內向直轄市、縣（市）主管稽徵機關申報恢復徵稅。」訴願人尚非得以稽徵機關於系爭年度未予抽查而以其做為阻卻違法之理由，所主張核無足採。

　　理　由

一、按土地稅法（以下簡稱本法）第18條第1項第1款本文規定，供工業用地直接使用之土地，按千分之十計徵地價稅。又依本法施行細則第14條第1項第1款之規定，適用本法第18條特別稅率計徵地價稅者，

應由土地所有權人填具申請書並檢附工業主管機關核准之使用計畫書圖或工廠設立許可證及建造執照等文件。所稱「工業用地」，依本法第10條第2項規定，指依法核定之工業區土地及政府核准工業或工廠使用之土地。本案系爭土地為訴願人使用並取得工廠登記證，原准按工業用地之特別稅率課徵地價稅，惟因變更供其他使用，未繼續做工業用地使用，則系爭土地即失其適用工業用地稅率之依據，自應回復按一般稅率計徵地價稅。

二、經查本法第41條第2項規定，適用特別稅率之原因、事實消滅時，應即向主管稽徵機關申報。其施行細則第15條亦就申報期限部分加以補充規定，土地所有權人應於30日內向主管稽徵機關申報，至未依限申報者，其裁罰之準據法乃依本法第54條第1項第1款規定：「納稅義務人藉變更、隱匿地目等則或於減免地價稅或田賦之原因、事實消滅時，未向主管稽徵機關申報者，依左列規定辦理：一、逃稅或減輕稅賦者，除追補應納部分外，處短匿稅額或賦額3倍之罰鍰」，以為辦理。是以稅捐稽徵機關為確實掌握稅源，落實實質課稅原則，當減免地價稅、適用特別稅率之原因、事實消滅時，土地所有權人即有主動向稅捐稽徵機關申報之義務。

三、本件訴願人所有系爭土地上之工廠已停工數年，於88年間並將工廠之設備及廠房供○○公司使用，為訴願人所不爭執，則其所有系爭土地顯已變更供其他使用，未繼續作工業用地使用，自無繼續適用工業用地稅率課徵地價稅規定之餘地。從而系爭土地適用特別稅率之原因、事實於88年間業已消滅，應自次期即89年起恢復按一般用地稅率核課地價稅。是本案訴願人未依法於期限內申報改按一般用地稅率計徵地價稅，踐行此一稅法上之法定義務，原處分機關依法補徵核課期間內之差額地價稅，於法並無違誤。

四、復按，本法第54條第1項第1款規定，納稅義務人藉變更、隱匿地目等則或於減免地價稅或田賦之原因、事實消滅時，未向主管稽徵機關申報者，依左列規定辦理：一、逃稅或減輕稅賦者，除追補應納部分外，處短匿稅額或賦額3倍之罰鍰。查，人民之行為違反本法第41條第2項規定，原即應依上開規定予以處罰，又因各項違反稅捐法規之

處罰種類繁多，得否減輕或免除，以由總則性之法律規定為宜，稅捐稽徵法第48條之2就違反稅捐稽徵法規處罰之減輕或免除，則訂有總則性之規定，其第1項、第2項分別規定：「依本法或稅法規定應處罰鍰之行為，其情節輕微，或漏稅在一定金額以下者，得減輕或免予處罰。」、「前項情節輕微、金額及減免標準，由財政部擬訂，報請行政院核定後發布之。」依此規定，財政部於擬訂減輕或免予處罰之標準時，原應就違反行為情節之重輕、金額之多寡加以衡量。其所擬訂經行政院核定之稅務違章案件減免處罰標準第18條第1項規定：「依土地稅法第54條第1項第1款規定應處罰鍰案件，其短匿稅額符合下列規定之一者，減輕或免予處罰：一、短匿稅額每年在新臺幣2萬元以下者，免予處罰。二、短匿稅額每年逾新臺幣2萬元至新臺幣5萬元者，按短匿稅額處一倍之罰鍰。三、短匿稅額每年逾新臺幣5萬元至新臺幣8萬元者，按短匿稅額處二倍之罰鍰。」各該條款前段係就違反之情節重輕為規定，後段則係就金額多寡為規定，符合前開稅捐稽徵法第48條之2之授權意旨，足見稽徵機關依本法第54條第1項第1款規定裁處罰鍰時，並非全無裁量空間。再者，現代國家基於「有責任始有處罰」之原則，對於違反行政法上義務之處罰，應以行為人主觀上有可非難性及可歸責性為前提，如行為人主觀上並非出於故意或過失情形，應無可非難性及可歸責性，探究立法本意，之所以要以有故意或過失為責任之前提，並形式上加以區分，除於可非難性及可歸責性上有不同外，於處罰上亦應有量的不同，否則，該處罰即有輕重失衡之虞，亦與行政法上一般法律原則中之比例原則相違，故行政罰法第7條第1項明定，違反行政法上義務之行為非出於故意或過失者，不予處罰；同法第8條規定，行為人雖不得因不知法規而免除其行政處罰責任，但按其情節，得減輕或免除其處罰；同法第18條並明定裁處之審酌因素。本件訴願人未於變更供其他使用之同時即向主管稽徵機關為申報，是否即得認其有故意變更、隱匿減免地價稅之原因、事實消滅之情事，尚非得一概而論，是原處分機關仍應詳予究明，並按其情節輕重、可非難程度為審酌，以求處罰允當，爰將罰鍰部分撤銷，並由原處分機關另為適法之處分，以符法制。

五、綜上論結，本件訴願為有理由，爰依訴願法第81條規定，決定如主
　　文。

　　　　　　　　　　　　訴願審議委員會主任委員　陳坤榮
　　　　　　　　　　　　　　　委員　王○○等八人
如不服本決定，得於決定書送達之次日起2個月內向臺北高等行政法院提
起行政訴訟。
中華民國　　95　　年　　7　　月　　　日

附件五：撤銷原處分或原決定，而自為決定

臺北市政府96.03.14.府訴字第09670003700號訴願決定書
訴願人：陳○○
訴願代理人：方○○
原處分機關：臺北市稅捐稽徵處
訴願人因土地增值稅事件，不服原處分機關95年11月28日北市稽法乙字
第09561621600號復查決定，提起訴願，本府依法決定如下：
　　主　文
原處分撤銷，改按自用住宅用地稅率課徵土地增值稅。
　　事　實
一、緣訴願人於93年9月9日向原處分機關內湖分處申報出售本市內湖區
　　東湖段xx小段xx地號土地，面積計93平方公尺，並申請按自用住宅
　　用地稅率課徵土地增值稅，經該分處審認系爭土地不符土地稅法第
　　34條第3項規定，乃以93年10月1日北市稽內湖增字第09360760600
　　號函核定按一般用地稅率課徵土地增值稅，金額計新臺幣1,591,041
　　元。訴願人不服，申請復查，經原處分機關以94年1月14日北市稽法
　　乙字第09362935900號復查決定：「復查駁回。」訴願人仍不服，於
　　94年2月5日第1次向本府提起訴願，經本府以94年8月12日府訴字第
　　09413991600號訴願決定：「原處分撤銷，由原處分機關於收受決定
　　書之次日起60日內另為處分。」
二、嗣原處分機關以94年11月4日北市稽法乙字第09461570600號重為復
　　查決定：「維持原核定。」訴願人猶不服，於94年12月2日第2次向

本府提起訴願，經本府以95年4月7日府訴字第09427766600號訴願決定：「原處分撤銷，由原處分機關於收受決定書之次日起60日內另為處分。」

三、嗣原處分機關以95年6月9日北市稽法乙字第09560658300號重為復查決定：「維持原核定。」該復查決定書於95年6月13日送達，訴願人猶不服，於95年7月10日第3次向本府提起訴願，經本府以95年9月6日府訴字第09584856300號訴願決定：「原處分撤銷，由原處分機關於決定書送達之次日起60日內另為處分。」

四、嗣原處分機關以95年11月28日北市稽法乙字第09561621600號重為復查決定：「維持原核定。」訴願人猶不服，於95年12月25日第4次向本府提起訴願，並據原處分機關檢卷答辯到府。

　　理　由

一、按土地稅法第28條規定：「已規定地價之土地，於土地所有權移轉時，應按其土地漲價總數額徵收土地增值稅。……」第34條規定：「土地所有權人出售其自用住宅用地者，都市土地面積未超過3公畝部分或非都市土地面積未超過7公畝部分，其土地增值稅統就該部分之土地漲價總數額按百分之十徵收之；超過3公畝或7公畝者，其超過部分之土地漲價總數額依前條規定之稅率徵收之。前項土地於出售前1年內，曾供營業使用或出租者，不適用前項規定。第1項規定於自用住宅之評定現值不及所占基地公告土地現值百分之十者，不適用之。但自用住宅建築工程完成滿1年以上者不在此限。土地所有權人，依第1項規定稅率繳納土地增值稅者，以1次為限。」同法施行細則第54條規定：「本法第34條第3項所稱自用住宅之評定現值，以不動產評價委員會所評定之房屋標準價格為準。所稱自用住宅建築工程完成，以建築主管機關核發使用執照之日為準，或其他可確切證明建築完成可供使用之文件認定之。」

財政部67年7月3日臺財稅第34260號函釋：「土地所有權人自用住宅用地，如部分被政府徵收或協議收購，已按自用住宅用地稅率計課土地增值稅，嗣後再出售該被徵收或收購後之剩餘部分土地時，准仍按自用住宅用地優惠稅率課徵土地增值稅；惟其出售之前土地面積應與

被徵收或收購之土地面積合計計算，都市土地以未超過3公畝，非都市土地以未超過7公畝者為限。」85年4月24日臺財稅第851085998號函釋：「房屋因道路拓寬部分拆除後，賸餘部分就地整建，於適用土地稅法第34條第3項但書規定有關建築工程完成日期之認定，以原有房屋建築完成日期為準；至原有房屋已全部拆除重建者，仍應以新建房屋之建築工程完成日期認定。」

二、本件訴願理由略以：

（一）系爭土地確屬重測前本市內湖區新里族段五分小段63-6地號土地徵收後剩餘之土地，此有地政機關之相關函文可證，並經前次訴願決定審認在案，應得適用財政部67年7月3日臺財稅第34260號函釋，准按自用住宅用地稅率課徵土地增值稅。

（二）系爭土地第3次徵收後，地上確仍留有殘破房屋並未徵收拆除，嗣於92年經訴願人就前開殘破房屋就地整建，依財政部85年4月24日臺財稅第851085998號函釋規定，系爭房屋乃為原址就地整建，符合前開函釋前段說明，故應以原有房屋建築完成之日期（51年）為準。再查整建工程乃於92年1月間開始進行，整建前系爭土地僅剩餘徵收後才殘餘之狹小房屋，亦與所謂91年空照圖未見系爭新屋之資料相符，顯見訴願人所述為真。

（三）縱認原處分機關認定系爭房屋屬新建為真，然該房屋乃訴願人於92年1月間即行整建而成，而訴願人乃於93年9月9日申報土地增值稅，相距1年有餘，依土地稅法第34條第3項但書規定，即得適用優惠稅率。

三、卷查本件前經本府95年9月6日府訴字第09584856300號訴願決定：「原處分撤銷，由原處分機關於決定書送達之次日起60日內另為處分。」其撤銷理由略以：「……五、卷查原處分機關於本次重為復查決定審認系爭139地號土地無法適用財政部67年7月3日臺財稅第34260號函釋，故仍維持原核定稅額所憑之新事證係本府地政處土地開發總隊95年5月5日北市地發三字第09530483800號函，惟查該函係明確說明訴願人原所有重測前本市內湖區新里族段五分小段63-6地號

土地，因部分屬都市計畫道路，故於75年間辦理地籍圖重測時併同辦理土地逕為分割，重測後標示改編為本市內湖區東湖段7小段139及140地號土地，其中140地號土地於84年8月間辦理內湖安康路以東高速公路北側道路新築工程用地取得案時，逕為分割出140-1地號土地，再經查閱土地登記資料，該140及140-1地號土地分別於86年7月18日及85年3月16日辦理徵收登記完竣。則由上開敘述應可認定訴願人原有重測前本市內湖區新里族段五分小段63-6地號土地，並以之為基地建造原房屋門牌本市內湖區康寧路2段592巷16號房屋，因前開63-6地號土地部分屬都市計畫道路（即重測後之140地號土地部分），地政機關乃於辦理地籍圖重測時辦理土地逕為分割。是若63-6地號土地於其部分都市計畫道路用地辦理徵收前，未歷經地籍圖重測逕為分割之程序，則系爭139地號土地即當然屬於63-6地號土地徵收之剩餘部分，今僅以63-6地號部分土地於徵收前先遭逕為分割，即認系爭139地號土地非63-6地號土地徵收之剩餘部分，對訴願人之權益保障而言顯係過苛，亦難認符合財政部67年7月3日臺財稅第34260號函釋意旨。況上開本府地政處土地開發總隊95年5月5日北市地發三字第09530483800號函說明三中亦敘明，系爭139地號土地與系爭徵收案有何關聯，因非屬該總隊職掌，故無從查明。則原處分機關依該函逕予認定系爭139地號土地非徵收剩餘土地，自有再予斟酌之餘地。……」

四、本案經原處分機關重為處分，仍維持原核定稅額，其理由據原處分機關96年1月5日北市稽法乙字第09630012600號訴願答辯書答辯理由略以：「……三、本次訴願決定以本處依鈞府地政處土地開發總隊95年5月5日函即審認系爭139地號土地非徵收剩餘土地無法適用財政部67年7月3日臺財稅第34260號函釋規定應再予斟酌為由，責由本處另為處分，按前開函釋規定……查本處前就重測前原為63-6地號土地，嗣後登記及分割為上開3筆地號土地，是否係為實行徵收計畫所致函詢鈞府工務局養護工程處，經該處函請鈞府地政處土地開發總隊於95年5月5日以北市地發三字第09530483800號函查復：……又本處再依本次訴願決定撤銷意旨詢經鈞府地政處土地開發總隊於

95年10月5日以北市地發四字第09531167000號函查復以：『說明：
二、經查重測前本市內湖區新里族段五分小段63-6地號土地重測後
改編為東湖段7小段139、140地號土地，依重測地籍調查表記載140
地號土地係重測時併同依都市計畫樁位逕為分割出之土地。重測後
82年間前本府工務局養護工程處函囑前本府地政處測量大隊辦理
【本市83年度內湖區安康路以東高速公路北側道路新築工程案】，
案經該大隊將140地號土地逕為分割為140、140-1地號土地，分割後
140-1地號土地為道路用地。……』鈞府財政局95年10月17日北市財
管字第09533041800號函復以：『……說明：二、查旨揭市有土地
（140地號土地）係本府為辦理內湖區安康路以東高速公路北側道路
新築工程用地，一併徵收取得，原管理機關為本府工務局養護工程
處，87年2月間因都市計畫使用分區為高速公路用地，方交由本局接
管……』及鈞府工務局新建工程處於95年10月23日以北市工新配字
第09563671700號函查復以：『說明：二、查旨揭地號土地因地籍圖
重測後改編為同區東湖段7小段139、140地號土地，嗣後140地號土
地於84年8月30日逕為分割出140、140-1地號土地，其中140-1地號土
地為本市【83年度內湖安康路以東高速公路北側道路工程】道路用
地，於84年徵收為本市所有，又140地號土地係屬分割後產生之畸零
地，經原土地所有權人向本府地政處申請一併徵收核准在案。』系爭
土地尚難直接認定係屬徵收剩餘土地。四、第查上開財政部67年7月
3日臺財稅第34260號函釋係就自用住宅用地土地被政府徵收或協議
收購時，已按自用住宅用地稅率計課土地增值稅，其被徵收或收購
後之剩餘部分土地，為考量土地所有權人原有已符合租稅優惠之狀
態，應以繼續給予租稅優惠之適用，是該函釋意旨，應以徵收當時剩
餘土地上仍有自用住宅用地及該地於徵收當時有適用自用住宅用地
稅率核課為前提要件。惟本件系爭140、140-1地號土地於84年及86
年經政府徵收，依當時土地稅法第34條第1項規定，係屬免徵土地增
值稅，且其被徵收當時，系爭地上建物依前揭鈞府工務局養護工程
處93年11月16日北市工養權字第09366529100號函查復以，訴願人已
申請地上建物全拆補償，是以系爭土地於140、140-1地號土地經徵收

後，其上已無建物，足堪認定，該等土地當時已不符合自用住宅用地規定，是以，系爭139地號土地縱使如訴願決定審認原63-6地號土地係因都市計畫部分土地劃為道路用地經政府於75年間逕為分割139、140地號土地，嗣後140地號土地再分割為140、140-1地號土地，再就140、140-1地號土地辦理徵收，核認係屬徵收剩餘之土地，亦無上開財政部函釋規定之適用。……」尚非無據。

五、惟查依據前開本府地政處土地開發總隊95年5月5日北市地發三字第09530483800號函、95年10月5日北市地發四字第0953116700號函及本府工務局新建工程處95年10月23日北市工新配字第09563671700號函，訴願人原所有本市內湖區新里族段五分小段63-6地號土地（地上建物門牌：本市內湖區康寧路2段592巷16號，後改編為本市內湖區東湖路160巷34號），因該筆土地部分屬都市計畫道路用地，於75年間地政機關辦理地籍圖重測時，併同依都市計畫樁位逕為分割為本市內湖區東湖段7小段139、140地號土地，嗣後140地號土地於辦理內湖安康路以東高速公路北側道路新築工程用地取得案時，於84年8月30日逕為分割為140、140-1地號土地，其中140-1地號土地為道路用地，於85年3月16日辦理徵收登記完竣為本市所有，又140地號土地係屬分割後產生之畸零地，經土地所有權人即訴願人向本府地政處申請一併徵收核准在案，並於86年7月18日辦理徵收登記完竣。是從前開本市內湖區新里族段五分小段63-6地號土地重測、逕為分割及徵收之歷程觀之，本案系爭139地號土地，應得認定係屬63-6地號土地徵收之剩餘部分。

六、又查原處分機關前揭訴願答辯書理由四中業自陳財政部67年7月3日臺財稅第34260號函釋基本精神係考量土地所有權人原有已符合租稅優惠之狀態，應以繼續給予租稅優惠之適用。經查本件訴願人所有土地於84至86年間遭徵收時，依土地稅法第39條第1項規定係屬免徵土地增值稅，則訴願人自無申報土地增值稅之可能，另依據本件系爭土地徵收前原拆遷補償建物之原處分機關房屋稅籍紀錄表所為附記，「77年起地價稅自住」、「87年11月10日戶籍已全遷出，改一般地價稅」，應可得知該房屋之原坐落地號土地原應屬自用住宅用地，且

原處分機關94年10月18日簽亦敘明系爭139、140、140-1等3筆地號土地84年地價稅均係按自用住宅用地稅率課徵，則前開土地於徵收當時實質上確屬自用住宅用地，原處分機關未審究政府徵收土地免徵土地增值稅之法令變革，狹隘認定財政部67年7月3日臺財稅第34260號函釋所稱已符合租稅優惠之狀態，須已按自用住宅用地稅率計課土地增值稅為必要，對實質上業符合租稅優惠狀態之訴願人而言，實屬不公。且重測前本市內湖區新里族段五分小段63-6地號土地之地上建物：本市內湖區東湖路160巷34號房屋（門牌整編前為本市內湖區康寧路2段592巷16號），係因位於內湖安康路以東高速公路北側道路新築工程範圍內，配合工程範圍內之土地徵收補償，予以全拆補償在案。該63-6地號土地是否符合自用住宅用地規定，自應以土地徵收及地上建物拆除前之狀態認定，業如前述，而徵收剩餘部分之系爭139地號土地，則應依財政部67年7月3日臺財稅第34260號函釋延續已符合租稅優惠之狀態，准仍按自用住宅用地優惠稅率課徵土地增值稅。原處分機關歷次重為復查決定未考量訴願人被動歷經所有土地遭重測、逕為分割、徵收之歷程，猶執前詞認定系爭139地號土地非屬徵收剩餘土地，不適用財政部67年7月3日臺財稅第34260號函釋，對訴願人之權益保障顯有不足。從而，應將原處分撤銷，改按自用住宅用地稅率課徵土地增值稅。

七、綜上論結，本件訴願為有理由，爰依訴願法第81條第1項之規定，決定如主文。

訴願審議委員會主任委員　張○○

副主任委員　王○○

委員　陳○○等七人

中　華　民　國　96　年　3　月　14　日

市長郝○○

訴願審議委員會主任委員　張○○　決行

第五目　訴願的再審程序

發現新證據可以申請再審嗎？

實例

　　援引松明在高雄市所經營的「不一樣汽車材料有限公司」的前例，若其在申請復查時，因提不出當年度銷管費用的相關帳證，而遭高雄市國稅局以無理由予以駁回復查的申請，嗣又在提起訴願時，因同一理由遭財政部駁回訴願確定後，始找出該批有利之帳證，則松明可否以發現新證據為理由，向財政部申請再審，請求其撤銷原處分？

解說

　　訴願法原無再審程序的規定，在民國87年10月28日全面修正訴願法時，始仿照民事訴訟法再審程序的規定，增訂第97條之再審程序，使訴願人對於已確定的訴願決定，因不得再提起行政訴訟的事件，提供一個非常救濟的途徑，故訴願法第97條第1項開宗明義規定：「訴願人、參加人或其他利害關係人得對於確定訴願決定，向原訴願決定機關申請再審。但訴願人、參加人或其他利害關係人已依行政訴訟主張其事由或知其事由而不為主張者，不在此限」。茲將訴願的再審程序，逐一說明如次：

(一) 得申請再審的事由

1. 適用法規顯有錯誤者。
2. 決定理由與主文顯有矛盾者。
3. 決定機關之組織不合法者。
4. 依法令應迴避之委員參與決定者。
5. 參與決定之委員關於該訴願違背職務，犯刑事上之罪者。
6. 訴願之代理人，對於該訴願有刑事上應罰之行為，影響於決定者。
7. 為決定基礎之證物，係偽造或變造者。
8. 證人、鑑定人或通譯就為決定基礎之證言、鑑定為虛偽陳述者。
9. 為決定基礎之民事、刑事或行政訴訟判決或行政處分已變更者。

10. 發現未經斟酌之證物或得使用該證物者。

(二) 再審期間

依訴願法第97條第2項之規定，訴願人、參加人或其他利害關係人應於30日內申請再審。此30日之起算，應從訴願決定確定時起算，但再審事由若發生在訴願決定確定後，或知悉在後時，則自知悉時起算三十日。

(三) 再審程序

由於再審程序在訴願法中僅有第97條之規定，適用上顯有不足。因此，在「行政院及各級行政機關訴願審議委員會審議規則」中，有比較明確的補充規定：

1. 依訴願法第97條規定申請再審，應具再審申請書，載明下列事項，由申請人或代理人簽名或蓋章，向原訴願決定機關為之：①申請人之姓名、出生年、月、日、住、居所、身分證明文件字號。如係法人或其他設有管理人或代表人之團體，其名稱、事務所或營業所及管理人或代表人之姓名、出生年、月、日、住、居所。②有代理人者，其姓名、出生年、月、日、住、居所、身分證明文件字號。③不服之訴願決定及請求事項。④申請之事實及理由。⑤證據；其為文書者，應添具繕本或影本。⑥年、月、日。

2. 申請再審不合法者，應為不受理之決定；申請再審，無再審理由或有再審理由而原決定係屬正當者，應以決定駁回之。

3. 申請再審為有再審理由者，應以決定撤銷原決定或原行政處分之全部或一部，並得視其情節，逕為變更之決定或發回原行政處分機關另為處分。但於申請人表示不服之範圍內，不得為更不利益之變更或處分。

(四) 再審決定

再審的決定，就如同訴願的決定一樣，有程序駁回、實體駁回及撤銷原決定等情形，茲分述如次：

1. **程序駁回** 倘若申請再審不合法時，依行政院及各級行政機關訴願審

議委員會審議規則第32條第1項規定，原訴願機關應為不受理決定。例如：訴願人雖不服訴願決定，但已逾訴願法第97條第2項所示之法定不變期間是。

2. **實體駁回**　倘若申請再審合法但無理由，或有再審理由而原訴願決定係屬正當者，原訴願決定機關則應以決定駁回之。

3. **撤銷原決定**

(1) **單純撤銷原決定**　若申請再審合法且全部有理由時，則應以決定單純撤銷原決定之全部。

(2) **撤銷原決定逕為變更決定或發回**　若申請再審合法且部分有理由時，則應撤銷原決定違法部分，並得視其情節，逕為變更之決定或發回原行政處分機關另為處分，並應同時駁回其餘無理由部分。

訴願法上之再審制度，雖係89年參照民事訴訟法及行政訴訟法再審制度所增訂之新制，然其並非針對確定之行政法院判決提起再審，而係對於確定之訴願決定提起再審，故受理訴願再審之機關所作成之訴願再審定，性質上固屬於訴願決定之一種，惟新訴願法並無規定訴願再審決定之救濟程序，故於作成再審決定後即生確定並發生拘束之效力。又新訴願法上之再審，既係在通常救濟程序之外所提供之非常手段，其係以已確定且不得再提起行政訴訟之訴願決定為標的，故就訴願人而言，此種訴願再審制度之提供係非屬常態，因此訴願再審決定其本質上雖屬訴願決定之一種，然由於其係對已確定之訴願決定之非常救濟，有別於通常之訴願決定，不宜再成為行政訴訟之標的，自不得對之提起行政訴訟。

訴願決定並非終局決定，訴願人、參加人或其他利害關係人，原可提起行政訴訟尋求救濟，實無再增設訴願再審程序之必要。況且，細究訴願再審事由，事實上與行政程序法第128條之程序重新進行，以及行政訴訟法第273條之再審事由頗有重複。倘若各程序間產生適用上的競合時，是任由當事人選擇或有適用上的優先順序，則又徒生爭議，與其疊床架屋，不如廢除此一再審程序，來得允當。

本例中松明所經營的「不一樣汽車材料有限公司」，雖其被檢舉逃漏營業稅案經高雄市國稅局核定要補稅並處罰，而其在申請復查時，又因提不出當年度銷管費用的相關帳證，而經該局駁回復查的申請，嗣又向財政

部提起訴願時，又因同一理由被駁回訴願確定，若其事後找出該批有利之帳證時，係在前述再審期間內，則松明自可依訴願法第97條第1項第10款之規定，以發現新證據為理由向財政部申請再審，請求撤銷原處分尋求救濟，應無疑義。

第四節　行政訴訟程序

第一目　行政訴訟的意義

不服訴願決定怎麼辦？

實例

　　家成與合歡是大學同班同學，經六年的愛情長跑後，始步上結婚禮堂完成了終身大事。婚後兩年內情感彌篤，恩愛無比。不意到了婚後的第三年，由於家成的第一任女友喜欣自國外學成返國任職，又與家成搭上了線，在喜欣的極力努力重拾舊歡下，家成卻不顧當年與合歡的山盟海誓，與喜欣走得火熱而告秘密同居，合歡獲悉上情後，痛苦萬分，在盡力挽回家成的愛情終告失敗後，決定揮智慧之箭斬愚昧之情，於是雙方在97年的雙十節，在二位好友的見證下，簽下了協議離婚書，約定自98年元旦起，各奔西東互不糾纏，二人所生的幼子開慶則由合歡監護，並由家成一次給付新台幣100萬元扶養費，以了結此一姻緣。到了98年5月間起辦理綜合所得稅結算申報時，家成與合歡各申報各的，但因彼此各不往來，所以二人均申報了其子開慶的扶養親屬免稅額82,000元，到了同年的10月間，家成收到了台北市國稅局寄來的一紙補稅通知書，說他98年度的綜合所得稅結算申報書中虛列了扶養親屬免稅額82,000元，須補繳綜合所得稅10,660元，家成認為開慶目前雖然是由他的前妻合歡負責監護，但開慶實際上是由他負擔扶養費，他的綜合所得稅結算申報書，自然有權予以扣除扶養親屬免稅額82,000元，因此不服國稅局的補稅處分，乃向該局申請復查，不料卻遭駁回，他仍不服，再向財政部提起訴願，又遭同樣命運，家成在氣急敗壞之餘，卻不知道如何是好？

解說

　　訴訟權是憲法所賦予的一種權利，而訴訟又可分為民事、刑事及行政訴訟等數種，統由司法院掌理之。所謂行政訴訟，乃行政救濟方法之一種，係指人民因中央或地方機關之違法行政行為，認為損害其權利或法律上之利益，經依訴願法提起訴願而不服其決定，或不經訴願而直接向高等行政法院提起訴訟，請求救濟之制度。依行政訴訟法第2條規定：「公法上之爭議，除法律別有規定外，得依行政訴訟法提起行政訴訟。」換言之，行政訴訟之審判權採「行政審判權概括主義」，除法律別有規定外，原則上由行政法院管轄之。

　　行政訴訟法所稱之行政訴訟，有撤銷之訴（行政訴訟法第4條）、怠為處分之訴（第5條第1項）、拒絕申請之訴（第5條第2項）、確認行政處分無效之訴（第6條第1項）、確認公法上法律關係成立或不成立之訴（第6條第1項）、確認已執行而無回復原狀可能之行政處分或已消滅之行政處分為違法之訴（第6條第1項）、合併請求財產上給付之訴訟（第7條）、一般給付訴訟（第8條第1項）、公益訴訟（第9條）、選舉罷免訴訟（第10條）等多種。其中以撤銷訴訟、確認訴訟及給付訴訟三種為最普遍，而一般之納稅義務人對於稅捐稽徵案件所提起之訴訟，除少數合併請求財產上給付之訴訟外，都為撤銷訴訟居多。此所謂之「撤銷訴訟」，是指人民因中央或地方機關之「違法」行政處分，認為損害其權利或法律上之利益，經依訴願法提起訴願而不服其決定，或提起訴願逾三個月不為決定，或延長訴願決定期間逾二個月不為決定者，得向高等行政法院提起之撤銷訴訟（訴願法第4條第1項）。逾越權限或濫用權力之行政處分，以違法論。訴願人以外之利害關係人，認為訴願決定，損害其權利或法律上之利益者，亦得向高等行政法院提起撤銷訴訟（同法第4條第2、3項）。至於租稅案件的原告向行政法院提起行政訴訟的用意，當然是想藉由法院的公平裁判，獲致撤銷或變更原處分或原決定，以達其減稅、免稅或免罰的目的。所以行政訴訟是行政救濟程序中最後的一道救濟程序，經過行政法院判決確定後，受處分人即不得再就同一租稅案件表示不服。又行政訴訟與訴願，在性質上最主要的不同是：前者，是屬於司法權的審判範圍，而後者則是屬於行政權的作用範圍。又因為行政訴訟是屬

於司法權審判範圍，立於行政體系之外，處於超然的地位，所以其裁判較為客觀公正，易得納稅義務人的信服。

　　目前我國的行政訴訟制度，是採不告不理的原則，須由受處分人提起訴訟後，始予受理。所以行政訴訟的原告是行政訴訟的發動人，無原告的起訴，即無行政訴訟程序的進行。

　　提起訴願，除了是對於「不當」的稽徵處分所提起者，因其不得對之再行提起行政訴訟而告確定外，凡對於違法的稽徵處分不服，均可循復查（非核定稅額的處分除外）、訴願、及行政訴訟的程序，一路請求救濟。本例中的家成對於台北市國稅局所為補徵98年度的綜合所得稅10,660元，既然認為是對違法的處分表示不服，後來又經訴願程序被財政部維持原查定而予以駁回，此時家成自可依前述行政訴訟法的規定，向該管台北高等行政法院提起行政訴訟，以求更客觀公平的裁判，祇要家成能證明其與前妻所生的幼子開慶，在98年間確實是由其扶養，仍可在行政訴訟程序中獲得撤銷原補稅處分的結果，所以應該心平氣和的依法請求救濟，而不必意氣用事的怨天尤人。

第二目　行政訴訟的要件

不經過訴願程序可提起行政訴訟嗎？

實例

　　君富夫妻二人原在彰化市租屋居住，並經營夜市路邊攤的小吃生意，經過三年的努力，賺得了百餘萬元，乃在市郊買了一棟價值300萬元的二層樓房住宅，並將夫婦二人的戶籍遷入該處，後因感覺作生意來回奔波很不方便，乃將它租給隔壁的雜貨店張姓老闆當倉庫堆積雜貨，二年後該地段的房價暴漲，君富夫婦乃決定以500萬元招售，終由張姓老闆以朋友之誼說動君富，以400萬元買受，當辦理土地增值稅申報時，君富以其全家設籍在該住宅為由，申請按自用住宅用地的優惠稅率百分之十課稅，後經彰化縣地方稅務局派員查明該房屋在出售前一年內有出租情事，應按一般稅率的百分之三十核課其土地增值稅，君富不

服，乃直接向台中高等行政法院提起行政訴訟，後經該院審查程序不合以裁定駁回，君富接到裁定書後，認為行政法院是官官相護，甚為不滿，您認為他的說詞正確嗎？

解說

　　我國的行政訴訟案件，劃歸行政法院裁判，而與普通法院分離。在租稅行政救濟程序中，除復查、訴願是由行政機關依層級循序辦理外，最後之一層，均經由行政法院為最後之審判。惟提起行政訴訟，須齊備一定的要件，否則，其訴訟之提起，即屬不合法，會遭致從程序駁回訴訟之結果。茲特將租稅案件的行政訴訟要件逐一說明如次：

(一) 須係對於中央或地方稅捐稽徵機關的稽徵處分為之

　　此處所謂的中央與地方稅捐稽徵機關與稽徵處分，與前面第三節第二目所述訴願的客體相同，茲不贅言。

(二) 須因違法稽徵處分致損害納稅義務人的權利或法律上之利益

　　中央或地方稽徵機關的稽徵處分，如果是違法的，當然可對之提起行政訴訟。又逾越權限或濫用權力的處分，均以違法論。但是如果其處分只是不當，而損害到納稅義務人的權益，或雖屬違法，但並未損及納稅義務人的權益，或納稅義務人權益的受損，並不是由於該違法的處分所致（即無相當因果關係），則不在得提起行政訴訟的範圍。此處所稱之「權利」，乃指人民對稽徵機關所得主張的公法上權利；所謂「法律上利益」，即訴訟中值得保護的實質利益。又此處所謂的「損害納稅義務人的權益」，係指原處分所生的具體效果，仍在繼續中，而直接損害到納稅義務人的權益而言，如果原處分的效果已不存在或並未損害到納稅義務人的權益，則均不得提起行政訴訟（行政法院53年判字第156號及27年裁字第27號判例參照）。又所謂違法處分致損害其權益，是就納稅義務人提起行政訴訟所主張的事實而言。至於該稽徵處分，實際上是不是違法，權益是不是受損及有無相當因果關係，那是將來行政訴訟有無理由的問題，而不是提起行政訴訟的要件。

(三) 須由權益受有損害之當事人提起

得提起行政訴訟的當事人，依行政訴訟法第4條及第23條規定，是依訴願法提起訴願而不服其決定之人及參加人。因此，並不限於原來提起訴願的人，就是其他利害關係人亦得提起行政訴訟，此在行政法院44年判字第49號判例亦有明白的闡釋。

(四) 須經過訴願程序

對於稅捐稽徵案件要提起行政訴訟，依稅捐稽徵法第38條第1項及行政訴訟法第4條的規定，須經依法申請復查及訴願而不服其決定者，始得為之。故申請復查為提起訴願的先行程序，而提起訴願為提起行政訴訟的先行程序。但非核課稅捐之稽徵處分（例如被處停業處分），不以先經復查為必要，其得逕行提起訴願，不服訴願決定者，即可提起行政訴訟。但不論核課稅捐或非核課稅捐之處分，則均須經過訴願程序，方得提起行政訴訟，是其相同之處。

(五) 須於法定期間內提起

行政訴訟的提起，應於訴願決定書送達之次日起2個月之不變期間為之。但訴願人以外之利害關係人知悉在後者，自知悉時起算（訴願法第106條第1、2項）。如因天災或其他不應歸責於己之事由，致遲誤不變期間者，於其原因消滅後一個月內，如該不變期間少於一個月者，於相等之日數內，得聲請回復原狀，但應以書狀為之，並釋明遲誤期間之原因及其消滅時期；前項期間不得伸長或縮短之；遲誤不變期間已逾一年者，不得聲請回復原狀，遲誤首述之起訴期間已逾三年者，亦同。又在聲請許可起訴時，應同時補行應為的訴訟行為。又訴訟當事人如不在行政法院所在地居住者，計算上述2個月的期間，可扣除在途期間（如附表一：行政法院訴訟當事人在途期間表）。

(六) 須以書狀為之

行政訴訟的提起為要式行為，應以書狀為之。起訴，應以訴狀表明下

列各款事項，提出於行政法院為之：①當事人（即原告之姓名、年齡、性別、籍貫、職業、住所或居所。如係法人或其他團體，其名稱、事務所或營業所及法定代理人、管理人或代表人之姓名、年齡、性別及其與法人或團體之關係。若由代理人提起行政訴訟者，代理人之姓名、年齡、性別、職業、住所或居所，及被告之機關。）②起訴之聲明（即欲由法院為如何之判決）③訴訟標的（即行政處分違法並損害原告權利之權利主張）及其原因事實（即原決定違誤之處及起訴之理由）。訴狀內宜記載適用程序上有關事項、證據方法（如：人證、物證、書證、勘驗等證明）及其他準備言詞辯論之事項；其經訴願程序者，並附具決定書（如附表二：行政訴訟起訴狀格式）。

　　行政訴訟書狀的提出，除須以正本一份送交高等行政法院外，並須一併提出訴狀的繕本，俾由行政法院送達於被告機關作答辯之用。又原告所提出的起訴狀若是不合法定程式而可加以補正者，應由審判長定期先命補正，待屆期仍不補正，再由行政法院以裁定駁回之。

(七) 須向行政法院提起

　　行政法院掌理全國行政訴訟審判事務，採二級二審制，起訴時，要向管轄的高等行政法院提起，不服其判決時，再向最高行政法院提起上訴。所以，要提起行政訴訟必須向高等行政法院提起，此與一般民事事件，須向普通地方法院起訴者，有所不同，如果是向普通法院起訴，因該法院無審判權，自不發生訴訟繫屬的效力。

　　從以上的說明，可知提起行政訴訟必須符合上述要件，方屬合法，否則，其訴訟之提起即非適法，必遭駁回的命運。本例的君富對於彰化縣地方稅務局所為按一般稅率課徵土地增值稅的處分，既有不服，就必須循復查、訴願的程序請求救濟，且必須是對於訴願的決定仍有不服時，始可向台中高等行政法院提起行政訴訟。可惜，本例中的君富在未踐行復查、訴願的程序前，就直接向台中高等行政法院提起行政訴訟，其程序與前面所述的要件，即有不合，其被台中高等行政法院以違背法定程序予以裁定駁回，是必然的結果，君富自己不察，卻還埋怨行政法院官官相護，不免是意氣用事，自不足取法。

附表一：行政法院訴訟當事人在途期間表

高等行政法院	管轄區域	所在地	高等行政法院在途期間	最高行政法院	縣（市）別	所在地	最高行政法院在途期間
台北高等行政法院	台北市	台北市		最高行政法院	台北市	台北市	
	新北市		二日		新北市		二日
	桃園縣		三日		桃園縣		三日
	新竹縣 新竹市		四日		新竹縣 新竹市		四日
	宜蘭縣		四日		宜蘭縣		四日
	基隆市		二日		基隆市		二日
	花蓮縣		七日		花蓮縣		七日
	金門縣		三十日		金門縣		三十日
	烏坵鄉		三十四日		烏坵鄉		三十四日
	連江縣		三十日		連江縣		三十日
台中高等行政法院	苗栗縣	台中市	五日	最高行政法院	苗栗縣	台北市	六日
	中區、東區、西區、南區、北區、西屯區、南屯區、北屯區				中區、東區、西區、南區、北區、西屯區、南屯區、北屯區		七日
	豐原區、大里區、太平區、東勢區、大甲區、清水區、沙鹿區、梧棲區、后里區、神岡區、		三日		豐原區、大里區、太平區、東勢區、大甲區、清水區、沙鹿區、梧棲區、后里區、神岡區、		七日

高等行政法院	管轄區域	所在地	高等行政法院在途期間	最高行政法院	縣（市）別	所在地	最高行政法院在途期間
	潭子區、大雅區、新社區、石岡區、外埔區、大安區、烏日區、大肚區、龍井區、霧峰區、和平區				潭子區、大雅區、新社區、石岡區、外埔區、大安區、烏日區、大肚區、龍井區、霧峰區、和平區		
	南投縣		六日		南投縣		七日
	彰化縣		五日		彰化縣		六日
高雄高等行政法院	雲林縣	高雄市	六日		雲林縣		六日
	嘉義市 嘉義縣		六日		嘉義市 嘉義縣		六日
	台南市		六日		台南市		六日
	高雄市鹽埕區、鼓山區、左營區、楠梓區、三民區、新興區、前金區、苓雅區、前鎮區、旗津區、小港區				高雄市鹽埕區、鼓山區、左營區、楠梓區、三民區、新興區、前金區、苓雅區、前鎮區、旗津區、小港區		八日

高等行政法院	管轄區域	所在地	高等行政法院在途期間	最高行政法院	縣（市）別	所在地	最高行政法院在途期間
	鳳山區、林園區、大寮區、大樹區、仁武區、大社區、鳥松區、岡山區、橋頭區、燕巢區、田寮區、阿蓮區、路竹區、湖內區、茄萣區、彌陀區、永安區、梓官區、旗山區、美濃區、		四日		鳳山區、林園區、大寮區、大樹區、仁武區、大社區、鳥松區、岡山區、橋頭區、燕巢區、田寮區、阿蓮區、路竹區、湖內區、茄萣區、彌陀區、永安區、梓官區、旗山區、美濃區、		八日
	六龜區、甲仙區、杉林區、內門區、茂林區、桃源區、那瑪夏區				六龜區、甲仙區、杉林區、內門區、茂林區、桃源區、那瑪夏區		
	東沙島太平島		三十日		東沙島太平島		三十四日
	屏東縣		八日		屏東縣		八日
	澎湖縣		十九日		澎湖縣		十九日
	台東縣		八日		台東縣		八日

附表二：行政訴訟起訴狀格式

行政訴訟起訴狀				
案　　　　號	年度　　字第　　號		承辦股別	
訴訟標的 金額或價額	新台幣		元	
稱　　　　謂	姓名或名稱	國民身分證號碼或營利事業統一編號、性別、出生年月日、職業、住居所、就業處所、公務所、事務所或營業所、郵遞區號、電話、傳真、電子郵件位址、指定送達代收人及其送達處所		
原　　　　告	王大明	身分證號碼（或營利事業統一編號）：N123456789 性　　　別：男／女 出生年月日： 職　　　業：商 住　　　址：○○○○○○○○○○○○○○○○○ 電話號碼： 傳　　　真： 送達代收人姓名、送達處所及電話號碼：		
被　告　機　關	○○○○	地　　　址：○○○○○○○○○○○○○		
代　　表　　人	○○○	住同上		
為○○○○○○事件，提起行政訴訟事：				
訴之聲明（即請求法院為如何內容之判決）：				
一、（例如：請求「撤銷訴願決定及原處分」、「確認某某行政處分無效」‥‥‥‥‥等）。				
二、訴訟費用由被告負擔。				
事實理由及證據（依實際需要酌予分段）：				
一、‥‥‥‥‥‥。				
二、‥‥‥‥‥‥。				
※應於事實理由欄中敘明「訴訟標的」，即請求法院判決之對象（例如：請求撤銷之具體行政處分、請求行政機關為特定行政處分之公法上請求權等）。				

謹　　狀							
○○高等行政法院　　公鑒							
證人姓名及住居所							
證物名稱及件數							
中	華	民	國	年		月	日
		具狀人	王大明	簽名蓋章			
		撰狀人		簽名蓋章			

第三目　行政訴訟的當事人

不服訴願決定可以原處分機關為行政訴訟的被告嗎？

實例

　　立民因涉嫌分散98度綜合所得額新台幣20萬元，經該管台灣省中區國稅局查獲核定補徵綜合所得稅新台幣36,000元，並須依法處一倍的罰鍰，立民不服，經依規定申請復查被駁回後，再提起訴願時，始經財政部決定變更原處分，重新核定為應補徵綜合所得稅新台幣12,000元，並處罰鍰0.5倍，立民仍然不服，於是向台中高等行政法院提起行政訴訟，並列原處分的台灣省中區國稅局為被告，其所列的被告是不是適格的當事人呢？

解說

　　任何訴訟案件，都必有當事人以為推動，而所謂「當事人」，是指以自己之名義向法院要求保護權利之人及其相對人，為訴訟關係的主體，並為訴訟行為之人。必須有適格的當事人，法院才會進入實質的審判程序，而所謂「適格的當事人」，係指於具體訴訟中具備為正當當事人的資

格，而得適法受本案判決者而言。行政訴訟也是訴訟的一種，自亦有其一定的訴訟當事人，行政訴訟法上所規定的當事人有原告、被告及參加人三者，茲析述如次：

(一) 原告

指提起行政訴訟的人，亦就是因稅捐稽徵機關的違法處分，致其權利或利益受損害，經提起訴願而不服其決定的人。又行政訴訟的原告，並不限於一般的自然人、法人或其他非法人之團體（如：獨資商號、未經認許之外國公司、未經完成登記之公司籌備處、宗教團體等）亦包括在內。

(二) 被告

指提起行政訴訟的相對人，依行政訴訟法第24條規定，經訴願程序的行政訴訟，其被告，是指以下的機關①**駁回訴願時之原處分機關**—因訴願被駁回時，原處分仍然存在，以原處分機關為被告，則更能對原處分所核定的理由，提出詳盡的答辯。②**撤銷或變更原處分時，為撤銷或變更之機關**—因原處分或決定既經撤銷或變更，則其所為的決定，已不是原處分或原決定機關的意思，而是最後撤銷或變更機關的意思，自應以該機關為被告，以便於由其就撤銷或變更原決定或處分的理由，提出答辯。

從以上的規定，可知行政訴訟的被告，是指行政機關的本身，而不是該機關的成員，只不過是以該機關的首長為其法定代表人而已。因此，機關的首長或成員，縱有更換，並不影響該機關為被告的資格。被告機關經裁撤或改組者，以承受其業務之機關為被告機關；無承受其業務之機關者，以其直接上級機關為被告機關。又提起行政訴訟時，如原告所列的被告有錯誤，究應認為是不合法定程式以裁定駁回，抑認為當事人不適格，以顯無理由以判決駁回，行政法院實務見解不一，例如：台北高等行政法院92年度訴字第272號判決，認為應依據行政訴訟法第107條第1項第10款「起訴不合程式或不備其他要件者」之規定，以裁定駁回原告之訴；同院90年度訴字第2683號判決，卻引據行政訴訟法第107條第3項「原告之訴，依其所訴之事實，在法律上顯無理由者，行政法院得不經言詞辯論，逕以判決駁回之。」之規定，認為應以判決駁回之。惟從

同法條第2項「撤銷訴訟，原告於訴狀誤列被告機關者，準用第一項之規定。」之意旨，應採裁定駁回說較為允妥。故原告若於訴狀中誤列被告機關者，高等行政法院應先命補正，待原告逾期不補正，再以裁定駁回其訴，始為適法。

(三) 參加人

　　指就他人所提起的行政訴訟事件具有利害關係，而於訴訟繫屬中參與其訴訟行為的第三人。例如：甲稅捐稽徵機關核定乙營利事業銷貨未依法開立統一發票交與丙營利事業，除應發單補徵乙營利事業因漏開統一發票所逃漏的營業稅外，並須按未依法給予他人憑證處以該營業額百分之五的罰鍰。而此時的丙營利事業亦將因之而被核定未依法取得憑證（統一發票）而被處以該營業額百分之五的罰鍰。此案如經乙營利事業依法提起行政訴訟，則丙營利事業則為具有利害關係的第三人。此時，行政法院可本於職權命其參加訴訟，該丙營利事業也得以就該行政訴訟事件有利害關係為理由，聲請行政法院允許其參加該行政訴訟。

　　我國行政訴訟法中之「訴訟參加」制度，可以分為四種：一為「**必要參加**」，即行政訴訟法第41條規定：「訴訟標的對於第三人及當事人一造必須合一確定者，行政法院應以裁定命該第三人參加訴訟」；二為「**獨立參加**」，即同法第42條規定：「行政法院認為撤銷訴訟的結果，第三人之權利或法律上利益將受損害者，得依職權命其獨立參加訴訟，並得因該第三人之聲請，裁定允其參加」；三為「**輔助參加**」，即同法第44條規定：「行政法院認其他行政機關有輔助一造之必要者，得命其參加訴訟；前項行政機關或有利害關係之第三人亦得聲請參加」；四為「**告知參加**」，即行政訴訟法第48條準用民事訴訟法第65條至第67條之1的訴訟告知制度。所謂「**必要參加**」，係指訴訟標的對於第三人及當事人必須合一確定者，行政法院應以裁定命該第三人參加訴訟。此種參加，參加人及當事人之行為有利於彼此者及於全體，不利於彼此者，不及於全體，他造的行為及於當事人及參加人，當事人或參加人中有當然停止或裁定停止訴訟原因者，及於全體（行政訴訟法第41、47條）；所謂「**獨立參加**」，係指訴訟之結果將使第三人之權利或法律上利益受損害者，行政

法院得依職權命其獨立參加訴訟，並得因該第三人聲請，裁定允許其參加。第三人聲請參加訴訟者，應依提出參加書狀，表明下列各款事項：①本訴訟及當事人。②參加人之權利或法律上利益，因撤銷訴訟之結果將受如何之損害。③參加訴訟之陳述；又所謂「**告知參加**」，即當事人一造，在訴訟繫屬中，就其訴訟告知於因自己敗訴有法律上利害關係之第三人，使其參加訴訟之謂。參加人對於行政法院駁回其聲請之裁定，得為抗告。駁回參加之裁定未確定前，參加人仍得為訴訟行為（同法第43條）。又對於經行政法院裁定命其參加或許其參加者，不論其有無參加訴訟程序，該判決對於參加人均有效力（同法第47條）。

在行政法領域中，公法上法律關係常超出行政機關及其相對人間，涉及第三人之法律上利益，此即所謂「具對第三人效力之行政處分」。此際，由實體法之方面觀之，該第三人（即參加人）始為原告之權利義務相對人，身為被告之國家，不過居於「形式上被告」之地位而已。參加人之所以參加訴訟程序，係為獨立防衛自己之權利，其為實質意義之當事人，與民事訴訟法之參加人，係為間接保護自己之法律上利益，輔助當事人進行訴訟之從屬地位並不相同。故行政訴訟法上之訴訟參加，不以輔助一造當事人為限，亦可同時或交替對抗兩造之當事人。職是，本法上之訴訟參加，是以法院裁定為前提。參加人可同時或交替對抗兩造之當事人，故參加人得提出獨立之攻擊防禦方法。

行政訴訟的當事人，固以上述的三者為限，如當事人不便為訴訟行為時，依行政訴訟法第49條第1項規定，自得委任律師代理訴訟，但每一當事人委任之訴訟代理人不得逾三人。代理人代理訴訟時，應提出委任書證明其代理權。如非律師而具有下列情形之一者，亦得為訴訟代理人：①稅務行政事件，具備會計師資格者。②專利行政事件，具備專利師資格或依法得為專利代理人者。③當事人為公法人、中央或地方機關、公法上之非法人團體時，其所屬專任人員辦理法制、法務、訴願業務或與訴訟事件相關業務者；委任前項之非律師為訴訟代理人者，應得審判長許可。又非律師為訴訟代理人，審判長許其為本案訴訟行為者，視為已有前項之許可；前二項之許可，審判長得隨時以裁定撤銷之，並應送達於為訴訟委任之人；訴訟代理人委任複代理人者，不得逾一人。又訴訟代理人就受任的

訴訟事件有為一切訴訟行為之權，是為一般訴訟代理權的範圍，但是關於訴訟的捨棄、認諾、撤回、和解、提起反訴、上訴或提起再審之訴及選任代理人，則事關重大，非經訴訟當事人的特別委任不得為之，是為特別訴訟代理權的範圍。又當事人得就同一行政訴訟事件，委任二人以上的代理人代理訴訟者，各該代理人，均得單獨代理當事人為訴訟行為，其代理行為並對其本人發生效力。

本例中的立民，對於其被台灣省中區國稅局補徵綜合所得稅新台幣36,000元，並處一倍鍰罰的處分，既於提起訴願時，經訴願管轄機關財政部決定變更原處分而重新決定應補徵綜合所得稅新台幣12,000元，並處鍰罰0.5倍，此時，立民對財政部該項決定如仍為不服而要提起行政訴訟時，依前述說明，應以撤銷變更原處分之機關即財政部為被告而提起行政訴訟，方為適法，立民卻誤以原處分的台灣省中區國稅局為被告，其所列的被告，就不是適格的當事人。此時，台中高等行政法院應先命補正，待立民逾期不補正，再以裁定駁回其訴。但是行政法院的該項裁定，僅是程序裁定，並無實體裁判的效力，所以立民仍可再列適格的當事人（即財政部）作為被告，另提行政訴訟，以求救濟。

第四目　行政訴訟的審判

提起行政訴訟會遭致較原決定更不利益的結果嗎？

實例

正清在民國98間未辦營業登記，即私下在屏東市經營快樂食堂，生意興隆，後經人檢舉，由該管台灣省南區國稅局派員會警查獲並扣得大批私帳，經該局核對結果，計發現逃漏營業額新台幣100萬元，又因為該地下食堂被查獲當時有女性陪侍多人，所以除須按特種飲食業之百分之二十五稅率補徵營業稅25萬元外，還須按未辦營業登記處罰新台幣15,000元，並處漏稅罰4倍的罰鍰，正清認為他只是經營單純的食堂，應按一般營業稅率百分之五的稅率補徵營業稅，並按最低的漏稅罰處罰1倍的罰鍰，至於未辦營業登記的罰鍰部分，應不得再予處罰，以免一條

牛剝兩層皮，於是乃依法向台灣省南區國稅局申請復查，旋遭駁回，後向財政部提起訴願，始經該部訴願委員會撤銷原復查決定，另行決定應按有娛樂節目之餐飲店之百分之十五稅率補徵營業稅，並處漏稅罰2倍的罰鍰，但正清仍然不服訴願決定，準備向高雄高等行政法院提起行政訴訟，不過他的友人志得卻忠告他，不要輕易起訴，否則，可能被行政法院判處更重的處罰，正清因此遲疑不前，不知該不該提起行政訴訟據理力爭？

解說

原告依法提起行政訴訟後，行政法院就必須將案件分由法官依法定的程序進行審查、裁判，以保障人民的權利。茲將審理的程序、判決的期限、實行、原則、種類及其效力等事項，分述如次：

(一) 審理的程序

行政法院受理行政訴訟案件後，應先將該案件交由該法院的審查庭先進行程序方面的審查，如審查訴狀時，認為有下列情形之一，應以裁定駁回之（其裁定格式如後附裁判一）：①訴訟事件不屬行政訴訟審判之權限者。②訴訟事件不屬受訴行政法院管轄而不能請求指定管轄，亦不能為移送訴訟之裁定者。③原告或被告無當事人能力者。④原告或被告未由合法之法定代理人、代表人或管理人為訴訟行為者。⑤由訴訟代理人起訴，而其代理權有欠缺者。⑥起訴逾越法定期限者。⑦當事人就已起訴之事件，於訴訟繫屬中更行起訴者。⑧本案經終局判決後撤回其訴，復提起同一之訴者。⑨訴訟標的為確定判決或和解之效力所及者。⑩起訴不合程式或不備其他要件者。但前述情形可以補正者，審判長應定期間先命補正，待逾期不補正，行政法院始得以其起訴不合法，而以裁定駁回之。例如：納稅義務人A君不服財政部訴願決定提起行政訴訟，經行政法院核其訴狀未表明訴訟標的及其原因事實，裁定命於七日內補正，該裁定合法送達A君，A君逾期仍未補正，行政法院方得以裁定駁回之。又對於撤銷訴訟，若原告於訴狀誤列被告機關者，準用前述命補正之規定。又原告之訴，依其所訴之事實，在法律上顯無理由者（即原告提起之行政訴訟

應以有「權利保護之必要」為前提，若依其所訴之事實，欠缺權利保護必要者，即屬無訴之利益，在法律上為顯無理由），行政法院得不經言詞辯論，逕以判決駁回之（其裁判格式如後附裁判二）。訴訟程序經審查合格後，應將訴狀的副本及其他必要書狀副本，送達於被告，並限定期間命其答辯，並進行實體方面的審理。

實體的審理，先由合議庭指定受命法官進行準備程序，進行證據調查，在審理過程中得傳喚證人、鑑定人或進行勘驗等，亦得囑託普通法院或其他機關調查證據。當準備程序終結後，再由合議庭定期進行言詞辯論。撤銷訴訟及其他有關維護公益之訴訟，當事人兩造於言詞辯論期日無正當理由均不到場者，行政法院得依職權調查事實，不經言詞辯論，逕為判決。

(二) 判決的期限

行政訴訟事件的裁判期限，依行政法院組織法第46條規定訂定之「各級行政法院辦案期限規則」規定為：①高等行政法院簡易訴訟程序事件，七個月。②高等行政法院通常訴訟程序事件，一年六個月。③最高行政法院在本規則施行前受理事件，九個月。④最高行政法院上訴事件，九個月。⑤最高行政法院抗告事件，五個月。但如有正當理由者，得於期限屆滿前，報請院長酌予展限。

(三) 判決的實行

行政法院的審判，依行政法院組織法規定，分為二級，即高等行政法院及最高行政法院。高等行政法院之審判，以法官三人合議行之。但簡易訴訟程序以法官一人獨任行之。最高行政法院之審判，以法官五人合議行之。合議審判，以庭長充審判長；無庭長或庭長有事故時，以同庭法官中資深者充之，資同以年長者充之。獨任審判，即以該法官行審判長之職權。又判決的實行，應製作判決書，詳細載明主文、事實、理由、判決法院等事項，並由參與判決的法官在判決書上簽名。

(四) 判決的原則

　　行政訴訟是採不告不理為原則，凡非原告起訴的事項，即不在行政法院所得審判的範圍。因此行政法院所為准駁的判決，須在原告起訴所請求的範圍內審酌之。又基於行政救濟係在保障人民權利的原則，行政訴訟之判決除應遵守言詞辯論、直接審理（行政訴訟法第188條）、自由心證（第189條）、情事變更（第203條）等一般原則外，更應注意符合下列三原則：

1. **不利益變更禁止之原則**　即在撤銷訴訟之判決，如係變更原處分或決定者，不得為較原處分或決定不利於原告之判決（行政訴訟法第185條）。足見行政法院對於撤銷訴訟的判決，只能較原處分或決定更有利於原告，而不得更不利於原告。因此提起此種行政訴訟，是只有好處而沒有其他不利的顧慮的。

2. **禁止雙重處罰之原則**　違反租稅義務之行為，涉及數處罰規定時可否併合處罰，因行為之態樣、處罰之種類及處罰之目的不同而有異，如係實質上之數行為違反數法條而處罰結果不一者，其得併合處罰，固不待言。惟納稅義務人對於同一違反租稅義務之行為，同時符合行為罰及漏稅罰之處罰要件者，例如營利事業依法律規定應給與他人憑證而未給與，致短報或漏報銷售額者，就納稅義務人違反作為義務而被處行為罰與因逃漏稅捐而被處漏稅罰而言，其處罰目的及處罰要件，雖有不同，前者係以有違反作為義務之行為即應受處罰，後者則須有處罰法定要件之漏稅事實始屬相當，除二者處罰之性質與種類不同，例如一為罰鍰、一為沒入，或一為罰鍰、一為停止營業處分等情形，必須採用不同方法而為併合處罰，以達行政目的所必要者外，不得重複處罰，乃現代民主法治國家之基本原則。從而，違反作為義務之行為，如同時構成漏稅行為之一部或係漏稅行為之方法而處罰種類相同者，則從其一重處罰已足達成行政目的時，即不得再就其他行為併予處罰，始符憲法保障人民權利之意旨（大法官釋字第503號解釋參照）

3. **不停止執行之原則**　原處分或決定之執行，除法律另有規定外，不因提起行政訴訟而停止（行政訴訟法第116條第1項），是為行政訴訟不停

止執行之原則。惟在行政訴訟繫屬中，行政法院認為原處分或決定之執行，將發生難於回復之損害，且有急迫情事者，得依職權或依聲請裁定停止執行。但於公益有重大影響，或原告之訴在法律上顯無理由者，不得為之（第116條第2項）；又於行政訴訟起訴前，如原處分或決定之執行將發生難於回復之損害，且有急迫情事者，行政法院亦得依受處分人或訴願人之聲請，裁定停止執行。但於公益有重大影響者，不在此限（第116條第3項）。行政法院為前二項停止執行之裁定前，應先徵詢當事人之意見。如原處分或決定機關已依職權或依聲請停止執行者，應為駁回聲請之裁定（第116條第4項）。又停止執行之裁定，得停止原處分或決定之效力、處分或決定之執行或程序之續行之全部或部分（第116條第5項）。又停止執行之原因消滅，或有其他情事變更之情形，行政法院得依職權或依聲請撤銷停止執行之裁定（第118條）。關於停止執行或撤銷停止執行之裁定，得為抗告（第119條）。

(五) 判決的種類

行政訴訟的判決，依行政訴訟法規定，主要者計有撤銷、駁回、情況判決三種，茲分述如次：

1. **撤銷判決**　即行政法院認為起訴有理由者，應為撤銷原處分或決定的判決，也就是宣告原處分或決定全部或部分無效。撤銷判決又可分為三種情形：一種是單純的撤銷，使原告的權利恢復原有的狀態，無須原處分機關另為其他處分（其判決格式如後附裁判三）；一種是全部撤銷發回，即宣告原處分或決定全部無效，將原處分或決定全部撤銷發回原處分機關重新復查另為適法的處分（其判決格式如後附裁判四）。一種是部分撤銷發回，即將原處分或決定之一部分維持原查定，部分撤銷發回原處分機關重新復查另為適法的處分（其判決格式如後附裁判五）。惟原處分機關如依調查結果認定之事實，認前處分適用法規並無錯誤，仍得維持經撤銷之前處分見解；倘係以原處分適用法律之見解有違誤者，原處分機關應即受判決法律見解拘束（參照行政法院60年判字第35號判例及大法官釋字第368號解釋意旨）。

2. **駁回判決**　即行政法院認起訴為無理由時，應以判決駁回之。此種判決

是維持原處分或決定的判決，屬於實體的判決（其判決格式如後附裁判六）。

3. **情況判決**　即行政法院受理撤銷訴訟，發現原處分或決定雖屬違法，但其撤銷或變更於公益有重大損害，經斟酌原告所受損害、賠償程度、防止方法及其他一切情事，認原處分或決定之撤銷或變更顯與公益相違背時，得駁回原告之訴。前項情形，應於判決主文中諭知原處分或決定違法（行政訴訟法第198條）。又行政法院為情況判決時，應依原告之聲明，將其因違法處分或決定所受之損害於判決內命被告機關賠償。原告未為前項聲明者，得於情況判決確定後一年內，向高等行政法院訴請賠償（第199條）。此種判決在稅捐稽徵事件，並不多見。

(六) 判決的效力

行政訴訟經行政法院為判決後，就如同訴願的決定一樣，具有羈束力、確定力及執行力等三種效力，茲分別說明如次：

1. **羈束力**　行政訴訟法第206條規定：「判決經宣示後，為該判決之行政法院受其羈束；其不宣示者，經公告主文後，亦同」。此所謂之受其羈束是指行政法院之判決經宣示、公告後，縱有違法或不當，該行政法院亦不得自行廢棄或變更之。

2. **確定力**　此又可分為形式確定力及實質確定力，所謂「形式確定力」，是指當事人於法定期間屆滿後，不得以上訴之方法，請求廢棄或變更行政訴訟判決之效力，又稱為不可爭力。此即行政訴訟法第212條所規定，判決於上訴期間屆滿時確定，亦即有當事人不可再爭執之效力。又同條第2項亦規定，不得上訴之判決，於判決宣示時確定，判決不宣示者，於判決主文公告時確定，即是形式確定力；所謂「實質確定力」，在學理上又稱為實質既判力，係就判決內容之拘束力而言，亦即行政訴訟標的之法律關係，經行政法院判決確定者，當事人對該法律關係，不得另行提起訴訟。行政訴訟法第213條規定：「訴訟標的於確定之終局判決中經裁判者，有確定力」，此所謂之確定力，即實質之確定力或實質上既判力。

3. **執行力**　提起行政訴訟後，判決確定前，原處分或決定的執行，除法律

另有規定外，不因之而停止執行，已有如前述。但是行政訴訟事件經行政法院判決確定後，即具有執行力。行政訴訟法第304條規定：「撤銷判決確定者，關係機關應即為實現判決內容之必要處置。」例如已經核課之稅捐或罰鍰，應退還者應依法加計利息退還。又行政訴訟之裁判命債務人為一定之給付，經裁判確定後，債務人不為給付者，債權人得以之為執行名義，聲請高等行政法院強制執行；高等行政法院應先定相當期間通知債務人履行；逾期不履行者，強制執行（同法第305條第1、2項），均是行政訴訟判決確定後，具有執行力的相關規定。

行政訴訟是租稅行政救濟程序的最後一關，經行政法院為判決後，除有得提起再審之訴的理由，可依法提起再審之訴外，其整個租稅的稽徵處分，到此即告確定，被駁回的，就須送執行，被撤銷的，即恢復原來未處分前的狀態，被變更的，就照變更後的情況呈現確定。又行政法院的判決，如果是變更原處分或決定者，亦不得為較原處分或決定更不利於原告的判決。所以，本例中的正清，對於台灣省南區國稅局核定其所逃漏的營業稅，究竟是應適用營業稅法所規定的何種稅率補徵營業稅？須處幾倍的漏稅罰？其未辦營業登記的罰鍰部分，可不可以再予處罰？既仍不服財政部所作比原處分較為有利的訴願決定，自可依法向高雄高等行政法院提起行政訴訟，以求取更客觀公平的判決。依前面說明，該管行政法院縱然變更原決定，亦不得為更不利於正清的判決，因此，正清大可毫無顧忌的提起行政訴訟，而不必聽信他人的誤導之言，致瞻顧不前。

裁判一：程式不合裁定駁回

臺北高等行政法院裁定

　　　　　99年度訴字第10號

原　　　告　○○機械工業股份有限公司

代　表　人　甲○○

被　　　告　財政部臺北市國稅局

代　表　人　乙○○（局長）

上列當事人間營利事業所得稅事件，原告不服財政部中華民國98年11月4日台財訴字第09813509570號訴願決定，提起行政訴訟，本院裁定如下：

　　主　文

原告之訴駁回。

訴訟費用由原告負擔。

　　理　由

一、起訴，應以訴狀表明當事人、起訴之聲明、訴訟標的及其原因事實，並按件數徵收裁判費。行政訴訟法第105條第1項、第98條第2項定有明文。訴狀未表明上開法定事項，或未繳納裁判費，為不合起訴程式，經限期命補正而不補正或補正不完全者，應依行政訴訟法第107條第1項第10款裁定駁回之。

二、本件原告因營利事業所得稅事件，提起行政訴訟。核其訴狀，未表明起訴之聲明、訴訟標的及其原因事實（訴訟種類、事實及法律上陳述），亦未繳納裁判費，經本院審判長以99年度訴字第10號裁定命於7日內補正，該裁定已於99年1月12日送達於原告，有送達證書在卷可稽。原告嗣僅補正繳費，一再具狀請求延期書狀程式欠缺之補正，迄未補正完全，參照前述規定與說明，其起訴於法不合，應予駁回。

三、依行政訴訟法第107條第1項第10款、第104條、民事訴訟法第95條、第78條，裁定如主文。

中　華　民　國　99　年　2　月　24　日

　　　　　台北高等行政法院第八庭

　　　　　　　　審判長法　官　蔡○○

　　　　　　　　　　法　官　黃○○

　　　　　　　　　　法　官　吳○○

上為正本係照原本作成。

如不服本裁定，應於送達後10日內向本院提出抗告狀（須按他造人數附繕本）。

中　華　民　國　99　年　2　月　24　日

　　　　　　　　書記官　林○○

裁判二：顯無理由判決駁回

臺中高等行政法院判決
　　　　　　99年度訴字第134號
原　　　告　甲○○
被　　　告　臺中縣地方稅務局
代　表　人　乙○○
訴訟代理人　丙○○
上列當事人間因土地增值稅事件，原告不服臺中縣政府中華民國99年3月16日府訴委字第0990078661號訴願決定，提起行政訴訟，本院判決如下：

　　主　文

原告之訴駁回。

訴訟費用由原告負擔。

　　事實及理由

一、按行政訴訟法第107條第3項規定：「原告之訴，依其所訴之事實，在法律上顯無理由者，行政法院得不經言詞辯論，逕以判決駁回之。」本件原告之起訴，依其所訴之事實在法律上顯無理由（理由如後說明），爰不經言詞辯論逕為判決。

二、事實概要：

　　緣訴外人田振隆所有坐落於臺中縣后里鄉○○段137-2、137-6地號土地（下稱系爭土地）前經臺灣臺中地方法院於民國下同）84年10月18日以83年執字第8534號民事執行案件進行拍賣，該院執行處並函請被告核算土地增值稅額，被告按一般稅率核算系爭土地增值稅分別為新臺幣（下同）1,140,607元、644,406元，合計1,785,013元，並請該執行處代為扣繳。迄至98年3月6日，原告以田振隆債權人之身分向被告申請將系爭土地改依行為時農業發展條例第27條及土地稅法第39條之2第1項規定免徵土地增值稅，及依98年1月23日修正後稅捐稽徵法第28條第2項之規定，退回溢繳之稅款新臺幣（下同）1,140,607元，並加計利息退還法院重新分配。惟案經被告審查認為

本案非屬稅捐稽徵機關適用法令錯誤、計算錯誤或其他可歸責於政府機關之錯誤，自無稅捐稽徵法第28條第2項規定之適用，遂以98年11月23日中縣稅土字第0983054901號函否准所請。原告不服，主張按財政部82年6月17日臺財稅第821488575號函、89年8月1日臺財稅字第0890455206號函及93年12月14日臺財稅字第0930456294號等函釋意旨，被告否准原告退稅之申請，從形式上觀之，已屬行政處分，係侵害原告之退稅權益，該原處分未經撤銷，原告依法提出訴願，以除去侵害，當事人適格要件及保護要件均無欠缺；次依稅捐稽徵法第28條第1項規定，若屬納稅義務人本人之錯誤而溢繳稅款者，得在繳納日起算5年以內請求退還，但若屬稽徵機關之錯誤或可歸責於稽徵機關致納稅義務人溢繳稅款者，其退稅款不以5年以內為限，5年以外之稅款亦得退還之，而系爭土地由執行法院拍賣，被告依職權計課，並函請執行法院代為扣繳，不可能發生納稅義務人自行適用法令錯誤或計算錯誤之情事，即無5年時效規定之適用；又行為時土地稅法第39條之2規定農地農用由自耕農買受者，當然適用免徵土地增值稅之規定，不待人民申請，稽徵機關應依職權作成免徵土地增值稅之行政處分及依職權辦理退稅，而被告不查，竟依土地稅法第33條規定，依一般稅率計課，顯適用法令有錯誤，致納稅義務人溢繳稅額，有可歸責之原因；且若符合行為時農業發展條例第27條規定之土地，稽徵機關疏未作成免稅之處分者，當事人當時依行政程序法第34條規定，申請稽徵機關為適法之行政處分，惟被告不依原告之申請作成免稅之處分並退還稅款，徒以無可歸責規定為拒絕之理由，係與最高行政法院83年度判字第560號判決、財政部函釋及稅捐稽徵法第28條第1項及第2項規定不合，且已侵害原告因免稅後可得之分配利益及受益權，原告以受處分當事人之地位，依訴願法第1條及第2條規定提出訴願；再者，系爭土地符合行為時農業發展條例第27條規定，為被告所不爭執，當然發生免稅效果，不待人民申請，故被告於執行法院通知核算土地增值稅時，不依法免徵土地增值稅，竟依一般稅率計課致納稅義務人溢繳稅額，自屬稅捐稽徵法第28條第2項可歸責於政府機關之錯誤，被告自依法律規定退還溢繳稅額之義務；末

按履行義務，不得拒絕為行政機關應遵循之法則，行政機關應受義務不得拒絕之拘束，委無疑義，因此，被告之處分，顯不合行為時農業發展條例第27條、稅捐稽徵法第28條第2項規定所賦予於被告之義務，而有可議，委難信服，至被告主張無可歸責云云，最高行政法院80年6月份庭長評事聯席會議決議及財政部90年8月13日臺財稅字第0900455007號函釋，已規定不須申請而當然發生免稅效果，人民不負協力義務，被告即應作成免徵土地增值稅之行政處分，竟向執行法院為應稅之表示，致納稅義務人溢繳稅額，有可歸責之原因云云，提起訴願，遭決定駁回，遂提起本件行政訴訟。

三、本件原告主張：

（一）行政程序法第34條規定：「行政程序之開始，由行政機關依職權定之。但依本法或其他法規之規定有開始行政程序之義務，或當事人已依法規之規定提出申請者，不在此限。」故若行政機關應為行政行為而怠忽職權之行使，法律許以行政程序之當事人申請行政機關為一定之行政行為，而該項申請，參照行政程序法第35條立法理由，係指人民基於法規規定，為自己利益，請求行政機關為許可、認可、或其授益之公法上意思表示而言，故行政程序當事人之申請，限於為自己利益，請求行政機關為許可、認可、或其授益為範圍；本案被告若依原告申請履行公法義務，而作成退稅之行政處分，依財政部93年12月14日臺財稅字第09304562940號函釋：「法院拍賣土地之價款，已扣繳土地增值稅，嗣後如有就該拍賣土地申請適用減免稅款時，該退稅款係屬拍賣所得價金之一部。應交由執行法院重行分配給債權人」，足見原告係為自己利益而提出申請，符合行政程序法第34條及第35條規定要件；末按行為時農業發展條例第27條規定之免稅，本不以人民提出申請為必要，已如最高行政法院80年6月份庭長評事聯席會議決議，依農業發展條例第27條之規定，合於該條所定免稅要件者，當然發生免稅效果，本無待人民之申請，及財政部90年8月13日臺財稅字第0900455007號函：「……又依土地稅法第39條之2第1

項規定，農業用地移轉符合不課徵土地增值稅要件者，尚應由移轉土地之權利人或義務人提出申請，與修法前同條項所定當然適用免徵土地增值稅規定有別……」。故被告應於系爭土地拍賣之時作成免稅之行政處分，竟怠忽職權之行使，而為課稅之處分，未正確適用行為時農業發展條例第27條規定，致納稅義務人田振隆溢繳稅額，依行政程序法第34條及第35條規定，原告得為自己利益申請被告機關履行公法義務，作成及退稅之行政處分，要無疑義。

(二) 按財政部82年6月17日臺財稅第821488575號函釋：「法院拍賣之農業用地，於事後申請免徵土地增值稅，如經審查符合土地稅法第三十九條之二及有關規定者，應准予辦理」、89年8月1日臺財稅字第0890455206號函釋意旨，債權人可申請免徵土地增值稅、93年12月14日臺財稅字第0930456294號函釋：「法院拍賣土地之價款，已扣繳土地增值稅，嗣後如有就該拍賣土地申請適用減免、自用住宅用地稅率及不課徵土地增值稅，致有應退還之稅款時，該退稅款係屬拍賣所得價金之一部，應交由執行法院重行分配給債權人。」該財政部三函釋在闡釋法規真意，與法無違，發生稅捐稽徵法第1條之1規定之效力。是於退稅程序，被告否准原告之申請，從形式上觀之，已屬行政處分，係侵害原告之退稅權益，該原處分未經撤銷，原告依法提出訴願，以除去侵害，經訴願決定駁回後，依法提出爭訟，當事人適格要件及保護要件均無欠缺；另按人民提起行政訴訟，應以中央或地方官署之違法處分或決定，致損害其權利，為先決條件，本案原處分尚屬存在，且侵害原告法益，原告起訴請求除去其侵害，訴訟法上之權利保護要件自屬無欠缺；次依行政程序法第34條及第35條規定，原告得為自己利益申請被告作成履行公法義務之行政處分，司法院大法官會議第346號及第474號解釋、最高行政法院95年度判字第1843號判決、95年度判字第1666號判決，均肯認債權人有是項請求權可資行使，詎被告竟忽視法律規定，就原告依法申請案件拒

不作成，而侵害原告申請權，其處分尚屬存在，原告依法提起行政爭訟，以除去其侵害，其實體上保護要件並無欠缺；而在程序上，原告不服被告所為不利於原告之處分，經訴願程序後提出爭訟，當事人適格要件並無欠缺；依行為時農業發展條例第27條規定，被告為得作成免徵土地增值稅之機關，另依稅捐稽徵法第28條規定，被告為得作成退還土地增值稅之機關，因此，原告、被告均為訴訟程序上當事人，其當事人適格要件無欠缺。

（三）稅捐稽徵法第28條第1項所規定之5年時效，以納稅義務人自行適用法令錯誤或計算錯誤溢繳之稅款為範圍，系爭土地由執行法院拍賣，被告依土地稅法第33條規定計課，並函請執行法院代為扣繳，不可能發生納稅義務人自行適用法令錯誤或計算錯誤溢繳之情事，即無5年時效規定之適用；又財政部98年2月10日臺財稅字第09804505760號函釋略以：「納稅義務人就適用法令錯誤或計算錯誤所溢繳之稅款，自繳納之日起逾5年提出具體證明向稅捐稽徵機關申請退還者，稅捐稽徵機關應詳予查明係因納稅義務人自行適用法令錯誤或計算錯誤，或因稅捐稽徵機關適用法令錯誤、計算錯誤或其他可歸責於政府機關之錯誤致溢繳稅款後，依稅捐稽徵法第28條修正條文規定辦理，不得逕以已逾5年之退還稅款期限而拒絕受理……準此，於稅捐稽徵法第28條規定修正生效前，納稅義務人因稅捐稽徵機關適用法令錯誤、計算錯誤或其他可歸責於政府機關之錯誤，致溢繳稅款者，不論該案件是否經行政救濟，均有修正後第2項規定之適用。」上揭財政部函釋在闡明法規之真意，自法規公布時有其適用（參照司法院大法官會議第287號解釋），又有拘束被告之效力（參照公務員服務法第2條前段規定），且稅捐稽徵法第28條第2項規定，依第4項之規定，復有溯及既往之效力（參照最高行政法院98年度判字第790號判決）。故被告自我省察原課稅處分有無錯誤，是否有可歸責顯有不當，而有得撤銷之法律上原因；另所謂行政處分，參照

司法院大法官會議釋字第423號解釋：行政機關行使公權力，就特定具體之公法事件所為對外發生法律上效果之單方行政行為，皆屬行政處分，不因其用語、形式以及是否有後續行為或記載不得聲明不服之文字而有異。若行政機關以通知書名義製作，直接影響人民權利義務關係，且實際上已對外發生效力者，如以仍有後續處分行為，或載有不得提起訴願，而視其為非行政處分，自與憲法保障人民訴願及訴訟權利之意旨不符。本案被告以通知書告以經查本案申請非可歸責政府機關之錯誤，所請歉難照辦云云，已明示就具體案件拒不處理而影響原告之權利，顯屬行政機關行使公權力，就特定具體之公法事件所為對外發生法律上效果之單方行政行為，自屬行政處分，是被告之抗辯、訴願決定機關之論斷，與法均有不合。依上開陳述，原告係請求被告履行公法義務請求權之行使，訴願決定機關竟認原告就課稅處分而爭執而無法定事由應予駁回之決定，顯誤認事實，衍生用法錯誤，致原告於行政救濟程序上應受實體判決之利益受侵害，自有撤銷訴願決定之法律上原因；末按財政部95年12月6日臺財稅字第09504569920號函釋，係以發生於行政訴訟法第131條施行前公法請求權之案件，應類推適用退稅請求權為範圍，原告所行使者，並非退稅權之行使，自無適用之餘地。

（四）行為時農業發展條例第27條之免稅，依最高行政法院80年6月份庭長評事聯席會議決議，及財政部90年8月13日臺財稅字第0900455007號函釋，均屬稽徵機關應依職權行政行為之事項，不待人民之申請，稅捐稽徵法第28條第2項規定亦同，則被告依此規定對可得特定之人所負作為義務已無不作為之裁量餘地，猶因故意或過失怠於執行職務，參照行政程序法第34條、第35條、司法院大法官會議第469號解釋意旨，原告對被告有申請履行公法義務請求權並無疑義，不必法律明文，系爭土地符合行為時農業發展條例第27條規定，當然發生免稅效果，不待人民申請，故被告於執行法院通知核算土地增值稅

時，不依法免徵土地增值稅，竟依一般稅率計課致納稅義務人溢繳稅額，自屬稅捐稽徵法第28條第2項可歸責於政府機關之錯誤，被告自有依法律規定退還溢繳稅額之義務，又行為時農業發展條例施行細則第15條，行為時土地稅法施行細則第58條之申請，僅在促請稽徵機關注意不得對被拍賣土地課徵土地增值稅，並非發生免稅效果之法律上原因，經最高行政法院80年6月份庭長評事聯席會議決議，自不以當事人提出申請為必要，從而系爭土地符合免稅要件為被告所不爭，於執行法院函知核算土地增值稅時，不作成免稅之處分已有可議，竟於原告申請被告履行公法義務之請求時，藉口原告申請已逾5年時效拒不作成，而有不當。再依最高行政法院93年判字第1392號判例：「憲法之平等原則要求行政機關對於事物本質上相同之事件作相同處理，乃形成行政自我拘束，惟憲法之平等原則係指合法之平等，不包含違法之平等。故行政先例需屬合法者，乃行政自我拘束之前提要件，憲法之平等原則，並非賦予人民有要求行政機關重複錯誤之請求權。」因此，行政先例若屬合法者，應賦予人民有要求行政機關相同之事件作相同處理之請求權，實為最高行政法院93年判字第1392號判例實踐平等原則之核心所在。另財政部82年6月17日臺財稅第821488575號函，並未限制債權人之申請權，亦未限制逾5年時效債權人不得申請稽徵機關依職權作成免稅、退稅之行政處分。甚至，財政部89年8月1日臺財稅字第0890455206號函釋於個案核釋，債權人蔡○碧君檢附「自耕能力證明書」申請，應准予免徵土地增值稅（土地稅法令彙編96年版）。益見債權人得申請稽徵機關作成免稅之行政處分而無時效之限制。茲有債務人陳○壽所有農地於87年7月15被法院執行拍賣，陳○錫以債權人之地位，於94年1月4日申請被告履行免稅、退稅之公法義務，經被告審核後，以94年5月23日中縣稅土字第0940015210號函准許之，此外，另有17件之稽徵機關本於財政部82年6月17日臺財稅第821488575號函釋、財政部89年8月

1日臺財稅字第0890455206號函釋之效力，作成相同之行政處分，本於憲法之平等原則要求，原告自得以債權人之地位，請求被告作成相同之行政處分之權利，而無時效之限制。詎被告竟以債權人不得請求，且請求已逾時效作為駁回之基礎，顯有違憲法之平等原則要求，與行政程序法第6條：「行政行為，非有正當理由，不得為差別待遇」規定不合，顯違背法令。

（五）按農業用地並作農業使用者，依土地稅法第22條規定，課徵田賦。依法課徵田賦之農地，若任其荒蕪，經通報限期使用而不作農業使用者，依土地稅法第22條之1規定，應課徵荒地稅。又依法課徵田賦之農業用地，若符合免徵田賦要件者，經依土地稅減免規則核准後，依田賦稽徵工作程序第7條（按：「第7條」應為第4條第7項）規定：「……經核准減免賦稅之土地，稽徵機關每年會同會辦機關普查或抽查一次，如有下列各款情形之一者，應即辦理撤銷減免，追收應納田賦，及移送處罰。……」查本案土地為農業用地並作農業使用，所以一直按田賦課徵，並無被依土地稅法第22條之1課徵荒地稅之情事。又因系爭土地為農業用地並作農業使用，經認符合法定免徵田賦要件，故系爭土地自原所有權人取得後至移轉時，一直免徵田賦，足見系爭土地依法作農業使用，並無疑義，被告於每年會同會辦機關普查或抽查時，始無辦理撤銷減免，系爭土地於移轉時一直作農業使用，應無疑義。本案拍定人趙○慶檢附自耕能力證明書拍定取得所有權，為被告所自承。內政部85年1月3日（85）臺內地字第8415502號函釋：「關於『自耕能力證明書之申請及核發注意事項』第六點第二項所稱『農業使用』，應以農耕或農作使用為限。而依內政部所核發自耕能力證明書審查表第7項規定，審查農地是否符合法律規定之使用，必須『依實地勘查情形認定』或『必要時得簽會建管等相關單位認定』。」本案系爭土地由拍定人檢附自耕能力證明書買受，顯見主管機關依實地勘查情形認定系爭土地確實作農業使用。又查耕地之承受人向主管機關申請自耕能力證明書時，

應依規定格式敘明「於承受後列耕地後確保自任耕作」，顯有繼續耕作之表示，因此，系爭土地符合行為時農業發展條例第27條免稅之規定，被告於系爭土地被拍賣時，不依職權作成免稅之行政處分，致納稅義務人溢繳稅額，而有可歸責之法律上原因。

（六）行政訴訟法第5條所謂依法申請之案件，法條並未規定其範圍，因此，法律、法律具體授權之法規命令、法律概括授權之法規命令、如承認職權命令，則均包括之，因之，行政程序法第34條及第35條之規定、財政部89年8月1日臺財稅字第0890455206號函、82年6月17日臺財稅第821488575號函等均屬法之範圍，故原告所為之申請，為依法申請之案件，且稅捐稽徵法第28條第2項規定之退稅復為被告之義務，被告之處分復有撤銷之法律上原因，故請令依申請履行公法上義務，作成免稅、退稅行政處分，以臻適法。

（七）被告所引用臺中高等行政法院98年度再字第8號、98年度訴更一字第17號判決、最高行政法院94年度判字第1615號、98年度判字第1310號判決等，並非判例，依臺灣省財政廳55年1月11日財稅法字第91318號令意旨，行政法院之判決未核定為判例者不得驟以判例援用。依財政部96年11月26日臺財稅字第09604560030號令之意旨，凡經收錄於上開彙編而屬前臺灣省政府財政廳及臺灣省稅務局發布之釋函，亦可繼續援引適用規定，被告有遵守之義務竟不遵守，而予於援用，作為答辯基礎，違背上級機關之命令，應有可議。何況，本案與該判決案例法律事實云迥不相同，自無許被告援引適用之餘地。

（八）司法院大法官會議第537號解釋，固認：「……有關課稅要件事實，多發生於納稅義務人所得支配之範圍，稅捐稽徵機關掌握困難，為貫徹公平合法課稅之目的，因而課納稅義務人申報協力義務……」云云，乃以課稅要件事實發生於納稅義務人所得支配之案件為限，例如房屋使用變更，依立法院通過，總統公布之房屋稅條例第15條第2項第2款規定，同條例第7條

規定，當事人須負申報義務，始足當之，而符租稅法律明文原則。農業用地被拍賣移轉，乃國家運用公權力實現當事人私法上權利，其課稅要件事實非發生於納稅義務人所得支配之範圍，自無司法院大法官會議第537號解釋適用之餘地，行為時土地稅法施行細則第58規定、行為時農業發展條例施行細則第15條規定，非立法院通過，總統公布之法律，最高行政法院80年6月份庭長評事聯席會議決議明文釋示，施行細則並非發生免稅效果之規定。故被告應舉證證明立法院通過，總統公布之法律有明文規定行為時農業發展條例第27條之免稅，須經人民申請，稽徵機關始得作成免稅之行政處分，否則，當初依一般稅率函請執行法院代為扣繳，即屬適用法律錯誤。

（九）至被告主張無可歸責云云，最高行政法院80年6月份庭長評事聯席會議決議及財政部90年8月13日臺財稅字第0900455007號函釋，已規定不須申請而當然發生免稅效果，是被告於系爭土地被拍賣時，就符合免稅要件之系爭土地不予免稅，致納稅義務人田振隆溢繳稅額，當然有可歸責之原因，均足見被告之主張有不當，又原告並非行使免稅權，亦非行使退稅權，更非就已確定之核課稅捐而爭議，是訴願決定之基礎認事用法有不當，則訴願決定機關就原告請求被告履行公法義務之權利未論斷，而以其他事由為「訴願不受理」之決定，顯屬訴外決定而有不當，請一併撤銷之，用臻適法。

（十）行為時法律上所謂「農業用地」，參照司法院大法官會議第566號解釋：「所稱『農業用地』，依同條例第三條第十款規定，指『供農作、森林、養殖、畜牧及與農業經營不可分離之農舍、畜禽舍、倉儲設備、曬場、集貨場、農路、灌溉、排水及其他農用之土地』，立法者並未限定該土地須經依法編定為一定農牧、農業用途或田、旱地目，始為農業用地，惟基於法律適用之整體性，該土地仍須以合法供農用者為限，而不包括非法使用在內」所示，足見所謂農業用地不必編定為農牧用地或田、旱地目土地；另依財政部87年10月29日臺財稅字第

871971889號函釋意旨，所稱「農業用地」，不包括已依法編定為非農業使用在內者（原告誤載）；依據財政部94年11月16日臺財稅字第09404580550號令主旨，因違反司法院大法官會議第566號解釋，不再援引適用。據此以論，行為時（84年時）所謂農業用地，指農業發展條例第3條第10款所規定，指「供農作、森林、養殖、畜牧及與農業經營不可分離之農舍、畜禽舍、倉儲設備、曬場、集貨場、農路、灌溉、排水及其他農用之土地，不以該土地須為經依法編定為一定農牧、農業用途或田、旱地目」為限。易言之，凡直接生產用地，未被認定為荒地，即為農業用地，此相互參照土地法第2條、第88條規定益明。固此，被告認「特定農業區甲種建築用地」，與司法院大法官會議第566號解釋意旨不合。

（十一）本案最主要之爭點，究系爭2筆土地是否符合免稅要件？若不符合免稅要件，被告依一般稅率課徵土地增值稅即無違誤，被告即不負作成退還溢繳稅額之義務；若系爭2筆土地符合免稅要件，被告依一般稅率課徵土地增值稅即有違誤，應依原告申請退還納稅義務人所溢繳稅額。而當初被告係依一般稅率計課土地增值稅，自應就系爭2筆土地依一般稅率計課土地增值稅之課稅事實負舉證責任，此參稅捐稽徵法第12條之1：「涉及租稅事項之法律，其解釋應本於租稅法律主義之精神，依各該法律之立法目的，衡酌經濟上之意義及實質課稅之公平原則為之。」稅捐稽徵機關認定課徵租稅之構成要件事實時，應以實質經濟事實關係及其所生實質經濟利益之歸屬與享有為依據。前項課徵租稅構成要件事實之認定，稅捐稽徵機關就其事實有舉證之責任規定益明。因此，請令被告舉證明系爭2筆土地非農業用地之證明。

（十二）綜上所述，系爭土地符合行為時農業發展條例第27條及土地稅法第39條之2第1項規定免徵土地增值稅，被告即有依法作成免徵土地增值稅之義務而不為，竟駁回原告之申請，其認事用法有不當。為此，原告依據行政訴訟法第4條第1

項及第5條第2項規定提起本件撤銷訴訟及課予義務訴訟，
並聲明求為判決：

1. 訴願決定及原處分關於否准退還訴外人田振隆所有於84
年間經執行法院拍賣系爭土地2筆所溢繳土地增值稅部分
均撤銷。

2. 被告應依判決之法律上見解，對於訴外人田振隆所有上
開土地作成退稅之行政處分，並自拍定人代為繳納稅款
之日起算，至填發收入退還書或國庫支票之日止，按更
正稅額，依代為扣繳稅款之日郵政儲金匯業局之一年期
定期存款利率，按日加計利息，將溢繳稅款退還法院重
新分配等事項，作成決定。

3. 訴訟費用由被告負擔。

四、被告則以：

（一）原告係不服被告98年11月23日中縣稅土字第098054901號函所
為之處分提起訴願，嗣臺中縣政府訴願會以上開處分非屬行政
處分予以訴願不受理之決定，合先敘明。

（二）本案為訴外人田振隆所有之系爭土地，於84年10月18日經臺
灣臺中地方法院拍賣，雖原告主張系爭土地符合行為時土地稅
法第39條之2第1項規定免徵土地增值稅，惟其並未依行為時
同法施行細則第58條規定檢附相關文件供核，是該項申報義
務參照司法院釋字第537號解釋，課稅要件事實，多發生於納
稅義務人所得支配之範圍，稅捐稽徵機關掌握困難，為貫徹公
平合法課稅之目的，因而課納稅義務人申報協力義務。查系爭
土地移轉時，原告未依規定檢附符合免徵土地增值稅之有關文
件，稽徵機關依據法院拍賣通報資料依法核課稅捐，即難歸
責稽徵機關有核課錯誤情事。又被告曾就本案以98年6月23日
中縣稅土字第0983051823號函報請財政部核示，經該部以98
年11月10日臺財稅字第09800240170號函釋，應參照財政部98
年10月23日臺財稅字第09800238260號函辦理，依上開函釋意
旨，本案有無稅捐稽徵法第28條第2項規定之適用，應於土地

移轉時，納稅義務人是否依規定檢附相關證明文件供核，因本案原告未於系爭土地拍賣當時（84年）提供免徵土地增值稅之文件供核，非屬可歸責於政府機關之錯誤，自無該法之適用。

（三）另依臺灣省臺中縣土地登記簿，臺中縣后里鄉○○段137-6地號土地於拍賣當時屬特定農業區之甲種建築用地，非屬農業用地，無行為時土地稅法第39條之2適用。

（四）原告以訴外人田振隆之債權人身分，向被告申請於84年10月18日經臺灣臺中地方法院拍賣之系爭土地，改依行為時土地稅法第39條之2第1項規定免徵土地增值稅，其可否以債權人身分代替納稅義務人田振隆行使請求免徵土地增值稅之公法上權利？依最高行政法院80年6月份庭長評事聯席會議決議，原告以債權人身分代替納稅義務人申請免徵土地增值稅，僅為促使被告注意，原告並無代位行使權，原告申請系爭土地免徵土地增值稅，顯為當事人不適格（參照臺中高等行政法院98年度再字第8號判決、最高行政法院94年度判字第1615號判決），另參照最高行政法院98年度判字第1310號及臺中高等行政法院98年度訴更一字第17號判決，行為時土地稅法第39條之2所保護者為土地原所有權人及新所有權人之財產權，與原所有權人之債權人（即原告）無涉，雖土地增值稅之課徵，會影響債務人之償債能力，但土地稅法第39條之2之規範目的與債權人財產權之保護無關，是原告亦無行政訴訟法第5條第2項所得主張應受保護之權利。

（五）本案係法院拍賣案件，土地增值稅依稅捐稽徵法第6條規定，係由臺灣臺中地方法院於拍定或承受後5日內，將拍定或承受價額通知被告核課，並非如一般土地買賣由義務人與權利人共同申報移轉現值課徵，是被告於核定稅額當時，法院未檢送有關證明文件，無資料可憑以免徵土地增值稅，亦無逕自作成免徵土地增值稅之權責。又查系爭土地拍定人並非趙○慶，是原告所稱拍定人趙○慶檢附自耕能力證明書拍定取得所有權，為

被告所自承乙節，非屬事實。至原告主張被告以94年5月23日中縣稅土字第0940015210號函同意陳○錫以債權人身分向被告申請免徵土地增值稅案件，經查該案非屬農業用地移轉申請免徵土地增值稅案件，與本件情形不同，原告不得主張平等原則。

（六）又系爭土地拍賣當時，修正前稅捐稽徵法第28條業已明定，納稅義務人對於因適用法令錯誤或計算錯誤溢繳之稅款，得自繳納之日起5年內提出具體證明，申請退還，惟案外人田振隆並未補申請免徵土地增值稅，且原告遲於93年始向被告申請免徵土地增值稅並要求退稅，依修正前稅捐稽徵法第28條規定及財政部95年12月6日臺財稅字第09504569920號令釋，已逾5年除斥期間，退稅請求權已消滅（參照最高行政法院94年度判字第1302號判決）。嗣原告復於98年以新修正稅捐稽徵法第28條規定，請求被告重新辦理退稅，經被告向財政部請示，本案是否屬新修正稅捐稽徵法第28條第2項之稅捐稽徵機關適用法令錯誤、計算錯誤或其他可歸責於政府機關之錯誤案件，財政部以98年11月10日臺財稅字第09800240170號函釋，應參照98年10月23日臺財稅字第09800238260號函辦理，即本案有無新修正稅捐稽徵法第28條第2項規定之適用，應視土地移轉當時，納稅義務人是否依規定檢附相關證明文件供核，因被告於核定稅額當時，訴外人田○隆未依行為時土地法施行細則第58條規定，檢具資料向被告申請免徵土地增值稅，嗣後亦未補申報，法律亦無規定被告須通知訴外人田○隆，是被告當時按一般稅率核課土地增值稅，依法有據，被告並無錯誤，本案無新修正稅捐稽徵法第28條第2項之適用，原告主張，核無可採。

（七）綜上所述，原告之訴實無理由等語，資為抗辯。並聲明求為判決駁回原告之訴。

五、上開事實概要欄所述之事實，除原告後列之爭點事項外，其餘為兩造所不爭執，並有臺中縣稅捐稽徵處95年10月23日中縣稅土字第

0953053941號函、財政部98年10月23日臺財稅字第09800238260號函、財政部98年11月10日臺財稅字第09800240170號函、被告98年11月23日中縣稅土字第098054901號函、被告98年6月2日中縣稅土字第0983051548號函、原告98年3月6日退稅申請書、原告93年12月30日退稅申請書、農業用地移轉免徵土地增值稅申請書、臺灣省臺中縣土地登記簿、臺灣臺中地方法院民事執行處強制執行金額計算書分配表、送達證書戶籍資料、被告98年6月15日談話紀錄等件附卷可稽，為可確認之事實。

六、本件兩造之爭點在於原告有無權利代位訴外人田振隆要求被告依土地稅法第39條之2第4項規定課徵土地增值稅之公法上權利及被告否准原告之申請，原告是否因之受有權利或法律上利益之損害，為本件爭執所在。經查：

（一）按行政訴訟法第5條規定：「人民因中央或地方機關對其依法申請之案件，於法令所定期間內應作為而不作為，認為其權利或法律上利益受損害者，經依訴願程序後，得向高等行政法院提起請求該機關應為行政處分或應為特定內容之行政處分之訴訟。人民因中央或地方機關對其依法申請之案件，予以駁回，認為其權利或法律上利益受違法損害者，經依訴願程序後，得向高等行政法院提起請求該機關應為行政處分或應為特定內容之行政處分之訴訟。」經查，本件原告於準備期日經合法通知無故不到場，惟依其書狀記載「原告所為之申請，為依法申請之案件，且稅捐稽徵法第28條第2項規定之退稅復為被告之義務，被告之處分復有撤銷之法律上原因，故請令依申請履行公法上義務，作成免稅、退稅行政處分，以臻適法。」等語，及聲明請求判命被告作成免徵及退還土地增值稅之行政處分而言，本件在程序面上，顯係以行政訴訟法第5條規定為基礎，合先敘明。

（二）次按「依農業發展條例第二十七條之規定（按指89年1月26日修正前之條文，相當於行為時土地稅法第三十九條之二第一項）合於該條所定免稅要件者，當然發生免稅效果，本無待人

民之申請。同條例施行細則第十五條規定並非關於發生免稅效果之規定。抵押權人（債權人）代位債務人（原土地所有人）申請，僅在促使稅捐稽徵機關注意，不得對土地課徵土地增值稅而已，並非代位債務人行使要求免稅之權利，不生可否行使代位權之問題。」業經最高行政法院80年6月12日庭長評事聯席會議決議在案。足見，債權人並無請求稅捐稽徵機關依土地稅法第39條之2第4項規定課徵土地增值稅之公法上權利。另上開行政訴訟法第5條第2項規定，人民因中央或地方機關對其依法申請之案件，予以駁回，認為其權利或法律上利益受違法損害者，經依訴願程序後，得向高等行政法院提起請求該機關應為行政處分或應為特定內容之行政處分之訴訟。其中，所謂「權利」係指所有法秩序（包含憲法有關基本權之規定）認為值得保護，且得以個別化之利益而言。因此原告是否有得以依行政訴訟法第5條第2項主張之權利，即可理解為：有無原告所主張保護其利益之法規範存在。換言之，本件關於原告是否得以債權人之身分為債務人主張土地稅法第39條之2之稅捐優惠之主張，應觀察土地稅法第39條之2所欲保護之對象是否可以涵蓋債權人而定。惟按，土地稅法第5條第1項第1款規定：「土地增值稅之納稅義務人如左：一、土地有償移轉者，為原所有權人……。」第28條前段規定：「已規定地價之土地，於土地所有權移轉時，應按其土地漲價總數額徵收土地增值稅。」又土地價值非因施以勞力資本而增加者，應由國家徵收土地增值稅，歸人民共享之，憲法第143條第3項揭示甚明。是土地增值稅應依照土地自然漲價總數額計算，向獲得其利益者徵收，始符合漲價歸公之基本國策及租稅公平之原則。而土地稅法第39條之2第1項規定在一定條件下，農地所有人移轉農地所有權可以免徵土地增值稅，係為獎勵農地農用而規定之稅捐優惠措施。但此一優惠措施並非土地原所有人單方即可使優惠之要件合致，此由該條第1項後段規定「移轉與自行耕作之農民繼續耕作者」始符合免徵之要件，即可得知：是否

可以免徵，繫乎土地承受人是否具備自耕農身分，及將來是否繼續耕作等二條件而定。更有甚者，同法第55條之2復規定：「依第三十九條之二第一項取得之農業用地，取得者於完成移轉登記後，有左列不繼續耕作情形之一者，處以原免徵土地增值稅額二倍之罰鍰，其金額不得少於取得時申報移轉現值百分之二：一、再移轉與非自行耕作農民。二、非依第二十二條之一規定之各項原因，閒置不用者。三、非依法令變更為非農業用地使用。」申言之，前手土地所有人如享移轉免徵增值稅之優惠者，其後手所有人對該土地之使用權將受限制，故前手之免徵土地增值稅自應得後手承受人之同意。雖土地稅法第55條之2：「依第三十九條之二第一項取得之農業用地，取得者於完成移轉登記後，有左列不繼續耕作情形之一者，處以原免徵土地增值稅額二倍之罰鍰，其金額不得少於取得時申報移轉現值百分之二：一、再移轉與非自行耕作農民。二、非依第二十二條之一規定之各項原因，閒置不用者。三、非依法令變更為非農業用地使用。」業於89年1月26日修正土地稅法時被刪除，而代以土地稅法第39條之3，但本件土地之移轉既發生於84年間，其是否符合免徵之要件，自應以應課徵土地增值稅時，即土地移轉時為準，與事後土地稅法第55條之2是否刪除無涉。準此，土地稅法第39條之2所保護者為土地轉讓相關權利人及義務人之財產權，其延伸配套之土地稅法第55條之2在保護土地稅法第39條之2稅捐優惠所擬達到之農地農用之公共利益，均與土地轉讓義務人之債權人無涉，前手所有人是否免徵土地增值稅，固然在事實上可能或多或少會影響其作為債務人之償債能力，但土地稅法第39條之2之規範目的實與如本件自稱為債權人之原告財產權之保護無關，故原告並無行政訴訟法第5條第2項所得主張應受保護之權利及法律上利益。

（三）至於原告援引財政部89年8月1日臺財稅字第0890455206號函釋意旨主張債權人可申請免徵土地增值稅，及援引財政部93年12月14日臺財稅字第0930456294號函釋意旨，主張退稅款

係屬拍賣所得價金之一部，應交由執行法院重行分配給債權人等云。然查，上開財政部89年8月1日臺財稅字第0890455206號函釋係謂：「主旨：土地稅法第三十九條之二修正公布生效日（八十九年一月二十八日）前，經法院拍賣之農業用地，應以拍定日為適用新舊法規之基準日，即拍定日於八十九年一月二十七日之前者，適用修正前之規定；於同年月二十八日之後者，適用修正後之規定。請查照。說明：一、復貴處八十九年七月五日八九投稅財字第三七五五三號函。二、本案納稅義務人陳○盛君所有座落名間鄉○○段第一二二八之三地號土地於八十九年一月十九日經台灣南投地方法院民事執行處拍賣，嗣債權人蔡○碧君檢附『自耕能力證明書』於八十九年六月二十九日向貴處申請不課徵土地增值稅。查上開經法院拍賣之農業用地，係於土地稅法第三十九條之二修正公布生效日之前即經拍定在案，應適用修正前之規定，如經審查符合修正前土地稅法第三十九條之二及有關規定者，依本部八十二年六月十七日台財稅第八二一四八八五七五號函釋規定，應准予免徵土地增值稅。」其有關「債權人蔡○碧君檢附『自耕能力證明書』於八十九年六月二十九日向貴處申請不課徵土地增值稅」等敘述（即說明2部分），業經財政部為局部刪除。且該段函文內容僅在描述案情經過時，述及該案係由債權人提出申請，並未肯認債權人有請求稅捐稽徵機關依土地稅法第39條之2第4項規定課徵土地增值稅之公法上權利。另外，財政部93年12月14日臺財稅字第0930456294號函釋係謂：「一、法院拍賣土地之價款，已扣繳土地增值稅，嗣後如有就該拍賣土地申請適用減免、自用住宅用地稅率及不課徵土地增值稅，致有應退還之稅款時，該退稅款係屬拍賣所得價金之一部，應交由執行法院重行分配給債權人。二、本部九十一年一月三日台財稅字第○九○○四五四一二二號函，停止適用。」並未闡釋債權人有請求稅捐稽徵機關依土地稅法第39條之2第4項規定課徵土地增值稅之公法上權利。況且，上開函釋為行政機關依其職權

　　　　　　所為之解釋函令，對法院之判決並無拘束力，尚難執此據認原
　　　　　　告有起訴之利益。

七、綜上所述，本件原告起訴所為之聲明及主張欠缺權利保護要件，而無
　　訴之利益，在法律上顯無理由，應以判決駁回之。又本件原告之訴既
　　有上開顯無理由之原因，應予駁回，已如前述，則其餘實體上之主
　　張，即毋庸再予詳究，併予敘明。

據上論結，本件原告之訴為顯無理由，爰依行政訴訟法第107條第3項、
第98條第1項前段，判決如主文。

中　　華　　民　　國　　99　　年　　8　　月　　23　　日
　　　　　　　臺中高等行政法院第二庭
　　　　　　　　　　　審判長法　官　　胡○○
　　　　　　　　　　　　　法　官　　林○○
　　　　　　　　　　　　　法　官　　劉○○

以上正本證明與原本無異。

如不服本判決，應於判決送達後20日內向本院提出上訴書狀，其未表明
上訴理由者，應於提起上訴後20日內向本院提出上訴理由書（須依對造
人數附具繕本）；如於本判決宣示或公告後送達前提起上訴者，應於判決
送達後20日內補提上訴理由書（須附繕本）。未表明上訴理由者，逕以
裁定駁回。

中　　華　　民　　國　　99　　年　　8　　月　　27　　日
　　　　　　　　　　書記官　　蔡○○

裁判三：單純的撤銷

臺北高等行政法院判決　　　　　　　　　　99年度訴字第38號
　　　　　　　　　　　　　　　　　　　　99年4月22日辯論終結

原　　　　告　　○○股份有限公司
代　表　人　　甲○○
訴訟代理人　　蔡○○　　律師
　　　　　　　鍾○○　　律師
　　　　　　　王○○　　律師

被　　告　財政部臺灣省北區國稅局
代 表 人　乙○○（局長）住同上
訴訟代理人　丙○○
上列當事人間營利事業所得稅事件，原告不服財政部中華民國98年11月9日台財訴字第09800453990號（案號：第○○○○○○○號）訴願決定，提起行政訴訟，本院判決如下：
　　主　文
訴願決定及原處分（含復查決定），均撤銷。
訴訟費用由被告負擔。
　　事　實
一、事實概要：
　　緣原告民國（下同）95年度營利事業所得稅結算申報，原列報其他損失新臺幣（下同）32,485,656元，被告機關初查以系爭損失源於會計師帳外調增以前年度業務人員詐欺侵占貨物，惟該詐欺案業經司法單位認定直接證據不足，乃為公司控管疏失所致，否准認列為公司經營本業之損失，核定其他損失為0元，應補稅額8,121,413元。原告不服，申請復查，未獲變更，提起訴願遭決定駁回，遂提起本件行政訴訟。
二、兩造聲明：
　　（一）原告聲明求為判決：1.訴願決定、原處分（含復查決定）均撤銷。
　　　　　　　　　　　　　　　2.訴訟費用由被告負擔。
　　（二）被告聲明求為判決：1.駁回原告之訴。
　　　　　　　　　　　　　　　2.訴訟費用由原告負擔。
三、兩造之爭點：被告否准認列系爭其他損失32,485,656元，核定其他損失為○○元，應補稅額8,121,413元，是否適法？
　　（一）原告主張之理由：
　　　　　1. 依照營利事業所得稅查核準則第103條規定，原告得將其損害列為其他費用之損失。
　　　　　2. 原告財產損失部分：本件確符合財產損失無法追回之要

件,是原處分及訴願決定有違誤,應予撤銷:

(1)被告曾稱:「黃○○君之友人賴○○君及買主張○○已分別由檢察官另案偵查中,系爭貨品及貨款並非無法追回或求償,其實際損失尚未確定,尚難比附援引首揭函釋而據為要求認列系爭其他損失」云云。

(2)經查,原告曾提示「損失清單」(原處分卷564頁),系爭損失清單上列有「帳款日期、銷貨單號、訂單編號、帳款單號、交易幣別與台幣金額以及各該產品之成本」,不論是交易單據或其成本,均詳如清單,此確係因原告公司職員造成之貨款損失,且確實有無法追回之情事。

(3)次查,「張○○並將其中11箱產品委由快遞公司寄回台灣,輾轉寄放於台北市內湖區○○○道○段285之1號炬翔空運公司而為警查獲,……上開電子零件11箱扣案足資佐證。……是經由被告黃○○所售予證人張○○之上開電子產品,確原係告訴人公司所有而遭詐騙之贓物之事實,亦堪認定。」台灣板橋地方法院95年度易字第1280號判決(原證1第6頁)。

(4)原告除僅能透過前述刑事程序中輾轉了解扣押物概況,亦曾函詢承辦該案執行之台灣板橋地方法院檢察署是否得聲請發還扣押物(原證13),然因他案賴○○仍由檢察官另案偵查通緝中(原證1),有關扣押物部分則不在台灣板橋地方法院檢察署的執行範圍,此有台灣板橋地方法院檢察署板檢慎丁99執聲他1496字第09597號函為證(原證14)。

(5)故原告總損失,如損失清單所列,然其中有少許11箱已遭檢方扣押,自95年迄今,「業經5年」亦有損失極難已追回之情事,故可認就此11箱貨款損失部分已無法追回之,是以被告認此部分尚可能追回,無異昧於現實,更罔顧納稅義務人之權利保護。

(6)是以，本件確有無法追回之事實，是以實際損失已確定，原處分及訴願決定均有違誤，應予撤銷。

3. 原告之系爭損失非為內部控管疏失所致

(1)系爭貨款損失與經營本業及附屬業務有相當因果關係按營利事業所得稅查核準則第62條規定，「經營本業及附屬業務以外之費用及損失，不得列為費用或損失。」次按，「所謂『經營本業及附屬業務』者，係指『經營之業務之一』、『本身之業務』及『與業務有關』而言，本院58年判字第211號著有判例。」73年判字第413號判例可參。查原告之經營本業即是辦理電子材料買賣業務（原證12）；又本件原告遭受詐騙之內容即是積層電容及鉭質電容等電子零件、材料買賣之貨款損失，當與經營本業確切相關，是以，系爭貨款損失與經營本業及附屬業務有相當因果關係，並無爭議，先予敘明。

(2)原告與光寶集團向例均有交易往來且系爭交易過程業已盡相當注意義務，並無被告所謂之內部控管疏失，是原處分及訴願決定有違誤，應予撤銷：

訴願決定書以，「未有買賣雙方以公司名義簽定並蓋印公司、負責人印章之合約書及收取訂金，亦未積極向旭基公司確認渠等2人之身分及進行調查買方營業狀況、債信等徵信工作，且未指派人員至貨品運送地點與對方當面清點交貨，顯未善盡內部控管之注意，依最高行政法院90年判字第301號判決意旨，系爭損失係因訴願人內部控管疏失造成之損失，非業務上必要之支出，原查否准認列並無不合」云云。

原告與光寶集團向例均有交易往來

(甲)查原告與素有往來廠商之交易模式：與素有往來的客戶，原告並不收取訂金；至於第一次往來之客戶，則需視客戶公司資本額大小而定，資本額大的客戶則可先出貨並不收訂金；資本額小的客戶則請客戶先付清

貨款後始出貨。此外,原告基本上並不再以公司名義與客戶簽訂採購簽約,而係由客戶直接下訂單,再依訂單出貨。上述所言為原告一般進出口交易模式。

(乙)本案原告與光寶集團向例均有交易往來,有「內政部警政署刑事警察局偵查報告」(原證7)、案發當時原告負責接洽交易之員工趙培泰之口供「由於旭麗電子是台灣光寶集團(LITEON)的附屬公司,亦是我們的大客戶,我們每個月跟LITEON的交易額是大約一百多萬美元。」(原證9)等。

(丙)因此,本件原告與素有往來的光寶集團之旭麗公司,「無須」收取訂金與簽訂採購簽約,而係由客戶直接下訂單,再依訂單出貨。

(丁)查內政部警政署刑事警察局偵查報告中指出「該公司(指中中股份有限公司)與光寶集團本有生意往來,詐騙集團所持名片及所傳真之訂購單樣式亦完全相同」(原證7:內政部警政署刑事警察局偵查報告)。

(戊)又查,香港警務處2005年9月20日趙培泰口供/報告稱:「台灣及深圳的電子材料銷售員都知道LITEON光寶屬下有以上兩間公司(指旭基有限公司及旭麗電子(廣州)有限公司),而它們均是以電子零件買賣的。」(原證8第11頁)

(己)又香港警務處2005年11月22日趙培泰口供/報告:「由於旭麗電子是台灣光寶集團(LITEON)的附屬公司,亦是我們的大客戶,我們每個月跟LITEON的交易額是大約一百多萬美元。」(原證9)。

(庚)依上開證物均顯示原告與光寶集團有經常往來交易事實,系爭交易非雙方首次交易,且光寶集團所屬的旭基公司與旭麗公司為業界(含原告自身)所熟知

原告於交易過程中,已確認交易對象是否為虛設行號,

已盡相當注意查證義務

(甲)查香港警務處2005年9月20日趙培泰口供／報告：
「於2005年4月中，深圳分公司業務主任陳菊強接到
一個電話，有一名女子自稱是LITEON集團，她表示
在旭基公司的電腦中查閱得到『合格供應編碼』，即
是Vendorcode，才連絡我們，而她就是旭基有限公司
新成立分公司的採購員，她的分公司名稱叫旭麗電子
（廣州）有限公司，她並表示其公司需要向我的公司
訂購電子零件，並相約到廣州市見面。因我公司曾於
2005年2月份或3月份的時間與LITEON集團旗下建興
公司有生意往來，我曾經去過這間公司及見到旭麗電
子（廣州）有限公司在旁邊，所以我知道這間公司之
地址是在廣州市天河區，廣州科學城光譜西路光寶科
技園。」（原證8）

(乙)次查，趙培泰訊稱：「大約在3至4天之後，日期好
像是2005年4月20日，……，我與業務主任陳菊強從
深圳乘坐公司車輛前往廣州光譜西路的旭麗電子（廣
州）有限公司與她們的採購員見面」「同日下午三時
左右，我與陳菊強到達廣州科學城光譜西路的旭麗電
子（廣州）有限公司。我見該公司外面牆壁上有幾間
公司名稱，……而全部公司名稱都是用立體字釘在牆
上，『旭麗』就是其中一間公司。」（原證8）

(丙)復查，趙培泰續稱：「到達後見該公司大門旁邊有
一間接見室，……該名女子我們進入接見室等候，
因為她正外出返公司。於是我和陳菊強行入該間接
見室，室內有些座位，亦有其他人等候，我見有
穿LITEON制服的員工。大約五分鐘之後，我見一
名身穿LITEON集團的灰色恤衫女子從街外行入接
見室……」「該名女子行到我們身旁，我就起來拿
出名片，並互相交換名片，我見該名女子的名片係

LITEON旭麗電子（廣州）有限公司並印有吳曉文的名字。」（原證8）

(丁)是以，原告於交易時曾至旭麗公司接洽商談雙方交易，已有依雙方過去交易慣例確認交易公司是否存在，已盡一般商業交易上應有之注意義務。

原告出貨方式係依一般商業交貨習慣及雙方過去交易慣例進行，也即公司憑報關行及快遞公司之簽收單，即可知悉貨物是否有人點收

(甲)查依據一般商業交貨習慣及雙方過去交易慣例，與原告出貨流程作業，原告於接獲訂單出貨時，皆是委託報關行或委由快遞公司，直接將貨物送達至客戶（即買方）所指定之地點，原告憑報關行及快遞公司之簽收單，即可知悉貨物是否有人點收。

(乙)本件訂單原告依一般商業交貨習慣及雙方過去交易慣例之方式，並無派遣人員隨貨當面清點所交付之貨物，係由報關行及快遞公司之簽收單，知悉貨物是否有人點收。

(丙)因此原告已盡一般商業實務所能之注意義務，至於報關行及快遞公司之送貨作業、是否能確信收件人身分等，已非原告所能注意之範疇，且光寶集團非原告首次交易對象，原告依雙方交易慣例辦理，故原告無內控疏失，而未盡詳細查核之情事，僅係遭受詐騙而產生貨物損失。

(3)原告與系爭往來光寶集團之旭基公司之付款方式：查，原告與光寶集團向例均有交易往來，系爭交易非雙方首次交易。是以，系爭交易付款方式均依雙方交易往來慣例辦理：交貨日起算120天（4個月）到期還款方式，並自動電匯入原告之帳戶內。（原證7：內政部警政署刑事警察局偵查報告第2頁）（原證10：內政部警政署刑事

警察局94年11月6日甲○○警訊調查筆錄第3頁）（原證
11：內政部警政署刑事警察局94年10月21日趙培泰警訊
調查筆錄第3頁），然於客戶應付款日，卻未見匯入任何
款項，原告亦立即調查與報案，上揭事實業經台灣板橋
地方法院以95年度易字第1280號所採信（原證1：95年度
易字第1280號判決書，第4頁），是以，原告依雙方交易
慣例及商業慣例處理雙方交易，系爭交易未有內控疏失
之情形。

(4)綜上所述，此係原告與素有一般進出口交易模式，符合
內部控管注意。被告昧於相關產業之頻繁往來交易之慣
例事實，且不區分客戶類型有不同認定基準，而一概以
事後諸葛之後見之明，想像之交易模式及查核方式，認
定原告顯未善盡內部控管之注意而否准原告認列其他損
失，是系爭原處分有違誤，應予撤銷。

4. 本件系爭貨物遭原告及真實姓名及年籍不詳自稱「吳曉
文」及「林金生」之第三人共同詐騙(1)被告及訴願決定
書均肯認吳佰芳及黃○○曾為原告之職員，為兩造不爭事
實查被告曾稱「黃○○原為申請人派駐中國大陸深圳分公
司光航公司之業務經理」、「黃○○於牙保贓物時已非申
請人之職員」（參復查決定書第5頁），又訴願決定書稱
「本件系爭貨物遭……，並非『其職員吳佰芳』及『離職
人員黃○○』所詐騙，為不爭之事實」（訴願決定書第5
頁至第6頁）。又查台灣高等法院刑事判決中，「黃○○
原為被害人中中股份有限公司派在中國大陸深圳分公司光
航公司之業務經理」、「被告吳佰芳原為告訴人中中公
司關係企業派在中國大陸上海之業務經理」（原證2之第
2頁）是以，被告及訴願決定書均肯認吳佰芳及黃○○曾
為原告之職員，為不爭之事實，先予敘明。(2)吳佰芳及
黃○○於原告受詐騙期間仍為原告之職員黃○○部分：查
原告於94年4月24日至同年7月14日止，遭人假冒與原告素

有往來的大陸地區旭基有限公司之採購專員、產品經理名義，向原告詐騙取得系爭電子零件產品（原證1：95年度易字第1280號判決）。又台灣板橋地方法院檢察署95年6月20日偵查庭訊問趙培泰（案發當時原告負責接洽交易之員工）之筆錄，「檢察官問：本案發生後黃、吳是否離開公司？答：下訂單時該二人尚未離開公司」（原證3筆錄第3頁），另台灣板橋地方法院檢察署95年5月15日偵查庭訊問黃○○時之記載，「檢察官問：之前是否在中中公司任職？答：有，91年4月至94年10月，是在中國大陸深圳分公司，是業務經理，管理員工及開發市場是我的工作。產品是電容電阻。」（原證4筆錄第1頁）是故，原告94年4月至7月間遭黃○○等人共同詐欺期間，黃○○仍係原告之在職員工。吳佰芳部分：查凱悌股份有限公司（下稱凱悌公司）對中中公司持股達84%，又凱誠貿易有限公司係凱悌公司在上海之公司（原證5：94年度詐欺交易關係人結構圖）。次查，95年5月29日內政部警政署刑事警察局偵七隊調查訊問吳佰芳之筆錄記載，「問：你於何時前往大陸地區工作？擔任何業務？答：我係於2001年2月12日前往大陸地區凱悌股份有限公司之上海凱誠公司（※公司後面名字忘記，全名好像是凱誠貿易有限公司）擔任業務經理，工作至去（2005）年8月31日離職。」（原證6筆錄第2頁）綜上所述，黃○○及吳佰芳係屬原告在職職員，且於原告於94年4月月24日至同年7月14日受黃○○及吳佰芳詐騙期間仍於原告公司任職。(3)在職員工黃○○夥同他人共同詐欺原告所販售電子零件產品之事實經過經查，原告申報32,485,656元為其營業損失，所持之證明文件包含台灣板橋地方法院95年度易字第1280號刑事判決（原證1）、台灣高等法院96年度上易字第59號確定判決（原證2），自判決書內得以知悉因原告之職員「黃○○」於擔任原告關係企業「光航國際貿易（深圳）有限公司」之業務

經理時，及「吳佰芳」擔任原告關係企業「香港駿大國際貿易公司」實際負責人及「上海北關電子貿易公司」業務經理時，黃○○等對原告公司電子零件產品買賣交易之市場程序具相當程度瞭解，與不明第三人（真實姓名年籍不詳，自稱「吳曉文」、「林金生」之人）假冒大陸地區旭基有限公司之採購專員、產品經理名義，共同違法詐騙原告之電子零件貨物。原告在職職員黃○○夥同其他第三人向原告派駐大陸深圳地區幹部訛稱採購積層電容及鉭質電容等電子零件，……假冒旭基股份有限公司名義出具之訂單（PurchaseOrder），向原告訂購積層電容及鉭質電容等電子零件，致使原告誤認確為素有交易往來客戶光寶集團下之旭基有限公司訂貨，而陷於錯誤，陸續自台灣中中股份有限公司出貨交付金額達美金118萬5922.92元之上開電子零件至黃○○等人指定位於香港地區之「STARCON」物流倉庫。嗣94年9月間，中中股份有限公司派駐大陸深圳地區主管屢次欲約見自稱「吳曉文」之人，但均無法得見，乃心生懷疑，再次至旭麗電子（廣州）有限公司（光寶集團旗下子公司）查詢，得知光寶集團中並無「吳曉文」之人，且至應付貨款日亦未見履行清償貨款，始知受騙之事實，」有刑事案件之95年度易字第1280號判決（原證1）可資為證。從上揭判決書所指事實，顯可知悉原告之貨款損失確實係遭黃○○等人「詐騙」所致，另依據司法實務以觀，詐欺罪之犯罪行為人未必與贓物罪之犯罪行為人同屬於一人，因此被告以本件系爭貨物遭真實姓名及年籍不詳之第三人所詐騙，並非其職員吳佰芳及離職職員黃○○所詐騙，因而否准原告之申請等云云，被告認定事實與檢察機關出示之上述證據不符，適用法令之違誤，應予以撤銷。(4)依法提出「警察機關之證明文件」即能認列其他損失即符合認列損失之標準，基於「舉輕以明重法則」，原告所提判決，應係足以認定原告受有損害，並符合認列損

失之標準，原處分及訴願決定均有違誤，應予撤銷。

按「其他費用或損失：……竊盜損失無法追回，經提出損失清單及警察機關之證明文件者，其未受有保險賠償部分。」依據營利事業所得稅查核準則第103條之規定，提出『警察機關之證明文件』即能認列其他損失即符合認列損失之標準。

本件原告申報32,485,656元為其營業損失，所持之證明文件包含台灣板橋地方法院95年度易字第1280號刑事判決（原證1）、台灣高等法院96年度上易字第59號確定判決（原證2），自判決書內得以知悉原告因職員「黃○○」假借擔任原告所屬關係企業業務經理之便；以及「吳佰芳」假借擔任原告所屬關係企業「香港駿大國際貿易公司」實際負責人，與「上海北關電子貿易公司」業務經理之便，夥同與不明第三人共同違法詐騙原告之電子零件貨物，致使原告受慘遭嚴重之詐騙損失，因此，原告自得據查核準則第103條第4款及解釋函令，將系爭金額認列其他損失。

而本件原告尚能提出刑事終局判決，證明系爭貨款遭不明第三人詐騙及業已銷贓，故系爭貨品及貨款均已無法追回。且依據上開查核準則規定，提出「警察機關之證明文件」即能認列其他損失，依據舉輕以明重之法理，原告能夠提出刑事被害之終局判決，亦應得認列損失。

5. 有關「公司資產或貨款遭公司職員詐騙或侵占」此一要件已敘明在職員工黃○○夥同他人共同詐欺原告所販售電子零件產品之事實經過。被告已肯認吳佰芳及黃○○為原告之職員，為兩造不爭事實，今卻反覆為相異之答辯，被告主張，顯不可採：

(1)查被告稱「吳佰芳於94年間曾任職於原告之母公司凱悌股份有限公司之子公司凱誠貿易有限公司，而黃○○則曾任職於原告之子公司光航國際貿易深圳有限公司，均非屬原告之職員」云云。

(2)承前所述，被告於作成處分當時，仍認吳佰芳為原告之職員，而黃○○則僅認為係原告離職員工，因此，就吳佰芳及黃○○兩人曾為原告員工此一要件並無爭議。是以，被告於答辯書之主張，不可採。

6. 本件個案事實與復查決定所援引之最高行政法院90年判字第301號判決有異：

(1)復查決定書援引最高行政法院90年判字第301號判決：「……因公司內部控管疏失，致原告之職員得利用職務之機會詐取銀行貸款並偽造支票之員工舞弊情形……，自難謂係經營本業及附屬業務所發生，……個人與原告間之內部關係，若因而致原告蒙受損害，亦僅對原告負賠償責任，不得以此項損害列報為公司經營本業之損失……。」此判決否准該案原告列為其他損失之請求，無非持以下理由為判決所憑之論據：1.因公司內部控管亦有疏失；2.因職員所為之犯行，係詐取銀行貸款及偽造支票，非公司經營本業及附屬業務所發生。

(2)然本件情形原告並已盡內部控管之注意並於察覺有異時隨即處理，法院亦於判決指出原告係遭黃○○等人所詐騙，因此原告之貨款損失並非原告有內部控管疏失所致。原告之經營本業即是辦理電子零件買賣業務；又本件原告遭受詐騙之內容即是電子零件買賣之貨款損失，當與經營本業確切相關，而與上揭最高行政法院90年判字第301號判決所認定之事實有異。是以原告應得以營利事業所得稅查核準則第103條規定，將系爭損害列為其他費用之損失。

7. 營利事業如有因公司遭受詐欺之犯罪行為，致公司受有損害，公司自得依照營利事業所得稅查核準則第103條規定，將其損害列為其他費用之損失

(1)按營利事業所得稅查核準則（下稱「查核準則」）第103條規定：「其他費用或損失：……（四）竊盜損失無法

追回，經提出損失清單及警察機關之證明文件者，其未受有保險賠償部分。……」

(2)次按「詐騙受損如具證明准列當年損失。貴公司成品144台被職員詐騙私運加工出口區外，為海關查獲將車貨沒收，該職員如經法院以詐欺罪判決徒刑確定有案，該項損失如無法追回，可提出法院判決確定書及海關證明文件，比照營利事業所得稅結算申報查核準則第103條第1項第5款（即現行準則為第2款第4目）之規定，列作為當年度損失。」、「公司貨款被職員侵占，如確因該職員逃匿無蹤，有部分無法追回，其未追回部分如能提出確實證明文據及法院通緝該職員之證明文件，可比照營利事業所得稅結算申報查核準則第103條第1項第5款規定，列作當年度損失；嗣後如經追回，應作為收回年度之其他收入列帳。」為財政部640808台財稅第35760號函（附件4）及財政部690225台財稅第31608號函（附件5）所明揭。

(3)查，本件原告申報32,485,656元為其營業損失，所持之證明文件包含台灣板橋地方法院95年度易字第1280號刑事判決（原證1）、台灣高等法院96年度上易字第59號確定判決（原證2），自判決書內得以知悉原告因職員「黃○○」假借擔任原告所屬關係企業業務經理之便；以及「吳佰芳」假借擔任原告所屬關係企業「香港駿大國際貿易公司」實際負責人，與「上海北關電子貿易公司」業務經理之便，夥同與不明第三人共同違法詐騙原告之電子零件貨物，致使原告受慘遭嚴重之詐騙損失，因此，原告自得據上揭條文及解釋函令，將系爭金額認列其他損失。

8. 綜上所述，本件原告已盡一切內部控管之注意，原告係遭受黃○○等人「詐騙」，因此原告之貨款損失並非原告有內部控管疏失所致。且原告之經營本業即是辦理電子零件

買賣業務；又本件原告遭受詐騙之內容即是電子零件買賣之貨款損失，當與經營本業確切相關，故原告確實有貨款損失32,485,656元，得以列報為「其他損失」，被告核定原告應補繳稅額8,121,413元，顯有違法之處。准判如訴之聲明，以維原告之權益。

（二）被告主張之理由：

1. 按「經營本業及附屬業務以外之損失……不得列為費用或損失。」為所得稅法第38所明定。次按「左列其他費用或損失，可核實認定……（四）竊盜損失無法追回，經提出損失清單及警察機關之證明文件者，其未受有保險賠償部分。」為營利事業所得稅查核準則第103條第2款第4目所規定。又「貴公司成品144台被職員詐騙私運加工出口區外，為海關查獲將車貨沒收，該職員如經法院以詐欺罪判決徒刑確定有案，該項損失如無法追回，可提出法院判決確定書及海關證明文件，比照營利事業所得稅結算申報查核準則第103條第1項第5款（現為第2款第4目）之規定，列為當年度損失。」「公司貨款被職員侵占，如確因該職員逃匿無蹤，有部分無法追回，其未追回部分如能提出確實證明文據及法院通緝該職員之證明文件，可比照營利事業所得稅結算申報查核準則第103條規定，列作當年度損失；嗣後如經追回，應作為收回年度之其他收入列帳。」為財政部64年8月8日台財稅第35760號函及69年2月25日台財稅第31608號函所明釋。

2. 原告係經營電子材料、設備批發業，95年度列報其他損失32,485,656元，被告初查以其簽證會計師查核報告雖載明系爭損失係以前年度發生業務人員詐欺侵占貨物，但當時尚未取具判決書，予以帳外調整減列，嗣經高等法院判決確定，95年度帳外調增32,485,656元，惟依臺灣板橋地方法院檢察署檢察官95年度偵字第14663號起訴書、臺灣高等法院96年度上易字第59號刑事判決及原告提示之律師事務所

受理案件說明書，該詐欺案經上開司法單位認定直接證據不足，僅能以媒介銷售贓物罪分別判處被告黃○○及吳佰芳連續牙保贓物罪及連續故買贓物罪，另原告說明系爭詐欺案件之銷貨流程為（一）收到業務自製之假客戶訂單；（二）業務指示出貨；（三）帳款逾期催收後發現問題，凍結出貨，並未提供銷貨相關客戶徵信、確認客戶及貨物運送簽收資料。參照最高行政法院90年度判字第301號判決意旨略以，因公司內部控管疏失……自難謂係經營本業及附屬業務所發生……個人與公司間之內部關係，若因而致公司蒙受損害，亦僅對公司負賠償責任，不得以此項損害列報為公司經營本業之損失，依前揭規定，系爭其他損失32,485,656元不予認列，核定0元。原告不服，申請復查經駁回，原告仍表不服，提起訴願復遭駁回。

3. 基於租稅法定原則，徵、免稅之法律效果未經法令明文規範或準用者，不容恣意擴充解釋。依首揭準則第103條第2款第4目規定，營利事業因財產遭「竊盜」致「損失無法追回」，經提出「損失清單及警察機關之證明文件」，且「未受有保險賠償部分」，始得列報損失，至該項損失以外之他項損失則非該法規適用之範圍，而首揭函釋僅針對營利事業遭職員詐騙或侵占貨品或貨款，致損失確實無法追回者，予以例外從寬認定，是營利事業遭職員以外之他人詐騙，尚無上開規定之適用。依原告提示94年度關係人結構圖（詳卷第807頁）及案關調查筆錄（詳卷第804頁及第805頁），吳佰芳於94年間曾任職於原告之母公司凱悌股份有限公司之子公司凱誠貿易有限公司，而黃○○則曾任職於原告之子公司光航國際貿易深圳有限公司，均非屬原告之職員。縱認吳佰芳及黃○○為原告之職員，惟渠等2人既經臺灣板橋地方法院檢察署檢察官以「並無證據證明被告2人確與該詐騙集團有犯意聯絡及行為分擔，尚難認定被告2人構成詐欺犯行」為由，獲不起訴處分在案，並另案以

連續牙保贓物罪及連續故買贓物罪提起告訴，經臺灣高等法院判處徒刑確定，渠等2人並無詐騙原告之情，本件尚無上開規定之適用已明。

4. 依刑法第14條闡釋過失之定義：「行為人雖非故意，但按其情節應注意，並能注意，而不注意者，為過失。行為人對於構成犯罪之事實，雖預見其能發生而確信其不發生者，以過失論。」原告訴稱其與光寶集團向例均有交易往來，系爭交易非雙方首次交易乙節，可知其對光寶集團內部人員或業務人員應有相當之認識，而系爭交易對象並非其熟識之人，理應加以注意，惟其竟無防範並確信無疑，僅憑真實姓名及年籍不詳，自稱「吳曉文」及「林金生」之系爭交易對象出具旭基公司之名片及傳真假冒該公司名義之訂單，即率爾將價值高達32,485,656元之系爭貨品全數出貨至買受人指定地點，對於雙方交易過程應行注意之查證及保全工作，其能注意，而不注意，實難謂已善盡內部控管應有之注意而無過失，是系爭損失既因原告內部控管疏失而造成，依首揭規定，核非屬經營本業及附屬業務必要之支出。

5. 綜上，吳佰芳及黃〇〇並非原告之職員，縱係原告之職員，惟渠等2人並未經法院以詐欺罪判決徒刑確定有案，且依案關調查筆錄內容，詐騙集團曾電告原告之總經理鄭凱倫表示欲歸還原告系爭貨品（詳卷第818頁），且買受人張〇〇購買之部分貨品已輾轉寄回臺灣，存放於臺北市內湖區〇〇〇道〇段285之1號「炬翔空運公司」並遭警查扣，相關貨款則依黃〇〇之指示匯入其帳戶或其指定之帳戶，而黃〇〇之友人賴〇〇及買主張〇〇已分別由檢察官另案偵查中，系爭貨品及貨款並非無法追回或求償，其實際損失尚未確定；又系爭損失係因原告內部控管疏失而造成已如前述，非屬經營本業及附屬業務必要之支出，被告復查決定及財政部訴願決定並無不合，請續予維持。本件原告

　　　　　之訴為無理由，請准如答辯之聲明判決。

理　由

一、按「經營本業及附屬業務以外之損失，或家庭之費用，及各種稅法所規定之滯報金、怠報金、滯納金等及各項罰鍰，不得列為費用或損失。」為所得稅法第38條所明定。次按「其他費用或損失：一、……二、左列其他費用或損失，可核實認定……（四）竊盜損失無法追回，經提出損失清單及警察機關之證明文件者，其未受有保險賠償部分。」為營利事業所得稅查核準則（以下簡稱查核準則）第103條第2款第4目所規定。又「貴公司成品144台被職員詐騙私運加工出口區外，為海關查獲將車貨沒收，該職員如經法院以詐欺罪判決徒刑確定有案，該項損失如無法追回，可提出法院判決確定書及海關證明文件，比照營利事業所得稅結算申報查核準則第103條第1項第5款（現為第2款第4目）之規定，列為當年度損失。」及「公司貨款被職員侵占，如確因該職員逃匿無蹤，有部分無法追回，其未追回部分如能提出確實證明文據及法院通緝該職員之證明文件，可比照營利事業所得稅結算申報查核準則第103條規定，列作當年度損失；嗣後如經追回，應作為收回年度之其他收入列帳。」分別經財政部64年8月8日台財稅第35760號函及69年2月25日台財稅第31608號函釋在案。

二、原告係經營電子材料、設備批發業，95年度營利事業所得稅結算申報，列報其他損失32,485,656元，被告機關初查以依簽證會計師查核報告雖載明系爭損失係以前年度發生業務人員詐欺侵占貨物，但當時尚未取具判決書，予以帳外調整減列，嗣經高等法院判決確定，95年度復帳外調增32,485,656元，惟審查臺灣板橋地方法院檢察署檢察官95年度偵字第14663號起訴書、臺灣高等法院96年度上易字第59號刑事判決及原告提示之律師事務所受理案件說明書，該詐欺案業經司法單位認定直接證據不足，僅能以媒介銷售贓物罪分別判處被告黃○○及吳佰芳連續牙保贓物罪及連續故買贓物罪，又審查原告說明系爭詐欺案件之銷貨流程為：（一）收到業務自製之假客戶訂單；（二）業務指示出貨；（三）帳款逾期催收後發現問題，凍結出

貨，惟其流程欠缺銷貨相關客戶徵信、確認客戶及貨物運送簽收資料等，內部控管顯有疏失，參照最高行政法院90年度判字第301號判決意旨，因公司內部控管疏失，自難謂係經營本業及附屬業務所發生，又個人與公司間之內部關係，若因而致公司蒙受損害，亦僅對公司負賠償責任，不得以此項損害列報為公司經營本業之損失，乃否准認列系爭其他損失32,485,656元，核定其他損失為0元。原告不服，主張（一）依臺灣板橋地方法院95年度易字第1280號刑事判決及臺灣高等法院96年度上易字第59號刑事判決，得以知悉其因職員「黃○○」及「吳佰芳」分別借擔任原告關係企業「光航國際貿易（深圳）有限公司」業務經理及「香港駿大國際貿易有限公司」實際負責人、「上海北關電子貿易公司」業務經理之便，對電子零件買賣交易市場程序相當瞭解，涉與不明第三人共同違法詐騙原告電子零件貨物，致慘遭嚴重詐騙損失，應得以認列其他損失。（二）依最高法院41年台非字第36號判例：「按刑法上之贓物罪，原為防止因犯竊盜、強盜、詐欺、侵占各罪被取奪或侵占之物難於追回或回復而設。故其前提要件，必須犯前開各罪所得之物始得稱之為贓物。」因此原告之損失，斷無可能僅有贓物罪之刑事責任，必有其竊盜、詐欺或侵占等原因，且本件相關刑事案件之95年度易字第1280號刑事判決書亦指出：「被告吳佰芳經由黃○○所購入之上開電子零件，即為告訴人公司上開所遭詐騙之贓物，應無可疑。」顯可知悉原告之貨款損失確實係遭「詐騙」所致，依前揭規定，此損失當可認列為其他損失。（三）原告並無事證顯示未盡一切內部控管之注意，法院亦於判決指出其係遭不詳之第三人所詐騙，又遭詐騙內容即電子零件買賣之貨款損失，當與經營本業相關，被告機關引最高行政法院90年判字第301號判決，與本件個案事實不符云云，申經被告機關復查決定未獲變更，提起訴願亦遭決定駁回各情，有95年度關係人交易明細表、損益及稅額計算表、課稅資料歸戶清單、95年度營利事業所得稅結算申報書、財產目錄、調查筆錄、營業人銷售額與稅額申報書、原告95年度移轉訂價報告、營利事業所得稅結算申報核定通知書、復查及訴願決定書等附原處分卷及訴願卷內可稽。

三、原告循序起訴意旨略以：依照營利事業所得稅查核準則第103條規定，原告得將其損害列為其他費用之損失；原告總損失，如損失清單所列，然其中有少許11箱已遭檢方扣押，自95年迄今，「業經5年」亦有損失極難已追回之情事，故可認就此11箱貨款損失部分已無法追回之，是以被告認此部分尚可能追回，無異昧於現實，更罔顧納稅義務人之權利保護，本件確有無法追回之事實，是以實際損失已確定，本件確符合財產損失無法追回之要件。原告之經營本業即是辦理電子材料買賣業務，而本件原告遭受詐騙之內容即是積層電容及鉭質電容等電子零件、材料買賣之貨款損失，當與經營本業確切相關，是以，系爭貨款損失與經營本業及附屬業務有相當因果關係；又原告與光寶集團向例均有交易往來且系爭交易過程業已盡相當注意義務，並無被告所謂之內部控管疏失，原告之系爭損失非為內部控管疏失所致；系爭貨物遭在職員工黃○○夥同真實姓名及年籍不詳自稱「吳曉文」及「林金生」之第三人共同詐騙，且吳佰芳及黃○○於原告受詐騙期間仍為原告之職員；原告所提判決，應足以認定原告受有損害，並符合認列損失之標準；本件個案事實與被告援引之最高行政法院90年判字第301號判決有異；營利事業如有因公司遭受詐欺之犯罪行為，致公司受有損害，公司自得依照營利事業所得稅查核準則第103條規定，將其損害列為其他費用之損失；綜上，本件原告已盡一切內部控管之注意，原告係遭受黃○○等人「詐騙」，因此原告之貨款損失並非原告有內部控管疏失所致，且原告之經營本業即是辦理電子零件買賣業務；又本件原告遭受詐騙之內容即是電子零件買賣之貨款損失，當與經營本業確切相關，故原告確實有貨款損失32,485,656元，得以列報為「其他損失」，被告核定原告應補繳稅額8,121,413元，顯有違法之處。爰請判決如訴之聲明云云。

四、本件兩造之爭點為：被告機關以系爭損失源於公司內部控管疏失所致，否准認列為公司經營本業之損失，核定其他損失為0元，是否適法？經查：

（一）經營本業及附屬業務以外之損失，不得列為費用或損失，此觀上揭所得稅法第38條及營利事業所得稅查核準則第62條規定

即明。又「所謂『經營本業及附屬業務』者，係指『經營之業務之一』、『本身之業務』及『與業務有關』而言，本院58年判字第211號著有判例。」有改制前行政法院73年判字第413號判例可資參照。又原告之經營本業係辦理電子材料買賣業務，亦有公司基本資料附本院卷第144頁可稽。

（二）原告申報32,485,656元為其營業損失，原告並提出銷貨流程說明、損失明細清單、銷貨單、商業發票（Invoice）、庫存進銷存明細表等佐證；而訴外人黃○○及吳佰芳所涉刑事責任，業由臺灣板橋地方法院檢察署檢察官提起公訴，嗣經臺灣板橋地方法院以95年度易字第1280號及臺灣高等法院96年度上易字第59號刑事判決確定在案。依上開臺灣板橋地方法院刑事判決主文所載，黃○○及吳佰芳係分別以連續牙保贓物罪及連續故買贓物罪被判處徒刑確定。該確定刑事判決書認定之事實略以：「黃○○明知其友人賴○○（由檢察官另案偵查通緝中）及真實姓名年籍不詳綽號『老王』之成年男子，在大陸深圳地區委託其代為尋找買主之積層電容及鉭質電容等電子零件，係來路不明之贓物（上開電子零件，係中中股份有限公司於民國九十四年四月二十八日起至九十四年七月十四日止，遭真實姓名年籍不詳，自稱『吳曉文』、『林金生』之人假冒大陸地區旭基有限公司之採購專員、產品經理名義，向中中股份有限公司詐騙取得），竟仍基於牙保贓物之概括犯意，於九十四年五月間，在大陸深圳地區，為尋找買主而聯絡吳佰芳，詢問是否有意購買上開電子零件，而吳佰芳明知上開零件係來路不明之贓物，竟仍基於故買贓物之概括犯意，自九十四年六月十七日起至九十四年九月二十三日止，以香港駿大國際貿易公司名義，透過黃○○連續購買上開電子零件七次（金額共計美金二十萬九千一百零七點八二元），貨品均依吳佰芳指示運送至香港地區之物流倉庫後，在轉運至吳佰芳所經營之上海北關貿易有限公司，吳佰芳則將相關貨款匯入黃○○個人及其指定之帳戶內，或以吳佰芳與黃○○相互間之應收貨款抵

銷；黃○○復於九十四年八月間，在大陸深圳地區，代賴○○尋得買主張崑德（由檢察官另案偵查中），而自九十四年八月十五日起至九十四年九月二日止，經由黃○○出售上開電子零件共四次予張○○所經營之上海穩德電子器件貿易有限公司（金額共計人民幣四百八十一萬二千七百五十三點六四元），貨品亦均依張○○指示運送至香港地區之物流倉庫，張○○則將相關貨款匯入黃○○之帳戶內，或以其與黃○○相互間之應收貨款抵銷之。」有該刑事判決附原處分卷（第646至662頁）及本院卷內可參。本件原告遭受詐騙之內容係積層電容及鉭質電容等電子零件、材料買賣之貨款損失，此亦為兩造所不爭，當與經營本業相關。是以，原告主張系爭貨款損失與經營本業及附屬業務有相當因果關係，自屬有據。

(三)　被告機關主張系爭損失源於公司內部控管疏失所致，乃否准認列為公司經營本業之損失，並援引最高行政法院90年判字第301號判決意旨為據，固非無見；但參以最高行政法院90年判字第301號判決意旨：「……因公司內部控管疏失，致原告之職員得利用職務之機會詐取銀行貸款並偽造支票之員工舞弊情形……，自難謂係經營本業及附屬業務所發生，……個人與原告間之內部關係，若因而致原告蒙受損害，亦僅對原告負賠償責任，不得以此項損害列報為公司經營本業之損失……。」該判決否准該案原告列為其他損失之請求，主要理由係以公司內部控管疏失，致職員利用職務機會詐取銀行貸款及偽造支票，難謂係公司經營本業及附屬業務所發生。該判決駁回之理由，仍不出該損失「非公司經營本業及附屬業務所發生」；換言之，依該判決意旨並不能導出凡屬公司內部控管疏失所致損失，均不得認列損失之結論。本件原告經營之本業即是辦理電子零件買賣業務；又原告遭受詐騙之內容即是電子零件買賣之貨款損失，顯係原告「經營本業」所致之損失，自得列報為當年度損失。本件與上揭最高行政法院90年判字第301號判決所認定之事實有異，自不得比附援引。被告機關據該判決意旨，

認為經營本業及附屬業務之損失，倘該損失之發生與公司內部控管疏失有關，即不得認列，係增加法律所無之限制，並非可採。

（四）又「其他費用或損失：一、……二、左列其他費用或損失，可核實認定……（四）竊盜損失無法追回，經提出損失清單及警察機關之證明文件者，其未受有保險賠償部分。」為查核準則第103條第2款第4目所規定。又「貴公司成品144台被職員詐騙私運加工出口區外，為海關查獲將車貨沒收，該職員如經法院以詐欺罪判決徒刑確定有案，該項損失如無法追回，可提出法院判決確定書及海關證明文件，比照營利事業所得稅結算申報查核準則第103條第1項第5款（現為第2款第4目）之規定，列為當年度損失。」及「公司貨款被職員侵占，如確因該職員逃匿無蹤，有部分無法追回，其未追回部分如能提出確實證明文據及法院通緝該職員之證明文件，可比照營利事業所得稅結算申報查核準則第103條規定，列作當年度損失；嗣後如經追回，應作為收回年度之其他收入列帳。」固分別經財政部64年8月8日台財稅第35760號函及69年2月25日台財稅第31608號函釋在案。觀諸上揭查核準則第103條第2款第4目規定之竊盜損失與財政部函釋所指公司成品被職員詐騙私運或公司貨款被職員侵占之情，此項損失與公司經營本業及附屬業務是否相關，容有疑義，乃透過查核準則及財政部函釋予以釐清，肯認其與公司經營本業及附屬業務相關，於提出相關證明後承認其損失。反觀本件原告係因從事本業即積層電容及鉏質電容等電子零件、材料買賣，於買賣過程中遭詐騙所致之貨款損失，縱損失之發生，原告公司內部控管亦有疏失，惟此項損失顯係原告經營本業所致損失，彰彰明甚。依舉輕以明重之法理，原告系爭損失，更無不予承認列報當年度損失之理。

（五）末查，被告固主張黃○○之友人賴○○及買主張○○已分別由檢察官另案偵查中，系爭貨品及貨款並非無法追回或求償，其實際損失尚未確定，尚難認列系爭其他損失云云；但查，原告

曾提示「損失清單」（原處分卷564頁），系爭損失清單上列有「帳款日期、銷貨單號、訂單編號、帳款單號、交易幣別與台幣金額以及各該產品之成本，此係原告經營本業之損失，自95年迄今，仍未能追回（包括於刑事程序中遭扣押之少許11箱貨物）。依上揭台灣板橋地方法院95年度易字第1280號刑事判決所載：「……被告黃○○所代為出售予張○○之上開電子零件，係張○○以其所經營之上海穩德電子器件貿易有限公司名義，自94年8月15日至94年9月2日止共4次購入，張○○並將其中11箱產品委由快遞公司寄回台灣，輾轉寄放於台北市內湖區○○○道○段285之1號炬翔空運公司而為警查獲，……上開電子零件11箱扣案足資佐證。……是經由被告黃○○所出售……之上開電子產品，確原係告訴人公司所有而遭詐騙之贓物之事實，亦堪認定。」就該扣案之物，原告曾函詢承辦該案執行之台灣板橋地方法院檢察署是否得聲請發還扣押物（參原證13-發還扣押物聲請狀），然因他案賴○○仍由檢察官另案偵查通緝中（參原證1），該案卷宗並無該扣押物清單，無法辦理，此有台灣板橋地方法院檢察署板檢慎丁99執聲他1496字第09597號函附本院卷第167頁可稽（原證14）。末按民法第948條規定：「以動產所有權或其他物權之移轉或設定為目的，而善意受讓該動產之占有者，縱其讓與人無讓與之權利，其占有仍受法律之保護。」第949條規定：「占有物如係盜贓或遺失物，其被害人或遺失人，自被盜或遺失之時起，二年以內，得向占有人請求回復其物。」而上揭民法第949條所謂盜贓，係指以竊盜、搶奪或強盜等行為奪取之物而言，其由詐欺取得之物，不包含在內（最高法院22年上字第230號判例意旨、91年度台上字第551號判決意旨參照）。蓋因詐欺所取得之物，雖係出於刑法上所處罰之不法行為，但就其物之移轉占有，仍係出於占有移轉人之意思而非違反其意思之故，亦即，刑法係以刑事犯罪者為中心，注重其反社會行為之可罰性，而此之盜贓則係以原權利人即被害人為中心，注

重其是否違反被害人之意思而脫離占有,兩者規範意旨各有不同,可見民法上盜贓之意義與刑法上贓物之意義尚屬有間。次按動產之受讓人占有動產,而受關於占有之保護者,縱讓與人無移轉所有權之權利,受讓人仍取得其所有權;又動產所有權之移轉為目的,而善意受讓該動產之占有者,縱其讓與人無移轉所有權之權利,其占有仍受法律之保護,民法第801條、第948條分別定有明文。而所謂善意,係指受讓人不知讓與人無讓與動產之權利而言,如受讓人依客觀情形,在其交易經驗上,非因故意或重大過失而不知讓與人無處分之權利者,即應認為善意。上開扣案之11箱貨物,係原告受詐騙交付他人之物,嗣由黃〇〇代為出售並交付予張〇〇所經營之上海穩德電子器件貿易有限公司,該物並非民法第949條所指之盜贓或遺失物,法律上原告並非當然得向買受人上海穩德電子器件貿易有限公司請求返還,亦非當然得請求發還。原告主張系爭損失應認無法追回,而應准予認列乙節,尚堪採信。退萬步言之,嗣後縱可追回,參照上述財政部69年2月25日台財稅第31608號函釋意旨,亦得作為收回年度之其他收入列帳。

五、綜上論述,被告機關以系爭損失源於原告公司內部控管疏失所致,否准認列為公司經營本業之損失,核定其他損失為〇〇元,應補稅額8,121,413元,容有違誤,復查及訴願決定,未予糾正,遞予維持,亦有未合,原告訴請撤銷,為有理由,應由本院將訴願決定及原處分(含復查決定)均予撤銷,以資適法,並昭折服。

六、本件判決基礎已經明確,兩造其餘主張或陳述,與判決結果無影響,不再一一論述。

七、據上論結,本件原告之訴為有理由,爰依行政訴訟法第98條第1項前段,判決如主文。

中　華　民　國　99　年　5　月　6　日
　　　臺北高等行政法院第六庭
　　　　　　　審判長法　官　闕〇〇
　　　　　　　法　官　帥〇〇

法　官　許○○

上為正本係照原本作成。

如不服本判決，應於送達後20日內，向本院提出上訴狀並表明上訴理由，如於本判決宣示後送達前提起上訴者，應於判決送達後20日內補提上訴理由書（須按他造人數附繕本）。

中　華　民　國　99　年　5　月　6　日

書記官　吳○○

裁判四：全部撤銷發回

臺北高等行政法院判決　　　　　　　　　　　　　　99年度訴字第12號

原　　　告　蕭○○（小小企業社）住臺北市○○街2號6樓

訴訟代理人　邱○○　會計師

被　　　告　財政部臺北市國稅局

代　表　人　甲○○（局長）

訴訟代理人　乙○○

上列當事人間營利事業所得稅事件，原告不服財政部中華民國98年11月9日台財訴字第09800445880號（案號：第○○○○○○○號）訴願決定，提起行政訴訟，本院判決如下：

　　　主　文

訴願決定及原處分（復查決定）均撤銷。

訴訟費用由被告負擔。

　　　事實及理由

一、事實概要：

　　原告民國（下同）94年度營利事業所得稅結算申報，列報銷貨退回新臺幣（下同）675,238元、營業成本0元及薪資支出25,248,333元，嗣查獲虛報薪資4,247,650元，經被告核定銷貨退回0元、營業成本0元及薪資支出21,000,683元，應補稅額961,979元，並處罰鍰961,900元（計至百元）；復查獲虛報薪資5,476,950元，第2次核定薪資支出15,523,733元，應補稅額1,369,237元，並處罰鍰1,369,237元。

　　原告不服，申經復查追認銷貨退回675,238元、營業成本7,863,600元

及追減薪資支出7,863,600元，原告仍表不服，提起訴願亦遭駁回，遂向本院提起行政訴訟。

二、本件原告主張：

　（一）營利事業所得稅部分：

　　　1. 按所得稅法第24條第1項規定：「營利事業所得之計算，以其年度收入總額減除各項成本費用、損失及稅捐後之純益額為所得額。……。」次按所得稅法第83條規定：「1.稽徵機關進行調查或復查時，納稅義務人應提示有關各種證明所得額之帳簿、文據；其未提示者，稽徵機關得依查得之資料或同業利潤標準，核定其所得額。……。3.納稅義務人已依規定辦理結算申報，但於稽徵機關進行調查時，通知提示有關各種證明所得額之帳簿、文據而未依限期提示者，稽徵機關得依查得之資料或同業利潤標準核定其所得額；嗣後如經調查另行發現課稅資料，仍應依法辦理。」又按營利事業所得稅查核準則（下稱查核準則）第60條規定：「營利事業之費用與損失，應視其性質分為營業費用（如銷售、管理費用）與營業成本（如製造費用），分別審定並轉正。其應歸屬於營業成本之費用或損失，原列報於營業費用，經稽徵機關審定轉正後，應就調整部分攤於期末存貨。」再按查核準則第67條第1項規定：「費用及損失，未經取得原始憑證，或經取得而記載事項不符合者，不予認定。」

　　　2. 小小企業社營業登記係「其他廣告業」，係受國內上市櫃建設公司或知名廣告公司等的委託，從事建築案「十字街頭」舉牌及為客戶散發廣告宣傳單等業務，有營利事業登記證及所開立統一發票的摘要內容為證。從事十字街頭舉牌等業務其舉牌人力勞務成本，係委外之勞務承攬費用，計17,588,200元（含系爭虛報薪資9,724,600元＝第1次查獲4,247,650元＋第2次查獲5,476,950元），被告雖於復查時將17,588,200元薪資支出由營業費用項下重新歸類轉至營

業成本項下查核，惟基於以下事實及理由，其中虛報薪資9,724,600元仍認無付款事實而有虛報成本情形：

(1)系爭虛報薪資原告未能提示款項交付報頭，並由報頭轉發薪資之資金證明、勞健保資料及工作任職證明等資料供核，按最高行政法院（89年7月1日改制前為行政法院，以下同）36年判字第16號判例意旨，原告對有利於己之事實有舉證不能情形，應自營業成本項下剔除，核定營業成本為7,863,600元（17,588,200元－9,724,600元）。

(2)原告因「未能提示款項交付報頭等資料供核」，且陳弘昌等52人薪資支出合計9,724,600元，由「異常薪資所得資料清單」等顯示，渠等顯係供營利事業虛報薪資之人頭。

3. 惟小小企業社與報頭劉可敏等人間形成勞務承攬關係，以及報頭劉可敏與舉牌工作人員間的僱傭關係，業經被告審認確定在案，且系爭虛報薪資並非無付款事實而有虛報薪資之情事：

(1)小小企業社與報頭劉可敏、洪偉榮、黃福鴻等3人間所形成的勞務承攬關係，業經被告於小小企業社93及95年營利事業所得稅案件審認核課確定在案。報頭劉可敏96年3月26日在被告之談話記錄指出如上所述之事實，業經被告採認在案，有被告97年5月1日財北國稅法一字第0970203474號復查決定書理由：「壹、一、……。三、申請人未提示相關帳簿憑證供核，然依其提示之合約、估價單及『談話記錄』，本件確有承包勞務之銷貨事實，既有銷貨，原核定營業成本0元及毛利率100%，即有未洽。」等語。至另有報頭黃福鴻及洪偉榮的情形，亦如前述。

(2)小小企業社與報頭劉可敏等人間的勞務委託關係所生收付款項，以及報頭劉可敏與舉牌工作人員間的收付款

項，報頭劉可敏在被告96年3月26日談話記錄中表明，他通常每個禮拜會向小小企業社領現金1次，並在1個簿子上簽收；他領到錢後，就把現金發放給舉牌人員，舉牌人員沒有簽收；劉可敏並未辦理營業登記。

(3)小小企業社及原告之銀行帳戶於94年1月1日至94年12月31日止之「存款當期交易明細表」中「提領現金」分別為9,340,000元及7,290,000元，合計16,630,000元交付報頭等人（相當於原告主張之營業成本薪資17,588,200元，另有轉帳支出金額未計入）且該現金的提領頻率為每隔3、5、7天就提領1次，每次提領10萬元、20萬元、30萬元或50萬元不等，此現金的提領是小小企業社付給報頭劉可敏等3人勞務委託的酬金。

(4)小小企業社之所以提領現金給報頭劉可敏等人，報頭劉可敏又將該現金交給舉牌工作人員，是因該舉牌工作人員他們通常是流浪街頭的街友、遊民或因為卡債等諸多因素沒有信用或銀行無帳戶，舉牌工作人員是街友或遊民有聯合晚報96年2月10日的話題版的相關報導可參，故渠等要求其雇主（即報頭）劉可敏等人發放現金，報頭劉可敏也就向原告要求付現。小小企業社在徵人之廣告樣張也載明工作後「隔日領現金」，足證小小企業社的行業特性之一是以「付現」為主。

(5)小小企業社基於人事管理和成本效益考量，原則上不採取自行招募人員方式，舉廣告牌等相關業務，係另委託給報頭劉可敏、洪偉榮及黃福鴻等人，渠等再另行找人舉牌，小小企業社支付勞務費給該報頭，該報頭再付工資給舉牌人，小小企業社與該舉牌人員間並非僱傭關係，係與報頭等人形成勞務承攬關係。報頭劉可敏等人向小小企業社領現後，他們如何發放現金給舉牌工作人員的付款資金證明，係報頭劉可敏等人之事，與小小企業社無涉，而被告要求原告提出報頭劉可敏等人付給舉

牌工作員的資金證明，顯逾越原告法律上應有的權限。

(6)至被告指摘小小企業社應提示這些舉牌工作人員的勞健保資料及其任職工作證明，顯與現實社會脫節，蓋以這些舉牌工作人員是街友或遊民，或經商失敗、或卡債，都是經濟上的弱者，沒有銀行帳戶可用，也沒有勞健保福利，因此他們向其雇主（即報頭）劉可敏等人要求「現金」結算工資，報頭劉可敏等人也向原告請求支付現金結算，他們是臨時應徵、流動性大，事實上無勞健保，即無工作任職證明，且這些舉牌工作人員並不與小小企業社發生僱傭關係。

(7)陳弘昌等52人身分證件影本，係報頭劉可敏等人提供給小小企業社，作為其領取現金勞務報酬的憑證，並非小小企業社向虛報薪資之人頭集團所索取，小小企業社係無辜受害者：

①小小企業社付現給報頭劉可敏等人後，基於申報營利事業所得稅案的需要，向報頭劉可敏等人索取憑證，報頭劉可敏等人依法應開立勞務報酬之統一發票給小小企業社作為入帳憑證，但因報頭劉可敏事實上有營業行為但未辦理營業登記，無法開立統一發票給小小企業社。報頭劉可敏等人對原告說，陳弘昌等52人就是實際舉牌工作人員。原告的學經歷不足且不諳稅法，有如前述，不疑有它，把陳弘昌等52人列報為小小企業社的薪資支出。

②如上所述，小小企業社業將委外勞務的酬金以付現方式付給報頭劉可敏等人，報頭劉可敏等人依法應開立統一發票，但未依規定開立，而以他人薪資代替交付給原告，原告不知情而作為入帳憑證，原告涉及的稅法效果是稅捐稽徵法第44條「營利事業依法規定……應自他人取得憑證而未取得，應就其……未取得憑證，經查明認定之總額，處5%罰鍰」的「行為罰」問

題，並非被告所稱無付款而虛列費用，有「漏稅罰」情形。

4. 被告原查核定小小企業社94年營業成本0元，顯違反企業生存權保障問題，按憲法第15條：「人民之生存權……應予保障。」及所得稅法第24條第1項暨查核準則第60條之意旨即明。蓋營業成本，係營利事業的營業存續發展的營業支出，乃營利事業「投入資本的回收」，目的在維持原有資本以擴大再生產，故國家課稅權不應把「營業成本及必要費用」作為所得額的課徵標的，此即我國營利事業所得稅的課徵，採「所謂客觀營業保障淨所得額原則」之所在；因原告未能提示系爭薪資9,724,600元付款證明資料，經被告核定成本率僅28%，與財政部頒同業成本率73%相較（亦即經被告核定之淨利率38%遠超過財政部頒17%），認定成本顯有不足而有過度課稅之嫌，依所得稅法第83條第1項之意旨，課稅機關採財政部頒同業利潤標準核定所得額者已具租稅懲罰性質，因營利事業不盡協力義務（如不依限提示帳證或不依規定設帳記載）所採推計課稅之稅法效果。如前所述，被告於復查時已追認小小企業社94年營業成本，但原告認被告追認額度不足，且本件營業成本等付款資料因原告有「部分未提示」情形，於適用所得稅法第83條規定範圍之情形，說明如下：

(1)就薪資支出部分，係被告依原告之復查申請，並依職權把費用剔除的原處分，轉換為成本的追認，依法既轉列營業成本，就要受營業成本相關規範的審查。

(2)營利事業的開支，列為成本或費用項下，稅法規定顯有不同，主要區別在於成本相對收入間係屬「必然」會發生，且存在「一定比例」關係。然而費用與收入間「不必然」產生關係（可發生或不發生）。其次服務業其主要成本集中在人力成本，屬「人力密集」產業，顯不同於「有體物」之買賣業或製造業。故本件被告認列之成

本率28%，顯低於財政部頒同業成本率73%。

(3)原告主張系爭薪資確有付款的事實，祇是原告未把「現金交付給報頭劉可敏等人並經渠等簽收的簽收簿」等帳簿文據盡到保管責任而未能提示付款證明文件給被告，此情節與被告所稱「未付款而虛報成本」之概念並不等同，因原告未能提示，並不表示原告「未付款而有虛報成本」情形。

(4)所得稅法第83條所稱「帳簿文據」之涵意，除「全部未提示」外，尚包括同法施行細則第81條所稱「部分提示，部分未提示」（指關係所得額之一部，或關係課稅年度中某期間之所得額）。「全部未提示」，應全部按同業利潤標準核定其所得額。「部分提示，部分未提示」，則就「該部分未提示」按同業利潤標準核定其所得額。本件「關係營業成本之直接人工的部分付款資料」的「未提示」，係屬上開施行細則第81條所稱之「部分提示，部分未提示」情形而言。

(5)帳簿文據因「部分未提示」，稽徵機關依所得稅法施行細則第81條規定，就「該部分未提示」按同業利潤標準核定其所得額者，核定之所得額，依查核準則第6條第1項前段規定，以不超過當年「全部未提示」依同業利潤標準核定之所得額為限。此規範目的意在避免稽徵機關「過度課徵」。

(6)準此，系爭虛報薪資既經被告認屬營業成本之一部，原告未提示交付報頭等資料，屬施行細則第81條暨查核準則第6條第1項前段所規範，應有所得稅法第83條規定適用情形。惟訴願決定持否定見解，但被告核定淨利率38%造成「過度課徵」之事實問題。

5. 被告有違行政自我拘束原則：

(1)小小企業社93及95年度營利事業所得稅結算申報案件經被告按財政部頒同業淨利率17%核定，因為其「營業

成本」之申報及核定0元、毛利率100%及營業淨利率50.10%（以93年為例），遠高於財政部頒同業淨利率17%，顯不合理；其會計制度不健全，相關營業成本及費用支出等未適當分類；經查其確有承包勞務之銷貨事實，並依報頭劉可敏談話筆錄等事證判斷，其確有支付勞務承攬款項的事實，故縱涉有多次虛報薪資情事，仍應改按財政部頒同業淨利率17%核定其所得額，並將原虛報薪資之補稅並罰鍰撤銷。

(2)小小企業社93及95年度之會計制度不健全有如前述，94年度介於其間，會計制度自不健全，相關成本及費用支出等也未適當分類（原申報營業成本0元），經被告所核定之淨利率38%，自不合理。且原告已提示付現給報頭劉可敏等人的上開2個銀行帳戶來源，提領現金金額16,630,000元相當94年申報營業成本之薪資金額17,588,200元，報頭劉可敏也證實確向小小企業社領取勞務酬金，並在簽收簿上簽收的事實。

(3)據上事實，基於「相同案情應為相同處理」之行政自我拘束原則，被告按虛報薪資追補並罰，顯有違「行政自我拘束原則」。否則將產生薪資支出17,588,200元（含系爭虛報薪資9,724,600元），被告一方面認應歸營業成本（直接人工）意謂小小企業社確有17,588,200元作為直接人工的必要；但另方面又以原告「未提示」付款資料，祇認其中7,863,600元，其餘9,724,600元則是虛報（即無此必要），顯有認定事實矛盾的違法。

(4)綜上所述，被告應依原告94年度營業收入淨額27,811,856元按財政部頒94年同業利潤標準（行業別「其他廣告業」，行業代號：7609-99）毛利率27%核算之營業毛利7,509,201元，淨利率17%核算之營業淨利4,728,016元，加計非營業收入1,627元後之全年所得額4,729,643元，核定為原告94年度之所得額。

6. 被告機關答辯謂：「本件原告亦不否認系爭虛報薪資係以人頭列報」乙節，原告對此否認，其事實及理由：

(1)系爭9,724,600元，原告確有付款事實，係付給報頭劉可敏等3人，該報頭等人都在原告「廠商付款簽收簿」上簽收，有簽收記錄可查。因原告舉牌廣告業務，礙於本身能力有限，故轉包給報頭劉可敏等3人，原告付款給報頭，依法並無不合。

(2)報頭劉可敏等3人為原告承攬舉牌業務，原告已付勞務酬金給該報頭等人，依法向該報頭索取入帳憑證，報頭劉可敏等人提供系爭身份證影本給原告，並謂該身份證之人，就是該舉廣告牌之人，原告誤信報頭所言，乃持為入帳憑證。此情形業經原告在復查、訴願及本件起訴狀中所主張，並未承認原告有虛報薪資情形。

（二）罰鍰部分：

1. 按所得稅法第110條第1項規定：「納稅義務人已依本法規定辦理結算申報，但對依本法規定應申報課稅之所得額有漏報或短報情事者，處以所漏稅額2倍以下之罰鍰。」

2. 小小企業社94年係以在十字街頭舉廣告牌及為客戶散發廣告宣傳單（派報、夾報）等為業，行業特性之一屬人力密集行業，原告已提出「廣告樣張」證明小小企業社之另一行業特性，通常是付現金給報頭劉可敏等人或舉牌工作人員，報頭劉可敏也證實其確有向小小企業社領取勞務報酬現金並在簽收簿簽收的事實（按93、95年案件被告均確認一事實）。原告又提出「提領現金」的銀行帳戶來源是上開2個銀行帳戶，94年單就「現金提領」記錄已提領16,630,000元，與本件原告主張營業成本17,588,200元相當，原告未提示給付報頭劉可敏等人的簽收簿（小小企業社93年業經提出簽收簿給被告查核確認在案），是因原告未盡保管責任，並非被告所稱原告無付款事實，因「未盡保管責任而未提示」與「無付款」，顯係不同概念。

3. 據上，被告以原告「未能提示」營業成本中關於直接人工的付款報頭劉可敏等人資料供核，遽為認定係屬無付款事實而虛報成本，顯無違章事實為依據，其罰鍰處分即有違法等情。並聲明求為判決撤銷訴願決定及原處分。

三、被告則以：

（一）按查核準則第71條：「薪資支出：一、所稱薪資總額包括：薪金、俸給、工資、……各種補助費及其他給與。……十一、薪資支出之原始憑證，為收據或簽收之名冊，……」次按最高行政法院36年度判字第16號：「當事人主張事實，須負舉證責任。倘其所提出之證據，不足為主張事實之證明，自不能認其主張之事實為真實。」

（二）被告於原查時函請原告提示支付薪資之資金證明、勞健保資料及工作任職證明等資料供核，原告僅提示其領取薪資者身分證影本、申報同意書、薪資明細表、營利事業登記證影本、銷貨發票影本、舉牌廣告照片、傳單廣告照片、聯合晚報台北報導（96年2月10日）、原告安泰銀行存摺、洪偉榮身分證影本、劉可敏身分證影本、合約書（劉可敏、黃福鴻）、違章案件統計表及被告處分書等，被告以其未能提示款項交付報頭、報頭轉發薪資證明，且渠等94年度歸戶薪資少者3筆，多者高達43筆，金額多介於18萬元至19萬餘元，顯係供營利事業虛報薪資之人頭，難以認定有支付薪資之事實，自營業成本項下剔除，核定營業成本7,863,600元（17,588,200元－9,724,600元），於法尚無不符。原告所述復查決定後淨利率遠超過財政部頒淨利率，另被告將薪資支出17,588,200元轉列成本，又以系爭9,724,600元為虛報，有認定事實矛盾的違法，均無足採。

（三）本件原告亦不否認系爭虛報薪資係以人頭列報，則本件爭點即為是否應如原告主張本件屬「部分未提示」帳簿文據，應依所得稅法第83條規定按同業利潤核定營業成本。本件經查獲無支付之事實虛報薪資支出，其性質自與未依規定提示帳簿

憑證有別,按最高行政法院97年度判字第735號判決:「按稅捐之核課,因大部分證明資料多為納稅義務人所掌握,稽徵機關取得直接課稅資料相當困難,故基於稽徵經濟之考量,所得稅法第71條規定納稅義務人應誠實申報,同法第83條課予其應提供帳簿文據之協力義務,並賦予稽徵機關於納稅義務人違反提供帳簿文據之協力義務時,具有依查得之資料或同業利潤標準核定其所得額之職權,而非僅得依同業利潤標準而為核定。又納稅義務人依法既有申報義務,基於上述協力義務規範之目的,則納稅義務人就其所為稅捐申報之內容自應對其發生相當之拘束力,換言之,所得稅法第83條規定所稱之同業利潤標準僅是一種推計標準,於納稅義務人未能為提示帳簿文據之協力義務時,稽徵機關若得依納稅義務人申報內容及其他查得資料而為核定,則此核定性質上自屬所得稅法第83條所稱『依查得之資料』而為之核定,而非依同業利潤標準所為之核定。」是以被告依查得之資料核實認定營業成本並無不合。綜上,復查及訴願決定營業成本7,863,600元、薪資支出7,660,133元及按所漏稅額各處1倍罰鍰961,900元(計至百元)及1,369,237元並無違誤,且本案原告實有漏稅故,若遂其所願,改以推計處理,被告即不可對之再處以漏稅罰,顯非合理等語,資為抗辯。並聲明求為判決駁回原告之訴。

四、本院按:

（一）本案爭點內容之確定:

1. 針對原告94年度營利事業所得額之計算,原告訴訟主張及被告最終核定及其差異數額均詳如後附附表所載。

2. 二者之差異主要集中在「營業成本」部分,被告是將「原告申報為營業費用、經轉正為營業成本」之直接人工薪資金額17,588,200元部分,以其中9,724,600元經通報查獲為虛報之薪資,而予以剔除。並此事實基礎下為本案之稅基量化,同時作成補稅及裁罰處分。原告則爭執稱:

(1)上開薪資申報不實故屬事實,然而原告從事之營業行為

（即請人在街口舉牌廣告，以賺取利潤），因為願意從事此等勞務之人均屬社會最低階層之遊民等人，所以在實證上不可能直接僱用此等遊民，並支付薪水予此等遊民，而必須將業務交由特定人承攬（即俗稱之「報頭」），再由此等人招募遊民實際從事街口舉牌廣告之行為。原告發給遊民之薪資，也是交由此等「報頭」再轉交者。

(2)在上開實證特徵下，只要原告確實有將上開僱人舉牌所生之人工薪資交付予報頭，即應認確有上開營業成本之支出。而從原告94年間向銀行提領現金16,630,000元之客觀事實觀之，其與上開申報之17,588,200元營業成本金額接近，應可間接推知原告上開申報之人工薪資營業成本為真正。

(3)再退而言之，若認原告上開營業成本支出之真實性仍然無法證明，原告主張適用同業利潤標準17%在推計營業成本，但現在被告剔除上開虛報薪資後，其核定原告之課稅所得，相較於原告之營業收入，高達淨利率38%，顯然不合理，故本案最多只能按同業利潤標準核課。

（二）上開爭點所涉及相關法理之背景說明：

1. 依所得稅案件之舉證責任客觀配置原則言之，有關營業成本之金額屬計算稅捐債權之減項，因此納稅義務人對其金額之真實性有證明負擔存在。

2. 不過當納稅義務人不能舉證或舉證不完整，甚至拒絕舉證，而要求按照類型化之同業利潤標準為推計，若稅捐機關認為，依查得之資料為推計，可以獲致超過依同業利潤標準認定之利潤時，即應由稅捐機關對較（同業利潤標準為）低之營業成本金額負擔舉證責任。

3. 而當營業成本之舉證責任配置予稅捐機關後，納稅義務人之協力義務即行發生，稅捐機關得要求納稅義務人履行此項義務，並在納稅義務人不履行該項協力義務時，逐依所

得稅法第83條第1項後段「推計課稅」之規定,降低對待證事實之證明高度,並用間接證據證明待證事實。

4. 至於間接證據與待證事實之合理關連性,則視個案之實證特徵以為決定。

(三)在上開法理基礎下,本院對上開爭點之判斷結論及其理由形成,則如下述。

1. 首先必須指明,原告對上開營業成本完整支出之真實性,顯然無法提供直接明確之證據證明其事,以致未盡其應盡之舉證責任。其所言舉牌廣告之人工薪資支出,已交給報頭劉可敏等3人一節,並無法提出直接證據,而其所提之銀行提款記錄,最多只能間接證明原告「可能」有支付薪資一事,但因為金額不符,證明力不足,仍不足以使本院形成心證。

2. 然而當原告要求按同業利潤標準推計時,被告卻予拒絕,而主張「按原告之申報金額,扣除經查明為虛報薪資後,其餘額即屬正確之金額」,乃是認為「依查得資料,否認同業利潤標準推計之合理性」,此時依上所述,其舉證責任即轉由被告負擔。

3. 固然前已言之,在上開情況下,原告之協力義務仍不免除。但是協力義務之內容及其踐行仍需出自被告之要求,不然原告不知那些是其應該協助調查之事項。然而在本案中被告手中掌握之證據資料,根本不足以證明「原告在本案中有高於同業利潤標準之獲利」。理由如下:

(1)原告申報之薪資資料不僅其自承為虛偽,且向原告承攬舉牌廣告之報頭劉可敏在經被告傳訊時,也自承其發金錢給工人,並未命工人簽收(見被告提出之劉可敏在臺北市國稅局接受訊問時所製作之訊問筆錄),由此可見原告原始提出之工人簽收工資書面憑據,完全不可信。然而被告卻採取「鋸箭式」之處理方式,只將由電腦自動選出之薪資所得異常資料部分,認定為虛報之薪資將

之剔除，其餘部分即完全不予調查，一律認定為真正，此等事實認定方式有違日常經驗法則。

(2)其次原告對其業務活動之實證特徵描述（即無法直接僱用遊民，從事舉牌廣告之業務活動，而需透過報頭承攬，再由報頭雇人從事），不僅符合社會大眾之認知，也有報紙新聞對此類社會現象之一角為側面客觀之描述（見原告所提原證第17號，報導遊民靠舉牌謀生一事），再加上遊民難以管理之常識。被告卻對此宏觀之社會現象視而不見，認為原告還要提更明確具體之事證來證明上開社會現象真實存在，但本院以為宏觀社會現象之證明，是普遍周知之事實，證明強度不需太高，上開報紙之描述，已經可以充分證明其真實性。

(3)在以上之實證背景下，被告更不應「片斷」採信原告之原始申報資料，而應立基在原告描述之實證基礎下，全面否認該資料之真實性，再開始命原告履行協力義務，以查明真相。

4. 換言之，本案中在被告對待證事實（原告有高於同業利潤標準之獲利，因為其營業成本低於同業利潤標準），未盡其依法應盡之舉證責任，原告本應盡之協力義務亦未踐行，被告卻核定原告高於同業利潤標準淨利率之課稅所得，即非妥適。在此基礎下之補稅及裁罰處分同樣難以維持。

5. 至於被告擔心：「原告有漏稅故，但若以推計方式處理後即不可再處以漏稅罰」一節，實屬過慮，本院在過去判決中已一再表明下述法律見解。即：「漏稅客觀事實之有無不可推計，但漏稅金額之多寡則可以推計」，因此若最終認原告正確之課稅所得額高於其申報額度，再配合其申報資料為虛偽之事實，仍得對之課以漏稅罰，亦附此敘明之。

（四）總結以上所述，本案被告作成補稅及裁罰處分均有違法之處，

訴願決定未予糾正,亦有未合,原告訴請撤銷,為有理由,應予准許。且因被告未在正確之實證基礎下展開調查,原告也沒有履行協力義務,其課稅所得是否高於同業利潤標準下之課稅所得,事證仍有不明,且此等調查由被告進行更具效率(特別是協力義務之具體內容,被告比法院享有資訊控管上之優勢)。加上補稅部分與裁罰部分具有關連性,為避免分離處理發生不一致之情形,爰將全案發回,由被告查明,另為適法之處分。

五、據上論結,本件原告之訴為有理由,依行政訴訟法第98條第1項前段,判決如主文。

中　華　民　國　99　年　4　月　22　日

　　　　　　　臺北高等行政法院第六庭

　　　　　　　　　審判長法　官　關○○

　　　　　　　　　　　法　官　林○○

　　　　　　　　　　　法　官　帥○○

上為正本係照原本作成。

如不服本判決,應於送達後20日內,向本院提出上訴狀並表明上訴理由,如於本判決宣示後送達前提起上訴者,應於判決送達後20日內補提上訴理由書(須按他造人數附繕本)。

中　華　民　國　99　年　4　月　22　日

　　　　　　　　　　　書記官　陳○○

裁判五:部分維持部分撤銷

臺中高等行政法院判決

99年度訴字第29號

原　　　告　甲○○

訴訟代理人　曹○○　律師

　　　　　　黃○○會計師

被　　　告　財政部臺灣省中區國稅局

代　表　人　乙○○

訴訟代理人　丙〇〇

上列當事人間因營業稅事件，原告不服財政部中華民國98年11月30日台財訴字第09800538770號訴願決定，提起行政訴訟。本院判決如下：

　　主　文

訴願決定及原處分（含復查決定）關於罰鍰之部分均撤銷。

原告其餘之訴駁回。

訴訟費用由原告負擔二分之一，餘由被告負擔。

　　事實及理由

一、本件被告之代表人於原告起訴後，由趙榮芳變更為乙〇〇，並經變更後之代表人乙〇〇聲明承受訴訟，核無不合，應予准許。

二、事實概要：緣原告於民國91年1月起至92年2月間未依規定申請營業登記，擅自於臺中縣龍井鄉及清水鎮經營廢鐵廠，銷售廢鐵予大大企業股份有限公司及小小實業股份有限公司，銷售額計新臺幣（下同）358,254,127元（91年280,901,076元、92年77,353,051元），並以有限責任台灣省第二資源回收物運銷合作社之發票交付買受人，逃漏營業稅17,912,706元，經臺灣高等法院檢察署查緝黑金行動中心查獲，通報被告調查違章屬實，乃核定補徵營業稅額17,912,706元，並按所漏稅額17,912,706元處4倍罰鍰71,650,824元。原告不服，申經復查未獲變更，提起訴願遞遭駁回，遂提起本件行政訴訟。

三、兩造聲明：

　（一）原告聲明求為判決：訴願決定及原處分（含復查決定）均撤銷。

　（二）被告聲明求為判決：駁回原告之訴。

四、原告訴稱略以：

　（一）本稅部分：

　　　1.本件買受人大大企業股份有限公司（下稱大大公司）、小小實業股份有限公司（下稱小小公司）係將買受廢鐵貨款匯入有限責任台灣省第二資源回收物運銷合作社（下稱二資社）開立於華僑銀行清水分行等帳戶（系爭帳戶），惟被告卻根據二資社出納林淑娟於89、90年案之調查筆錄供

述，推論此帳戶在91及92年度實質供原告使用，所根據無非係以原告將營業稅5%、手續費0.2%及社員費0.6%，從此帳戶再轉匯至二資社開立於華僑商業銀行及玉山商業銀行三重分行帳戶之事實，作為判斷基礎。按證據首重關聯性，前述調查筆錄均是關係89、90年案件之證據，而本件係91、92年度，不應以之作為本件之判斷基礎。又系爭帳戶所有人為二資社，僅有二資社方能使用、支配，二資社帳戶間資金調度係屬自然，以特定某一帳戶作為繳納營業稅使用，更屬企業常態。本件爭點為實質銷售貨物，按有銷貨必有進貨，倘系爭帳戶真供原告使用，至少必有原告進貨支出，然被告未查獲原告進貨對象及貨款給付流程，亦未查獲原告有使用該系爭帳戶從事消費、投資、儲蓄的事實與證據，此為被告於本件查核報告中所自承。則被告何以認定原告事實上使用、支配系爭帳戶，並認定原告為實質所有人？被告此舉顯然違背稅捐稽徵法第12條之1第3項「前項課徵租稅構成要件事實之認定，稅捐稽徵機關就其事實有舉證之責任。」之規定。

2. 依營業稅法第15條第1項規定，營業人只就銷項稅額，扣減進項稅額後之「餘額」（即當階段的加值）負繳納義務，此為稅法明文「租稅客體」規範（即課徵範圍），亦為稽徵機關「依法課稅」之授權權限。其為「加值型營業稅」建制之基礎原則。任何營業稅法的規定皆不得背離該原則。倘有背離，即屬違背實質課稅原則，即使有法律之明文規定，該規定亦屬違憲。加值型營業稅制下，一般營業人的產銷流程，是從上游往下游流動，每一產銷環節之營業人，均只就「加值」部分負擔營業稅額，並轉嫁予下游營業人承受，最終是由消費者承擔。然一旦已到消費者手中之「已稅消費貨物」，在廢棄物回收機制下，又重回產銷體系時，情況即完全相反，產銷流程是從下游（消費者）往上游（再生工廠）流動。由於(1)消費者本身人數

眾多，如同一盤散沙，無從期待其有登記、設帳以及開立憑證之能力；(2)第一線負責回收之拾荒業者，本身也沒有獨立開立統一發票之能力。造成購買回收資源，進行加工再行銷售之「再生工廠」，雖有購買廢棄物的「進貨」事實，卻無法取得消費者或拾荒業者的進項憑證（即統一發票）。按前揭情形，亦發生於中古車銷售市場，營業稅法第15條之1乃特別「例示」，為中古車業者規範「設算進項稅額，扣抵銷項稅額」之機制。本件廢棄物回收重回產銷體系之銷售行為，其內涵概念與前揭中古汽車市場之銷售行為，同樣面臨重複課稅問題，應可類推適用。再者，稽徵機關查得資料課稅時，若不能核實課徵，得以推計課徵（釋字第218號解釋、財政部84年8月9日台財稅第841640632號函參照）。是計算處罰之基礎，容許在不能實際查核認定時，得以推計核定其進貨成本（同業利潤標準），原告89、90年間廢棄物營業稅案，即因未提示進貨憑證，經被告依同業利潤標準毛利率17%，分別核算進貨金額，作為裁罰基礎在案。基於法律平衡適用及舉重明輕法理，既然被告於89、90年案，即可運用「推計」進貨金額，核算裁罰基礎，則本件91、92年案，亦應可運用「推計」進貨金額，依營業稅法第15條之1規定，設算進項稅額扣減銷項稅額。從而，被告應依加值型營業稅建制的基礎原則，調查核定「當階段的加值」，按所得稅法第83條及所得稅法施行細則第81條規定，依91年及92年該業同業利潤標準毛利率均為17%，核算本件進貨金額為297,350,925元（358,254,127×83%），並依前述營業稅法第15條之1規定意旨，設算進項稅額如下：91年1月至92年2月進項稅額為297,350,925÷（1＋5%）×5%＝14,159,568元，應補營業稅額為17,912,706（原核定補徵）－14,159,568（設算進項稅額）＝3,753,138元。

（二）罰鍰部分：

1. 本件應有行政罰法第26條規定之適用：
   (1)本件違章行為雖在行政罰法施行日前，但裁處時點係在行政罰法95年2月5日施行日後，依據行政罰法第45條第1項規定，並參酌鈞院96年度訴字第205號判決，當可追溯適用行政罰法第26條有關「刑事優先原則」。
   (2)本件就被告所認定之原告逃漏稅捐事實，業經臺灣板橋地方法院檢察署以原告之行為，違反稅捐稽徵法第41條之以不正當方法逃漏稅捐、商業會計法第71條第1項第1款之填製不實文書、刑法第215條、第216條之行使業務上登載不實文書罪等規定，而以該署93年度偵字第8849號提起公訴，並業經臺灣板橋地方法院刑事庭以93年度金重訴字第1號刑事判決，判處「甲〇〇連續納稅義務人以不正當方法逃漏稅捐，處有期徒刑一年，減為有期徒刑六月，如易科罰金以銀元三百元折算一日。」在案，且尚未經刑事法院判決無罪確定，從而，被告對原告所為裁處罰鍰之行政罰，自有違首揭行政罰法第26條之規定。
   (3)被告雖稱臺灣板橋地方法院刑事庭93年度金重訴字第1號刑事判決所載原告犯罪期間係於89年11月至90年12月間，與本件違章行為期間不同，非屬同一行為等語，惟原告自89年至90年間，乃至91年1月至92年2月間之違章行為，於刑法評價上，其數違章行為乃係基於一個概括犯意下，所為連續先後數次侵害行為，其侵害相同法益，所犯者為刑法上之同一罪名，是為刑法上之「連續犯」，乃為法律上之同一案件，既為同一案件，則原告甲〇〇91年1月至92年2月間之違章行為自為臺灣板橋地方法院刑事庭93年度金重訴字第1號刑事判決效力所及。從而，原告91年1月至92年2月間之違章行為，既業經刑事法律處罰在案，自有行政罰法第26條規定之適用。
2. 行為時營業稅法第51條第1款規定所稱漏稅罰，應以逃漏稅

捐之被處漏稅罰者，具有處罰法定要件之漏稅事實，方得為之。原告與大大等公司間之廢鐵買賣，二資社業已依稅法規定申報繳納營業稅在案。因此，本件實質銷售人縱然是原告，不過整個銷售行為，已交由二資社來開立發票、申報銷項稅額並繳納稅額，國家在營業稅收上並未減少，只不過是法律上之納稅義務人與實質上之稅捐負擔人，不同而已。而國家應課徵之營業稅，實際上既未短少，也就是並未發生實質漏稅之結果，是被告機關依營業稅法第51條第1款規定，處原告以漏稅罰，即屬無據。況原告90年間即經二資社理事會決議通過，選派擔任運銷班班長（司庫），負責運銷班內廢料收集、分類及打包，合作社與社員、再生廠間聯絡及收付款項分配予社員與交付相關支付憑證等工作，有有限責任台灣省第二資源回收物運銷合作社函、第二屆第六次理事會會議紀錄及證明書為憑，則原告基於二資社之授權，自得代表二資社對外辦理共同運銷事務（先代二資社社員墊付向社會大眾或拾荒者購進廢棄物之款項後，經由共同運銷，代表二資社出售予再生工廠或買受人，再生工廠或買受人依二資社所開立統一發票之金額支付貨款予二資社，二資社再將先前墊付之款項返還），如認原告仍另需辦理營業登記、繳納營業稅，豈非與廢棄物共同運銷制度設立宗旨相牴觸，使二資社形同虛設，共同運銷制度將喪失其存在價值。而同一交易事實之應納稅捐既業經二資社報繳營業稅在案，若再補徵為二資社司庫即原告之營業稅，必將產生重複核課之情形，亦顯與憲法第19條規定宣示之租稅法定原則相違悖。

3. 退步言，被告裁量基準「稅務違章案件裁罰金額或倍數參考表」行政規則，事後已於99年1月26日修正發布，本件類型之裁罰倍數是以「裁罰日」，作為界定「發生違章行為時段」的基準，亦即視「違章行為」係是發生在(1)第1次裁罰日以前；或(2)第1次裁罰日以後至第2次裁罰日以前；或

(3)第2次裁罰日以後，而異其裁罰倍數。原告違章行為自89年9月至92年2月橫跨4年，而第1次裁罰日為93年12月13日。是全部違章行為皆發生在第1次裁罰日以前，前揭參考表因有對外公布，為人民普遍認知，致原本僅具內部效力的「行政規則」，已被認為具有一定程度之外部法規命令效力，而有「行政自我拘束原則」的適用（台北高等行政法院98年度訴更一字第93號判決、最高行政法院98年度判字第789號判決參照），並應適用稅捐稽徵法第48條之3規定。故本件應改依修正後之「稅務違章案件裁罰金額或倍數參考表」，按所漏稅額改處2倍罰鍰；加以稅額已由二資社繳納，似應按所漏稅額改處1倍罰鍰。

五、被告答辯略以：

（一）本稅部分：

1. 二資社係依合作社法所成立之法人，其成立之宗旨係以配合政府、民間垃圾減量、資源回收、廢棄物資源化之政策，辦理社員資源回收物共同運銷，以改進運銷技術，增進社員收益為目的。依二資社章程第2條規定，該社係以經營社員共同運銷為主要業務，是非社員之運銷行為自不得使用二資社之統一發票。按原告非二資社社員，卻經該社指定為司庫，而為實際從事資源回收業者。原告自91年1月起至92年2月止未依規定申請營業登記，銷售廢鐵予大大公司及小小公司，銷售額計358,254,127元，未依規定申報營業額，並使用二資社總經理吳招治所招攬人頭，偽充作共同運銷之社員，分散其自91年1月起至92年2月止之實際營業額358,254,127元，逃漏營業稅額17,912,706元，經查緝黑金行動中心查獲。原告92年8月19日於法務部調查局中部地區機動工作組及92年10月7日於臺灣高檢署第三辦公室所作之調查筆錄坦承非二資社社員亦非司庫或運銷班長，係獨立經營廢鐵廠，進貨資金亦其自行籌措，此與大大公司實際負責人謝裕民、副理涂憲忠及陳昭蓉等3人在檢察官訊

問筆錄為相同供述，並坦承有繳交5%營業稅及0.8%之費用（手續費及人頭社員費）予二資社，營業稅及手續費乃使用二資社統一發票必繳之費用，人頭社員費則係作為使用吳招治所招攬人頭社員用以攤計分配實際營業額之對價，有起訴書、談話筆錄、臺灣高等法院檢察署95年12月8日檢紀智91查27字第37808號函、二資社97年8月25日（97）二資字第080號函及原告支付營業稅使用二資社發票手續費及人頭費等相關資料影本可稽，違章事證明確。

2. 至原告主張其已將銷售貨物應繳5%營業稅交由二資社申報繳納，而且二資社亦依稅法規定申報繳納在案，其並無逃漏稅乙節，按我國現行加值型營業稅制係就各個銷售階段之加值額分別予以課稅之多階段銷售稅，各銷售階段之營業人皆為營業稅之納稅義務人。本件原告既為實際銷售貨物之營業人，依營業稅法第1條、第32條第1項及第35條第1項規定，即屬營業稅之納稅義務人，即應於銷售貨物或勞務時按期申報銷售額及其應納營業稅額，原告未依規定報繳營業稅，即有漏稅事實，至非實際銷售人二資社是否已按其開立發票之金額報繳營業稅，並不影響原告補繳營業稅之義務及逃漏營業稅應受處罰之責任，原核定補徵營業稅額17,912,706元並無不合。

3. 原告雖主張本件應可類推適用營業稅法第15條之1規定等語，惟營業稅法第35條規定應取得合法進項憑證始得扣抵，採嚴格憑證主義，原告未依規定辦理營業登記、申報營業稅及取得進項憑證，其主張比照營業稅法第15條之1規定關於中古車業進項扣抵公式來扣抵，依租稅法律主義，其並非該15條之1所規定業別，其主張並不可採。又政府因應廢棄物資源回收業特性設計廢棄物運銷合作社之制度，原告未運用該制度以合法取得進項憑證，反利用該制度設計漏洞逃漏稅捐以致無法取得合法進項憑證，自應承擔其不利結果。原告另稱被告處理89、90年度有以成本率83%設

算進項等語，按89、90年度事件亦未扣進項稅額，之所以用83%設算進項成本，係因該案有以未依規定取得進項憑證部分，依稅捐稽徵法第44條處罰，以之反推以作為行為罰之處罰基礎，並非准以原告扣抵進項稅額，此原告有所誤解。

（二）罰鍰部分：

原告前揭營業行為，應依法辦理營業登記，而未辦登記，即擅自營業，核有過失，按其行為已符合營業稅法第51條第1款所定裁處行政罰之構成要件，即應處以漏稅罰。至原告主張99年裁罰倍數參考表修正，本件有稅捐稽徵法第48條之3之適用乙節，按裁罰金額及倍數參考表為行政規則，並非法律亦非法規命令，故其修正並無稅捐稽徵法第48條之3之適用，仍適用裁處時之倍數參考表規定。另原告訴稱其逃漏營業稅之事實，業經臺灣板橋地方法院判決有期徒刑，被告機關復對其裁處罰鍰，有違行政罰法第26條規定乙節，查板橋地檢署93年度偵字第8849號起訴書及臺灣板橋地方法院93年度金重訴字第1號判決所指涉之犯罪事實，雖與本件違章事件部分雷同，惟其犯罪期間係自89年至90年間，與本件違章行為之期間係自91年1月至92年2月止有異，蓋依營業稅法第35條第1項規定，營業稅係以每2月為1期，於次期開始15日內申報繳納，亦即營業稅納稅義務人須就「每1期」之營業額負申報繳納稅捐之義務，每1期均屬不同之應作為義務，從而，原告89至90年間與本案系爭91年1月至92年2月間之未依規定報繳營業稅於行政法上分屬不同作為義務之違反；另本件之營業額358,254,127元，該案則為492,864,375元，亦非相同，足證本件違章行為與該起訴書之犯罪行為，在行政法上並非屬同一行為，是本件違章行為既未經刑事追訴，本件原核定罰鍰並無與刑事法律重複處罰之問題，自亦無違反行政罰法第26條之規定，被告機關原核定按所漏稅額處4倍罰鍰71,650,824元並無違誤。

六、本件兩造之爭點為：（一）本件原告是否為實際銷售之銷售人？被告

所為補徵營業稅額之處分是否適法？（二）本件違章原告有否同時觸
犯刑事法律，被告未俟刑事法律程序處理，逕予處罰，有無違法？

七、按「營業稅之納稅義務人如左：一、銷售貨物或勞務之營業
人。」、「將貨物之所有權移轉與他人，以取得代價者，為銷售貨
物。」、「營業人之總機構及其他固定營業場所，應於開始營業
前，分別向主管稽徵機關申請營業登記。」、「營業人銷售貨物或勞
務，應依本法營業人開立銷售憑證時限表規定之時限，開立統一發票
交付買受人。」、「營業人有左列情形之一者，主管稽徵機關得依照
查得之資料，核定其銷售額及應納稅額並補徵之……三、未辦妥營業
登記，即行開始營業，或已申請歇業仍繼續營業，而未依規定申報銷
售額者。」分別為加值型及非加值型營業稅法（下稱營業稅法）第2
條第1款、第3條第1項、第28條前段、第32條第1項前段及第43條第1
項第3款所明定。次按政府因應廢棄物資源回收業特性，而設計廢棄
物運銷合作社之制度，二資社係依合作社法所成立之法人，其成立之
宗旨係以配合政府、民間垃圾減量、資源回收、廢棄物資源化之政
策，辦理社員資源回收物共同運銷，以改進運銷技術，增進社員收益
為目的。依二資社章程第2條規定，該社係以經營社員共同運銷為主
要業務，是非社員之運銷行為自不得使用二資社之統一發票。

八、經查，原告並非二資社社員，雖經該社於91-94年度指定為司庫（原
處分卷78頁該社97年8月25日97二資字第080號函），惟原告本身
即為實際從事資源回收業者，自91年1月起至92年2月止，未依規
定申請營業登記，而使用二資社總經理吳招治所招攬人頭，偽充作
共同運銷之社員，自行銷售廢鐵予大大公司及小小公司，銷售額計
358,254,127元，未依規定申報營業額，逃漏營業稅額17,912,706元
（同卷95-129頁銷售資料統計表）。經查緝黑金行動中心查獲，原告
92年8月19日於法務部調查局中部地區機動工作組及92年10月7日於
臺灣高檢署第三辦公室所作之調查筆錄，坦承其非二資社社員亦非司
庫或運銷班長，係獨立經營廢鐵廠，進貨資金亦其自行籌措，其個
人以二資社司庫名義，向各資源回收業者收購廢鐵，再售予大大公
司，並使用二資社發票銷售，有繳交5%營業稅及0.8%之費用（手續

費及人頭社員費）予二資社等語（同卷256-257,261,268-269,270,274頁訊問筆錄），又二資社出納林淑娟於93年4月28日於臺灣高檢署第三辦公室所作之調查筆錄，稱原告所屬運銷班成員悉數用吳招治所招募人頭之社員（同卷42頁），而原告有以上開方式逃漏稅捐事實，經臺灣板橋地方法院檢察署以原告之行為，違反稅捐稽徵法第41條之以不正當方法逃漏稅捐、商業會計法第71條第1項第1款之填製不實文書等罪嫌，以該署93年度偵字第8849號提起公訴，並經臺灣板橋地方法院刑事庭以93年度金重訴字第1號刑事判決，判處罪刑在案（本院卷79-131頁判決書）。

九、原告雖稱本件買受人大大公司及小小公司係將買受廢鐵貨款匯入二資社系爭帳戶，被告根據二資社出納林淑娟於89、90年案之調查筆錄供述，推論此帳戶在91及92年度實質供原告使用，所根據係以原告將營業稅5%、手續費0.2%及社員費0.6%，從此帳戶再轉匯至二資社開立於華僑商業銀行及玉山商業銀行三重分行帳戶之事實，作為判斷基礎，有違稅捐稽徵法第12條之1第3項之規定之證據法則等云，惟上開原告及林淑娟之調查筆錄係於92及93年間所製作，該筆錄雖陳述89及90年間之交易情形，而未及於本件91年1月起至92年2月之期間，然此等交易模式有相當持續性，又本件原告之復查申請書（訴願卷11頁）亦記載「本件大大公司將貨款匯入二資社，開立華僑銀行清水分行等帳戶（供原告使用），原告再將營業稅5%、手續費0.2%及社員費0.6%，轉至二資社開立於華僑商業銀行及玉山商業銀行三重分行帳戶……。」等語，且原告如為二資社司庫，辦理社員資源回收物共同運銷，係為社員銷售廢鐵予大大等公司，而非自己為銷售人，則廢鐵係社員所收集，所售得款項應分配予社員，應無貨款先匯入原告使用之系爭帳戶，原告再將營業稅、手續費及社員費轉至二資社另開立其他銀行帳戶之理，原告亦未提出本件銷售期間，原告以二資社司庫地位辦理社員資源回收物共同運銷等事證，如廢鐵向社員收集之紀錄及售得款項分配予社員之資金流程。再者，原告亦為臺灣板橋地方法院刑事庭93年度金重訴字第1號刑事判決所載原告犯罪期間係於89年11月至90年12月間，其自89年至90年間，至91年1月至92年

2月間之違章行為，所犯者為刑法上之同一罪名，為刑法上之「連續犯」，本件期間之違章行為自為上開刑事判決效力所及，被告再行裁罰，有違行政罰法第26條之規定之主張（按被告本件處罰有無違法，於本判決後段將予論述），此亦足表示原告對其於91年1月至92年2月期間之銷售廢鐵行為，與於89年11月至90年12月間之銷售方式相同，並不否認。被告以上開調查筆錄認定本件原告有逃漏稅捐之事實，尚不違反原告所指稱之稅捐稽徵法第12條之1第3項之規定之證據法則。

十、另原告主張其與大大等公司間之廢鐵買賣，二資社既已依稅法規定申報繳納營業稅在案，縱本件實質銷售人是原告，不過整個銷售行為，已由二資社開立發票、申報銷項稅額並繳納稅額，國家在營業稅收上並未減少，只不過是法律上之納稅義務人與實質上之稅捐負擔人不同而已，被告無由再依營業稅法第51條第1款規定，處以原告漏稅罰乙節。按「我國現行加值型營業稅各個銷售階段之加值額分別予以課稅之多階段銷售稅，各銷售階段之營業人皆為營業稅之納稅義務人。故該非交易對象之人是否已按其開立發票之金額報繳營業稅額，並不影響本件營業人補繳營業稅之義務。」有最高行政法院87年7月份第1次庭長評事聯席會議決議可資參照，此係該法院就加值型營業稅各階段營業人繳納營業稅所表示之一致見解。準此，本件有關營業稅漏稅罰之裁處，應以該特定營業人即原告有無實際向國家繳納營業稅為論據，至於第三人即二資社有無代繳，對原告之漏稅結果不生影響。本件原告既為實際銷售貨物之營業人，依營業稅法第1條、第32條第1項及第35條第1項規定，即屬營業稅之納稅義務人，即應於銷售貨物或勞務時按期申報銷售額及其應納營業稅額，原告未依規定報繳營業稅，即有漏稅事實，至非實際銷售人二資社是否已按其開立發票之金額報繳營業稅，如有繳納營業稅，因其非實際銷售人，稅捐稽徵機關是否另行退稅之問題，此並不影響原告應補繳營業稅之義務及逃漏營業稅應受處罰之責任。

十一、原告又稱其89、90年間廢棄物營業稅案，即因未提示進貨憑證，經被告依同業利潤標準毛利率17%，分別核算進貨金額，作為裁罰

基礎，基於法律平衡適用及舉重明輕法理，則本件91、92年案，亦應可運用「推計」進貨金額一節。惟按被告於89及90年度事件，係以被告有未依規定取得進項憑證部分，依稅捐稽徵法第44條之規定予以處罰，而以83%設算原告進項成本，然亦未扣進項稅額。又依司法院釋字第660號解釋意旨「財政部中華民國89年10月19日台財稅字第890457254號函，就加值型及非加值型營業稅法施行細則第52條第2項第1款有關如何認定同法第51條第3款漏稅額之規定，釋示納稅義務人短報或漏報銷售額，於經查獲後始提出合法進項稅額憑證者，稽徵機關於計算其漏稅額時不宜准其扣抵銷項稅額部分，符合該法第35條第1項、第43條第1項第4款及第51條第3款之立法意旨，與憲法第19條之租稅法律主義尚無牴觸。」舉輕以明重，本件原告銷售廢鐵，並未向他人依規定取得進項憑證，自無可能於申報期限內向被告申報扣減該等進項稅額，被告於計算原告應納稅額時，自無從據以扣抵銷項稅額，原告主張應比照該二年度核算進項稅額扣抵銷項稅額等情，並無可採。

十二、至原告主張本件應比照中古車買賣業，依營業稅法第15條之1規定設算進項稅額之部分，按該條之1規定：「營業人銷售其向非依本節規定計算稅額者購買之舊乘人小汽車及機車，得以該購入成本，按第10條規定之徵收率計算進項稅額；其計算公式如下：進項稅額＝〔購入成本／（1＋徵收率）〕×徵收率。」其適用範圍，須為營業人銷售其向非按一般稅額計算之營業人購買之舊乘人小汽車及機車，始得按上開規定公式計算進項稅額扣抵銷項稅額，又中古車買賣業者之銷售型態有其特殊性，其向舊乘人小汽車及機車之出賣者，取得進項憑證，有所困難，方有此規定，原告係銷售廢鐵，所銷售之貨物並非舊乘人小汽車及機車，又政府因應廢棄物資源回收業特性，已設計廢棄物運銷合作社之制度，有如上述，原告如以二資社司庫地位辦理社員資源回收物共同運銷，自應依該制度為之，如自行收集廢鐵再銷售他人，則應取得進項憑證再於申報期限內向被告申報扣減該等進項稅額，原告自無比照上揭規定，計算進項稅額扣抵銷項稅額之餘地。

十三、再按「納稅義務人，有左列情形之一者，除追繳稅款外，按所漏
　　　稅額處1倍至10倍罰鍰，並得停止其營業：一、未依規定申請營業
　　　登記而營業者。」為營業稅法第51條第1款所明定。本件被告以原
　　　告於91年1月起至92年2月間未依規定申請營業登記，擅自銷售廢
　　　鐵予大大等公司，銷售額計358,254,127元（91年280,901,076元、
　　　92年77,353,051元），以二資社之發票交付買受人，逃漏營業稅
　　　17,912,706元，除補稅外，並按所漏稅額17,912,706元處4倍罰鍰
　　　71,650,824元，依上開規定，固非無據。

十四、惟按「一行為同時觸犯刑事法律及違反行政法上義務規定者，依刑
　　　事法律處罰之。……前項行為如經不起訴處分或為無罪、免訴、
　　　不受理、不付審理之裁判確定者，得依違反行政法上義務規定裁
　　　處之。」、「一行為同時觸犯刑事法律及違反行政法上義務規定
　　　者，應將涉及刑事部分移送該管司法機關。前項移送案件，司法機
　　　關就刑事案件為不起訴處分或為無罪、免訴、不受理、不付審理之
　　　裁判確定者，應通知原移送之行政機關。」、「本法施行前違反行
　　　政法上義務之行為應受處罰而未經裁處，於本法施行後裁處者，除
　　　第15條、第16條、第18條第2項、第20條及第22條規定外，均適用
　　　之。」行政罰法第26條、第32條及第45條第1項亦分別定有明文。
　　　足認一行為同時觸犯刑事法律及違反行政法上義務規定時，採刑事
　　　法律程序優先處理，又行政機關對於此情形，應先將涉及刑事部分
　　　移送該管司法機關，如受司法機關就刑事案件為不起訴處分或為無
　　　罪、免訴、不受理、不付審理之裁判確定等情形，予以通知後，方
　　　行處理。

十五、查依臺灣板橋地方法院刑事庭93年度金重訴字第1號刑事判決，所
　　　載原告犯罪期間係於89年11月至90年12月間，而有違反稅捐稽徵
　　　法第41條之以不正當方法逃漏稅捐、商業會計法第71條第1項第1
　　　款之填製不實文書等罪，判處罪刑在案，該案經原告提起上訴，由
　　　台灣高等法院審理中（本院卷132頁該院刑事傳票），尚未確定，
　　　另本件部分未經檢察官起訴，上訴後亦未經檢察官追加起訴該部分
　　　或法院就此部分事實予以審理，此為原告所陳稱（同卷135頁言詞

辯論筆錄）。而原告於本件91年1月起至92年2月之期間，未依規定申請營業登記，使用二資社總經理吳招治所招攬人頭，偽充作共同運銷之社員，自行銷售廢鐵予大大公司及小小公司，未依規定申報營業額，逃漏營業稅額之違章行為，與上開刑事判決所載原告於89年11月至90年12月間之犯罪期間之行為，係屬同一銷售及行為模式，該等行為有連續性，應適用94年2月2日刪除前刑法第56條關於連續犯之規定，是本件原告之違章行為有同時觸犯刑事法律及違反行政法上義務規定之情形，被告自應依行政罰法第32條第1項之規定（行政罰法於95年2月5日施行，依該法第45條第1項之規定，施行日後被告於本件仍應適用同法第32條之規定），將涉及刑事部分移送該管司法機關處理，如司法機關就該部分依刑事法律處罰，依同法第26條第1項之規定，被告不得再行裁處，又如司法機關為不起訴處分或為無罪、免訴、不受理、不付審理之裁判確定等情形，依同條第2項之規定予以通知被告後，被告再另行處理。是被告於本件原告違章情形，未依行政罰法第32條第1項之規定，將被告涉及刑事部分移送該管司法機關處理，而按原告所漏稅額17,912,706元，逕行先處4倍罰鍰71,650,824元，自有違反上開規定。

十六、綜上所述，原告所訴其並無逃漏營業稅額部分，並無可採，本件原處分按原告所漏稅額營業稅額17,912,706元，補徵營業稅額17,912,706元，依上開規定及說明，並無違誤，復查及訴願決定予以維持，核無不合。原告訴請撤銷訴願決定及原處分（含復查決定）關於補稅之部分，為無理由，應予駁回；至於罰鍰部分，被告有上開之違誤，復查決定及訴願決定遞予維持，亦有未合，原告該部分訴訟，為有理由，應由本院撤銷訴願決定及原處分（含復查決定）關於罰鍰之部分，由被告依法定程序，為適當之處理，以維法制。又本件事證已明，原告其餘之陳述及舉證，不影響本件判決之結果，爰不一一論列，併予敘明。

十七、據上論結，本件原告之訴一部有理由，一部為無理由，依行政訴訟法第195條第1項、第104條，民事訴訟法第79條，判決如主文。

中　華　民　國　99　年　4　月　28　日
　　　　　　臺中高等行政法院第四庭
　　　　　　　　　審判長法　官　沈○○
　　　　　　　　　法　　官　王○○
　　　　　　　　　法　　官　許○○
以上正本證明與原本無異。

如不服本判決，應於判決送達後20日內向本院提出上訴書狀，其未表明上訴理由者，應於提起上訴後20日內向本院提出上訴理由書（須依對造人數附具繕本）；如於本判決宣示或公告後送達前提起上訴者，應於判決送達後20日內補提上訴理由書（須附繕本）。未表明上訴理由者，逕以裁定駁回。

中　華　民　國　99　年　5　月　5　日
　　　　　　　　　書記官　莊○○

裁判六：駁回判決

高雄高等行政法院判決　　　　　　　　　　　98年度訴字第665號
原　　　　告　甲○○
　　　　　　　乙○○
共　　　　同
訴訟代理人　李○○律師
被　　　　告　　　財政部台灣省南區國稅局
代　表　人　丙○○局長
訴訟代理人　己○○
　　　　　　　庚○○
上列當事人間贈與稅事件，原告不服財政部中華民國98年8月31日台財訴字第09800344200號、第09800344230號訴願決定，提起行政訴訟，本院判決如下：
　　　主　文
原告之訴駁回。
訴訟費用由原告負擔。

事實及理由

一、事實概要：緣原告甲○○、乙○○及訴外人穆陳月娥於民國95年12月13日將其共有之台南縣仁德鄉○○段1332地號土地下稱系爭土地）（應有部分分別為2分之1.4分之1及4分之1）出售予訴外人吳瑞星及林麗雯，買賣價款為新台幣（下同）5,000,000元，低於公告土地現值19,916,300元，涉有以顯著不相當代價讓與財產之情事，被告乃按買賣價款與公告土地現值之差額，按原告甲○○及乙○○應有部分比例分別核定贈與總額7,458,150元及3,729,075元，贈與淨額6,348,150元及2,619,075元，應納稅額717,311元及165,616元。原告不服，申請復查，未獲變更；提起訴願，亦遭決定駁回；遂提起本件行政訴訟。

二、本件原告主張：

（一）原告甲○○、乙○○係因95年12月13日將其名下所有之系爭土地（應有部分各為2分之1.4分之1），共同出售予訴外人吳瑞星及林麗雯，遭被告認定有以顯著不相當代價讓與財產之情事，而對原告2人分別核定課徵贈與稅。是本件符合行政訴訟法第37條第1項所定情形，原告2人自得依法共同提起行政訴訟。

（二）原告將系爭土地出售予訴外人吳瑞星及林麗雯，其買賣價額固較公告土地現值為低，惟：

1. 系爭土地係屬對外無聯絡道路之袋地，而依據民法第787條及第788條之規定可知，系爭土地之買受人固然得於取得系爭土地所有權後，透過協議或訴訟方式向鄰地所有權人取得通行權或開路通行權，但此除需額外支付費用外，如無法與鄰地所有權人以協議方式取得時者，尚須透過冗長之訴訟程序，而此往往曠日廢時，嚴重損害系爭土地之使用收益權。故系爭土地與和公路有適宜聯絡之土地相較，其買賣金額必然較低，此乃事理之然。另系爭土地除具有袋地之缺點外，依據地籍圖謄本所示，其形狀呈現不規則狹長狀，長度約達108公尺，但寬度卻不一，最寬部分約為18

公尺，最窄部分約為10公尺，相差近8公尺，如欲在其上興建建物（該區屬工業用地），將因其狹長之形狀而在使用上受到限制，相較於形狀規則、非袋地之土地，性質上屬形狀狹長又為袋地之土地本即不易出售，縱使得以出售，其交易價值相對亦較低。故系爭土地買賣價金之所以低於公告現值，除因鄰近土地之買賣價格本即低於公告土地現值外（詳後述），亦與系爭土地屬袋地且形狀不規則之不利條件有關。

2. 「土地買賣成交價低於公告土地現值，如納稅義務人能提供附近相同或類似用地於相當期間內之買賣價格、法院拍定價格或其他客觀資料，證明市價確實低於公告土地現值，且其成交價與市價相當者，免依遺產及贈與稅法第5條第2款規定課徵贈與稅。」財政部90年11月7日台財稅字第0900457029號函釋在案：

(1)依據台灣台南地方法院（下稱台南地院）拍賣資料，鄰近系爭土地坐落於台南縣仁德鄉○○○段555地號、面積4,631平方公尺、地目旱、亦為袋地之土地，於98年6月9日由台南地院以5,160,000元拍定，而該筆十三甲段555地號土地，98年之公告現值每平方公尺為2,100元（95年至98年公告現值均為2,100元）。換言之，該筆十三甲段555地號土地如依公告現值計算應有9,725,100元之價值，但拍定之價格卻僅有5,160,000元，低於公告現值之價值。由此足證，與系爭土地均屬袋地之鄰近土地，在交易上，確實有低於公告現值之價值出售之情形。

(2)根據原告查詢附近土地買賣情形，獲悉鄰近系爭土地而坐落於台南縣仁德鄉太子段227地號、面積550.72平方公尺、地目建之土地，曾由其所有人林李不看於96年7月18日以4,820,000元出售予黃世雄，有買賣契約書可證，如以該筆太子段227地號土地於96年之公告現值每平方公尺15,000元計算，該筆太子段227地號土地應有8,260,800元

之價值，但雙方議定之買賣價金卻僅有4,820,000元，亦未達公告現值之價值。而據原告了解，因該筆土地亦屬袋地，買受人於簽署買賣契約後發現取得適當對外聯絡道路有困難，故未依約履行付款義務，致遭出賣人以存證信函解除買賣契約，雙方之後並於97年8月26日在台南縣仁德鄉公所達成調解。該筆買賣事後雖因故而解除契約，但仍無礙於買賣雙方簽約時係以低於公告現值之價格作為買賣價金之事實，由此亦足證，與系爭土地均屬袋地之附近土地，在交易上確實有以低於公告現值之價值出售之情形。

(3)綜上，在交易情形上，系爭土地附近之土地以低於公告現值之價值出售之狀況確實存在，而原告出售系爭土地之價金與當地交易行情相當，足證系爭土地之市價確實低於公告土地現值，且系爭土地之成交價與市價相當。準此，依據財政部90年11月7日台財稅字第0900457029號函釋，自不應對原告課徵贈與稅。

3. 訴願決定雖以上開十三甲段555地號土地係98年度拍定，太子段227地號土地係96年買賣、且未成交，則該2筆土地均非屬與本件系爭土地是在相當期間內出售或拍賣云云為由，而駁回原告2人之訴願。然：

(1)上開太子段227地號土地雖非與系爭土地在同一年簽訂買賣契約，但時間僅相差7個月又5天，時間應屬相當。且系爭土地雖是在95年度出售，但系爭土地95年及96年之公告土地現值均為10,000元，而上開太子段227地號土地，95年為13,000元，96年調整為15,000元。換言之，系爭土地95年、96年之公告土地現值並無變化，顯示系爭土地在這2個年度之土地價值無明顯變化（公告土地現值可反應土地價值之漲跌），而太子段227地號土地96年之公告土地現值較95年度上漲，但是其在96年所簽訂之買賣契約價金卻仍然低於公告土地現值，則太子段227地號

土地若在95年簽約，其買賣價金恐再低於雙方所議定之4,820,000元買賣價金。是縱太子段227地號土地晚系爭土地7個月又5天簽訂買賣契約，應仍屬財政部90年11月7日台財稅字第0900457029號函釋「鄰近土地在相當期間內之買賣價格」，而足為原告主張鄰近土地在相當期間內之買賣價格低於公告土地現值之證明。另太子段227地號土地之買賣契約事後被解除，但究其原因，並非出賣人因土地買賣價格過低而不願意出售，而是買受人之因素所致，此由該筆土地之出賣人寄予買受人之存證信函即可知悉。故該筆買賣事後雖因故而解除契約，但仍無礙於買賣雙方簽約時係以低於公告現值之價格作為買賣價金之客觀事實。

(2)上開十三甲段555地號土地雖係98年度拍定，與本件買賣時間相差尚不滿2年6個月；且十三甲段555地號土地95年度至98年度之公告土地現值均為2,100元，換言之，十三甲段555地號土地在95年度到98年度之土地價值應屬持平之狀況，則十三甲段555地號土地雖較系爭土地晚成交約2年6個月，但因為土地價值無變動，應足為原告主張鄰近土地在相當期間內之買賣價格低於公告土地現值之證明。

4. 原告在出售系爭土地之前，曾與其他買家進行接洽，渠等所開出之價金，尚且低於500萬元，而系爭土地之買受人是出價最高者，故原告出售系爭土地之價金不過是反應當地之交易行情。事實上，系爭土地之市價是否低於公告土地現值暨本件之買賣價金與市價是否相當等情，應可請鑑定機構加以鑑定之，為此，原告請求鈞院將系爭土地交由鑑定機構鑑價，俾明系爭土地之市價確有低於公告土地現值暨本件之買賣價金與市價相當之事實。

（三）歐亞不動產估價師估價報告書已提出其專業之鑑定意見，對系爭土地鑑定其於95年12月13日之市價，該份鑑定報告應屬可

採（雖該鑑定報告是原告委任估價師所為，但委任之後整個過程就由估價師去做，估價師估了哪些土地原告也不清楚，原告若要請估價師幫忙，則可直接請估價師估價500萬元或低於500萬元，故該鑑定報告應屬客觀可採之資料）。又依據該估價報告書，系爭土地於95年12月13日之市價為8,745,004元，平均每平方公尺為4,391元（計算式：8,745,004÷1,991.63＝4,391），亦低於系爭土地95年度之公告土地現值每平方公尺10,000元，顯示系爭土地確有市價低於公告土地現值之情事。另系爭土地之成交價值為500萬元，雖亦低於歐亞不動產估計師聯合事務所之估價報告書之8,745,004元，然原告甲○○部分之買賣價金應僅較市價低1,872,502元【計算式：（8,745,004×1/2）－（5,000,000×1/2）＝1,872,502】，原告乙○○部分應僅較市價低936,251元【計算式：（8,745,004×1/4）－（5,000,000×1/4）＝936,251）】，依據遺產及贈與稅法第5條第2款「財產之移動，具有左列各款情形之一者，以贈與論，依本法規定，課徵贈與稅：二、以顯著不相當之代價，讓與財產、免除或承擔債務者，其差額部分。」之規定可知，即使認被告對原告2人課徵贈與稅為有理由，其贈與之差額原告甲○○部分為1,872,502元、原告乙○○部分936,251元，扣除免稅額1,110,000元後，原告甲○○之課稅贈與淨額為762,502元【計算式：1,872,502元－1,110,000元＝762,502元】，其贈與稅稅率為6%，累進差額為13,400元，應繳納之贈與稅為32,350元【計算式：762,502元×6%－13,400元＝32,350元】，至原告乙○○則無須繳納贈與稅等情。並聲明求為判決訴願決定及原處分（含復查決定）均撤銷。

三、被告則以：

（一）遺產及贈與稅法第5條係規定財產移轉時，具有所列各款情形之一者，即不問當事人間是否有贈與意思表示之一致，亦不論其親疏關係遠近，均必須以贈與論，依法課徵贈與稅，與同法第4條所規定之贈與人與受贈人意思表示一致，始能成立

者不同，是本件之爭點，在於原告有無以顯著不相當之代價讓與財產情事。本件原告甲〇〇、乙〇〇及訴外人穆陳月娥等3人確於95年12月13日將渠等所共有之系爭土地出售予訴外人吳瑞星及林麗雯，買賣價格5,000,000元，有雙方訂立之契約書影本附卷可稽，亦為原告所不爭執。而系爭土地之公告現值為19,916,300元（每平方公尺10,000元，面積1,991.63平方公尺），原告等3人以5,000,000元之代價出售，其出售價格與公告土地現值之差額高達14,916,300元，出售價格僅為公告土地現值之25%，顯有以顯著不相當之代價出售財產情事。又土地買賣成交價低於公告土地現值，如經納稅義務人舉證證明附近相同或類似用地於相當期間內之市價確實低於公告土地現值，且其成交價與市價相當者，始有財政部90年11月7日台財稅字第0900457029號函釋之適用，免依遺產及贈與稅法第5條第2款規定課徵贈與稅。本件原告所舉台南縣仁德鄉〇〇〇段555地號土地，與本件系爭土地非附近土地，且拍定年度為98年度；太子段227地號土地買賣年度為96年度，且未成交，均難謂符合該函釋所指「附近相同或類似用地於相當期間之買賣價格、法院拍定價格或其他客觀資料」。另平均地權條例第46條係規定公告土地現值之評定應考量該地實際狀況、地價動態及區段等因素，並經過審慎客觀評比程序，依社會價值觀而言，自屬一合理客觀之參考價值。是被告依遺產及贈與稅法第3條第1項、第5條第2項及第10條第1項前段、第3項前段，按系爭土地公告現值19,916,300元及實際買賣總價款5,000,000元之差額，按原告甲〇〇及乙〇〇應有部分比例分別核定贈與總額7,458,150元及3,729,075元，並無不合。

（二）關於原告所提出之不動產估價資料，在比較法中所提供之土地，價值都高於公告現值，可見系爭土地也有與公告現值一樣的價值。另收益法所採之資料也非鄰近土地資料，並不足採。又該估價報告是原告付費請估價師所為之資料，並非公正客觀之資料。所謂客觀資料應指附近相同或類似用地之客觀資

料，而非就系爭土地為鑑定。另再參照平均地權條例第46條規定，評定公告現值時已經考量土地實際狀況、地價變動及區段等因素，亦即其係經過客觀評比程序，屬於合理客觀的參考資料，若公告現值都不採，直接採鑑定資料，則所有土地都請估價師鑑定，以鑑定報告所認定之價值當作其價值，政府就無須為公告現值之評定了等語，資為抗辯。並聲明求為判決駁回原告之訴。

四、本件事實概要欄所載之事實，業據兩造分別陳明在卷，復有被告贈與稅復查決定應補稅額更正註銷單、贈與稅應稅案件核定通知書、贈與稅繳款書及復查決定書等影本附原處分卷可稽，洵堪認定。本件兩造之爭點為原告是否係以顯著不相當代價出賣系爭土地，及被告以買賣價款與公告土地現值之差額，按原告甲○○及乙○○應有部分比例分別核定贈與總額、贈與淨額及應納稅額是否合法：

（一）按「凡經常居住中華民國境內之中華民國國民，就其在中華民國境內或境外之財產為贈與者，應依本法規定，課徵贈與稅。」「財產之移動，具有左列各款情形之一者，以贈與論，依本法規定，課徵贈與稅：……二、以顯著不相當之代價，讓與財產、免除或承擔債務者，其差額部分。」「遺產及贈與財產價值之計算，以被繼承人死亡時或贈與人贈與時之時價為準；……第1項所稱時價，土地以公告土地現值或評定標準價格為準；……。」遺產及贈與稅法第3條第1項、第5條第2款、第10條第1項前段及第3項前段分別訂有明文。又「土地買賣成交價低於公告土地現值，如納稅義務人能提供附近相同或類似用地於相當期間內之買賣價格、法院拍定價格或其他客觀資料，證明市價確實低於公告土地現值，且其成交價與市價相當者，免依遺產及贈與稅法第5條第2款規定課徵贈與稅。」為財政部90年11月7日台財稅字第0900457029號函釋在案。查該函釋係財政部本於行政主管機關之地位，就如何貫徹遺產及贈與稅法第5條第2款、第10條第1項前段及第3項前段規定之執行，所為闡明法規原意之行政規則，核與母法規

定之意旨相符，本院自得予以援用。是納稅義務人以顯著不相當之代價讓與財產，其差額部分應以贈與論，依法課徵贈與稅且贈與財產價值之計算，應以贈與人贈與時之「時價」為準，如財產為土地時，除合於財政部90年11月7日台財稅字第0900457029號函釋情形外，原則上其「時價」係指贈與時之公告土地現值或評定標準價格。亦即納稅義務人以顯著不相當之代價讓與土地時，稅捐稽徵機關應以該土地之讓售價額與其時價（即公告土地現值或評定標準價格）之差額部分，以贈與論，課徵贈與稅，合先敘明。

（二）本件原告甲○○、乙○○及訴外人穆陳月娥等3人確於95年12月13日將渠等所共有之系爭土地出售予訴外人吳瑞星及林麗雯，買賣價格5,000,000元，並已辦妥移轉登記在案，有雙方訂立之買賣契約書、登記申請書及土地買賣所有權移轉契約書影本附原處分卷可稽，亦為原告所不爭執。而系爭土地之公告現值為19,916,300元（每平方公尺10,000元，面積1,991.63平方公尺），亦有前揭買賣契約書及地價查詢資料附原處分卷可證。是原告等3人以5,000,000元之代價出售系爭土地，其出售價格與公告土地現值之差額高達14,916,300元，出售價格僅為公告土地現值之25%，顯有以顯著不相當之代價出售土地財產情事。故被告依上揭說明，按買賣價款與公告土地現值之差額，以原告甲○○及乙○○應有部分比例分別核定贈與總額7,458,150元及3,729,075元，贈與淨額6,348,150元及2,619,075元，應納稅額717,311元及165,616元，於法並無違誤。原告雖主張「鄰近系爭土地之台南縣仁德鄉○○○段555地號土地及台南縣仁德鄉○○段227地號土地，其拍定價格及買賣價格亦均低於公告現值之價值，可證系爭土地之市價確實低於公告土地現值，且其成交價與市價相當者，符合上揭財政部函釋意旨，應無須課徵贈與稅。」云云，惟查，依本院卷所附之台南縣仁德鄉地籍圖查詢資料及仁德鄉參考圖所示，原告所舉之前揭2筆土地和系爭土地均有相當距離，並非如原告所述係系爭

土地鄰近之土地，且該台南縣仁德鄉○○○段555地號土地之拍定年度為98年，本件買賣則發生於95年度，相隔數年，尚不足以反映本件買賣當時之客觀交易價值；另同前鄉○○段227地號土地之交易最後既未能成交，即無所謂交易價格可資比較；至原告主張該筆土地最終未成交之原因並非價格因素乙節，僅是原告片面之詞，並無法從原告提出之調解筆錄得此結論。是原告所舉上開買賣事例均難認與上揭財政部函釋所指「附近相同或類似用地於相當期間之買賣價格、法院拍定價格或其他客觀資料」相符，自無足採據。

（三）原告又主張「系爭土地係袋地、且形狀不規則，其交易價格自會低於公告土地價值。」云云，惟查，公告土地價值依平均地權條例第46條「直轄市或縣（市）政府對於轄區內之土地，應經常調查其地價動態，繪○○○區段○○○○區段地價後，提經地價評議委員會評定，據以編製土地現值表於每年1月1日公告，作為土地移轉及設定典權時，申報土地移轉現值之參考；並作為主管機關審核土地移轉現值及補償徵收土地地價之依據。」之規定可知，其係每年考量該地實際狀況、地價動態及區段等因素，並送地價評議委員會審議後決定，即對於原告所稱系爭土地係「袋地且形狀不規則」之土地實際狀況已是公告土地價值考量標準之一，故土地為袋地且形狀不規則與使土地交易價格低於公告價值間，並無必然關聯，原告此部分之主張亦不足採。

（四）原告另主張「系爭土地已經歐亞不動產估價師估價鑑定，其鑑定結果（即估價報告書）認定系爭土地於95年12月13日之市價為8,745,004元（平均每平方公尺為4,391元，其計算式：8,745,004÷1,991.63＝4,391）。該鑑定報告為客觀資料，自得作為裁判依據。故依該鑑定報告書，原告甲○○部分之買賣價金應僅較市價低1,872,502元【計算式：（8,745,004×1/2）－（5,000,000×1/2）＝1,872,502】，原告乙○○部分應僅較市價低936,251元【計算式：（8,745,004×1/4）－

（5,000,000×1/4）＝936,251）】，即原告甲○○及原告乙○○贈與差額應分別為1,872,502元及936,251元，扣除免稅額1,110,000元後，原告甲○○之課稅贈與淨額為762,502元【計算式：1,872,502元－1,110,000元＝762,502元】，其贈與稅稅率為6%，累進差額為13,400元，應繳納之贈與稅為32,350元【計算式：762,502元×6%－13,400元＝32,350元】，至原告乙○○則無須繳納贈與稅。」云云，惟查，估價報告是原告自費請估價師估價所得之資料，其所估數額僅是估價師主觀之認定，並非客觀資料（所謂客觀資料應指附近相同或類似用地之客觀資料例如買賣成交價），其鑑定報告自無公信力，無法據以認定鑑定數額即與市價相當，是據此亦不足以為原告有利之認定。

五、綜上所述，原告之主張皆無可採。被告依遺產及贈與稅法第5條第2款規定，按原告甲○○及乙○○應有部分比例分別核定贈與總額7,458,150元及3,729,075元，贈與淨額6,348,150元及2,619,075元，應納稅額717,311元及165,616元，揆諸前揭規定，尚無不合；訴願決定遞予維持，亦無違誤。原告起訴意旨求為撤銷，為無理由，應予駁回。又本件事證已臻明確，故原告請求本院將系爭土地交由鑑定機構鑑價，以明系爭土地之市價確有低於公告土地現值暨本件之買賣價金與市價相當之事實，核無必要，另兩造其餘攻擊防禦方法核與判決結果不生影響，爰不再逐一論述，附此敘明。

六、據上論結，本件原告之訴為無理由，依行政訴訟法第98條第1項前段、第104條、民事訴訟法第85條第1項前段，判決如主文。

中　華　民　國　99　年　5　月　27　日
　　　高雄高等行政法院第二庭
　　　　　　　審判長法　官　江○○
　　　　　　　　　法　官　簡○○
　　　　　　　　　法　官　吳○○

以上正本係照原本作成。

如不服本判決，應於判決送達後20日內向本院提出上訴書狀，其未表明

上訴理由者，應於提起上訴後20日內向本院提出上訴理由書（須按對造人數附繕本）；如於本判決宣示或公告後送達前提起上訴者，應於判決送達後20日內補提上訴理由書（須附繕本）。未表明上訴理由者，逕以裁定駁回。

中　華　民　國　99　年　5　月　27　日

書記官　陳○○

第五目　行政訴訟的損害賠償

欠稅人對於違法限制出境所失的利益，可在行政訴訟程序中附帶請求賠償嗎？

實例

平洋在民國99年間5月申報98年之綜合所得稅時，涉嫌逃漏其個人綜合所得稅新台幣140萬元，案經台北市國稅局於查獲核定補徵，平洋不服，在依法申請復查被駁回後，目前正依法訴願中，國稅局為防止其出境逃避應納稅捐，乃報請財政部函請內政部入出國及移民署限制其出境，故當平洋在99年雙十節當天前往桃園國際機場準備搭機前往美國洛杉磯接洽進口汽車商務時，遭機場管制人員從西北航空公司飛機上請下，平洋認為他前開未確定的漏稅額未達150萬元，與限制出境之規定不合，卻無端遭受限制出境，致使其名譽受損，並蒙受一筆高達數千萬元的買賣契約損失，在生氣之餘，乃在訴願程序被駁回後，向行政法院提起行政訴訟，同時就其在該筆買賣契約上的損失，一併請求損害賠償，他的請求到底有沒有理由呢？

解說

人民提起行政訴訟，在訴訟程序終結前，得合併請求損害賠償，行政訴訟法第7條定有明文。此一規定，就是一般所謂的「行政上的損害賠償」，這種損害賠償的請求，須具備下列的要件：

(一) 須先提起行政訴訟

這種損害賠償的請求，依行政訴訟法第7條：「提起行政訴訟，得於同一程序中，合併請求損害賠償或其他財產上給付。」之規定，是合併於行政訴訟程序中，所以必先提起行政訴訟，始得合併請求損害賠償，否則，如果未經提起行政訴訟或所提起的行政訴訟不能成立，那麼損害賠償的請求就無從合併，自不得單獨就其損害請求賠償。又各級稅捐稽徵機關的公務員所為核定稅額或非核定稅額的稽徵處分，是屬於各該公務人員權力的行使，並不構成民法上的侵權行為，自不得依民法規定請求損害賠償。但若該公務人員的侵權行為，是在民國70年7月1日國家賠償法施行以後者，受害人固亦得依法請求國家賠償，但究竟是依國家賠償法請求，還是依行政訴訟法請求，可由當事人擇其方便、有利者行使之。

(二) 須在行政訴訟程序終結前

損害賠償，既是合併於行政訴訟程序而請求，則必有行政訴訟程序的存在，始有損害賠償的請求，所以合併請求損害賠償，必須在行政訴訟程序終結前為之。我國的行政訴訟是採直接審理為原則，必經言詞辯論程序，始為終結，所以所謂「訴訟程序終結前」，是指言詞辯論終結前而言。

(三) 須其損害與違法的稽徵處分有相當因果關係

在行政訴訟程序所得合併請求的損害賠償，與依刑事訴訟程序所得提起的附帶民事訴訟之性質相似，都是便利受害人的求償，避免當事人的訟累。但是這種合併的賠償請求，必須納稅義務人所受的損害，是由各稽徵機關的違法處分所造成，並與該處分有直接的關聯性，否則若是：1.處分的結果並未侵害納稅義務人的權利。2.損害與處分間無相當因果關係。3.權利的損害並非違法的處分（如僅是不當的處分）所造成，都不得合併請求損害賠償。

提起行政訴訟所得合併請求損害賠償的範圍，究竟如何呢？依現行行政訴訟法前開第7條規定，並無如舊法第2條所定「前項損害賠償，準用

民法之規定。但民法第二百十六條規定之所失利益不在此限」之限制，因此，現在依行政訴訟法所得請求賠償的範圍，與民法所規定者相同，故民法第216條第1項規定「損害賠償，除法律另有規定或契約另有訂定外，應以填補債權人所受損害及所失利益為限。」其所謂「所受損害」，是指積極的損害，亦即因該原因事實所生的實際損害。至其所謂「所失利益」，則是指消極的損害，即若無該原因事實，所能取得的利益。現行行政訴訟法前開規定，所以不將民法第216條所定「所失利益」排除在外，其主要的原因，是因為行政訴訟法第1條的立法旨趣已明揭「行政訴訟以保障人民權益，確保國家行政權之合法行使，增進司法功能為宗旨。」所定得提起行政訴訟的對象，若僅限於權利的損害，而不包括所失的利益在內，顯較民法所可求償的範圍更窄，豈能「保障人民權益，確保國家行政權之合法行使」？

行政訴訟合併損害賠償的請求，既然可準用民法的規定，那麼其賠償的方法，仍然可準用民法第213條所定的回復原狀、加給利息及第214、215、217條所定的金錢賠償、過失相抵等規定。

依稅捐稽徵法第24條第3項規定：「在中華民國境內居住之個人或在中華民國境內之營利事業，其已確定之應納稅捐逾法定繳納期限尚未繳納完畢，所欠繳稅款及已確定之罰鍰單計或合計，個人在新臺幣一百萬元以上，營利事業在新臺幣二百萬元以上者；其在行政救濟程序終結前，個人在新臺幣一百五十萬元以上，營利事業在新臺幣三百萬元以上，得由財政部函請內政部入出國及移民署限制其出境；其為營利事業者，得限制其負責人出境。但已提供相當擔保者，應解除其限制。」可見稅捐稽徵機關得報請財政部函請內政部入出國及移民署限制納稅義務人出境之要件，必須是「所欠繳稅款及已確定之罰鍰單計或合計，個人在新臺幣一百萬元以上」或「在行政救濟程序終結前，個人在新臺幣一百五十萬元以上」者，始得為之。本件之平洋涉嫌逃漏之個人綜合所得稅雖為新台幣140萬元，但仍在行政訴訟救濟程序中，依法還不達「新臺幣一百五十萬元以上」之限制出境要件。惟台北市國稅局竟報請財政部函請內政部入出國及移民署限制其出境，顯然違法，依前揭行政訴訟法第7條規定，自得在其涉嫌漏案件提起行政訴訟時，合併請求損害賠償。惟其所謂買賣契約損失

數千萬元，若是屬於違法稽徵處分下所失的利益，依前面說明，雖得合併請求賠償，但必須負起舉證之責任，若其可得證明，則不論其補稅部分之行政訴訟是否有理，其被違法限制出境部分，甚為明確，當可獲得有利之判決。縱其補稅部分之行政訴訟，遭行政法院判決駁回，平洋為維護本身權益，亦不妨在行政訴訟之後，就其遭違法限出境之部分，依國家賠償法的規定另行請求賠償。

第六目　行政訴訟的和解

人民可以在行政訴訟程序中主張與稅捐稽徵機關進行和解嗎？

實例

　　清純有限公司於民國99年上半年間，涉嫌虛報銷貨成本，逃漏營業稅，經人檢舉，案經台北市國稅局會警查獲扣得帳證一批，經按秘密證人A君之檢舉資料，及該公司之進銷憑證，認定該公司逃漏營業稅新台幣40萬元，除應補稅外，並處五倍罰鍰，該公司負責人清田認為國稅局認定之漏稅事實，其所憑之證言不實，查扣之進銷憑證與事實不符，仍依序申請復查、提起訴願，均一一遭駁回，乃向該管台北高等行政法院提起行政訴訟，在訴訟審理中，法官亦認定被告機關台北市國稅局之補稅及處罰所依據之事實不甚明確，要國稅局補強證據，該局承辦人認為已無其他證據方法，乃由行政法院法官勸諭和解，經徵納雙方同意減為補稅20萬元並處罰鍰二倍，而成立和解。至此，徵納雙方始在和諧氣氛下離開法院，結束此一煩人的漏稅懸案。清田心想，還好經他據理力爭，始能獲得寬減的結果，所謂「法律不保護睡眠狀態的人」，在清田心中不免有戚戚之感！但是否任何行政事件都可在行政訴訟程序中進行和解？這還是存在清田心中的疑問！

解說

　　在我國民事訴訟法中，早有和解制度之存在，其目的在於促成當事人雙方相互讓步以解決紛爭，創造法律和平，節省司法勞費，有效疏減訴

源，係一解決訟爭的最好方法。故於行政訴訟法未修正前，依據舊法第33條規定：「行政訴訟制度未規定者，準用民事訴訟法之規定」，故關於行政訴訟上之和解制度，在行政訴訟法修法之前，是準用民事訴訟法的規定，直至行政訴訟法於89年7月1日修正施行後，行政訴訟上之和解制度，始設有第219條至228條之獨立條文，以資因應社會的急切需要。

　　所謂「訴訟上和解」乃指當事人於訴訟繫屬中，在受訴法院、受命法官或受託法官前，就系爭訴訟標的之權利義務關係，約定互相讓步，以終止爭執或防止爭執發生，同時又以終結訴訟全部或一部為目的之合意行為。在訴願法並無和解的規定，故在司法審理前的訴願程序，並無和解的可能。惟在現行的行政訴訟法第219條則明文規定：「當事人就訴訟標的具有處分權，並不違反公益者，行政法院不問訴訟程度如何，得隨時試行和解」。另在行政程序法中，亦有「和解契約」的規範，行政程序法第136條規定：「行政機關對於行政處分所依據之事實或法律關係，經依職權調查仍不能確定者，為有效達成行政目的，並解決爭執，得與人民和解，締結行政契約，以代替行政處分。」似此，無非冀望透過行政機關或行政法院，以最方便之途徑解決官民間的紛爭，以促進社會的和諧，節省官民的勞費。

　　行政訴訟法上和解的法律性質，兼具有訴訟行為及實體法上行政契約的雙重性質。一方面是以終結訴訟為目的之訴訟行為，當事人成立訴訟上和解即可直接發生終結訴訟程序，亦即使訴訟繫屬消滅的程序法上之效果，不須原告撤回其訴，亦無須法院作成終結程序之裁決；另一方面，行政訴訟上的和解，是經由雙方相互之讓步，故就實體法而言，實是雙方當事人締結行政法上的和解契約。

　　在一般的稅捐稽徵事件，若能善用此一和解規定，尤其是在具有裁量性的行政處分，行政機關就不必為了面子問題，堅持自己的陳腐觀念，反而造成民怨，得不償失。目前各地方的高等行政法院，對於比較有爭議的稅捐稽徵事件，透過和解程序，諭知稅捐稽徵機關與納稅義務人達成和解的案件，與日俱增，確已發揮疏減訟源的良法美意。

　　惟是否任何稅捐稽徵事件，都可在行政訴訟程序中進行和解？為解開此一疑惑，並使廣大納稅義務人知所運用，爰將行政訴訟法中的和解規

定，逐一解析如次：

一、和解契約的要件

行政訴訟上的訟爭事件，都與公務有關，而公務又都屬公法範疇，故行政機關欲與人民就訟爭事件，在法庭上進行和解，究與民事訴訟上之私權爭議有所不同，爰就其必備要件說明如下：

(一) 須行政處分所依據之事實或法律關係具有不明確性

即和解之第一要件，須符合行政程序法第136條所定：「行政機關對於行政處分所依據之事實或法律關係，經依職權調查仍不能確定者，得與人民和解，締結行政契約，以代替行政處分。」此所謂「事實不明確」，並非限於純粹之事實，凡是已發生或現存之狀態，即使與法律關係糾纏在一起者，皆包括在內；所謂「法律不明確」，係指行政機關對於該案件應適用之法規或其解釋有疑義，而無法合理排除該疑義，例如學說或判例對同一規定之適用產生對立之見解是。就我國現行成立行政訴訟上和解之案例類型以觀，多數以稅務訴訟為主，參照高等行政法院所為之和解筆錄，其大部分皆以「稅務案件之事實或裁罰事實不明確」而締結和解契約者居多。

(二) 須該不確定狀況經職權調查仍不能排除或依合理評估其排除顯有重大困難者

所謂「不確定性」，係指法規所定構成要件之事實，客觀上因欠缺調查途徑而無法查明，或雖經證據調查，但調查之結果未能證明事實之真相，且於可預見之適當時間內或費用，難以期待獲得必要之查明，始足成立和解契約。

(三) 須雙方當事人互相讓步

我國行政程序法第136條並未明文規定，雙方須相互讓步始得成立和解契約，惟基於和解之本質，必須雙方互相退讓，始得成立和解契約。換言之，讓步必須具備相互性。但雙方當事人之讓步，無須等值。即使當事

人之一方讓步幅度大於另一方，仍無礙於和解契約之成立。又讓步須符合「不明與讓步連結法則」，即讓步須與不明確之事件有所關聯，若無關聯，則不具備和解契約之成立要件。

(四) 須合義務性之裁量

所謂「合義務性裁量」，是指行政機關於締結和解契約時，應具備合義務性裁量之權限，考量調查之時間、所花費之金錢及調查之結果對當事人、公共利益是否符合比例原則等情狀，且不得違背「行政機關自我拘束原則」，即對相同之案件應為相同之處理，若有裁量瑕疵，將導致和解契約歸於無效。

(五) 不得違背行政法之一般原則及法律規定

和解契約亦屬於行政契約之一種類型，因此行政法之一般原理原則，諸如：明確原則、比例原則、信賴保護原則等皆不得違反。其內容之形成亦不得牴觸各種有效之法律。

二、和解當事人

依據行政訴訟法第219條規定：「當事人就訴訟標的具有處分權並不違反公益者，行政法院不問訴訟程度如何，得隨時試行和解。受命法官或受託法官，亦同；第三人經行政法院之許可，得參加和解。行政法院認為必要時，得通知第三人參加。」其中所謂「當事人」，依照同法第23條規定，謂原告、被告及依行政訴訟法第41條與第42條參加訴訟之人。又「因試行和解，得命當事人、法定代理人、代表人或管理人本人到場。」（同法第220條），行政訴訟由於一方可能是中央機關、法人或非法人團體，故配合行政訴訟法第27條規定，故增設代表人與管理人本人到場之規定。又依照行政程序法第140條第1項規定，行政契約依約定內容履行將侵害必要參加人之權利者，必要參加人只要不同意，則該實體上和解內容即屬無效，進而整體訴訟上和解亦歸於無效。又根據行政訴訟法第51條第1項規定：「訴訟代理人就其受委任之事件，有為一切訴訟行為之權。但捨棄、認諾、撤回、和解、提起反訴、上訴或再審之訴及選任代

理人，非受特別委任不得為之。」故於行政訴訟中，只要訴訟代理人受特別委任亦可代理訴訟當事人成立和解。

三、和解之方式

(一) 得隨時試行和解

　　行政法院不問訴訟程度如何得隨時試行和解，受命法官與受託法官亦同（行政訴訟法第219條第1項）。所謂「不問訴訟程度如何」，指本案繫屬後，直至整個訴訟程序終結為止。但在解釋上，不得於再審程序或重新審理程序中成立行政訴訟之和解，因與再審或重新審理程序，係為救濟原確定判決之法理相違背之故也。

(二) 應作成和解筆錄

　　行政和解契約之締結常涉及公權力之行使，為確保法律關係之明確，須以一定之方式為之。行政程序法第139條明定：「行政契約之締結，應以書面為之。但法規另有其他方式之規定者，從其規定。」若雙方未做成書面，根據同法第141條準用民法第73條規定，行政和解契約應歸於無效。又根據行政訴訟法第221條第1項規定：「試行和解而成立者，應作成和解筆錄。」（其格式如附件一）。該和解筆錄，即係行政程序法第139條所謂的「書面」。又和解筆錄準用民事訴訟法第214、215、217至219條的規定。

四、和解的效力

　　依據行政訴訟法第222條規定，和解成立者，其效力準用同法第213條、第214條及第216條之規定。故和解契約成立者，有：1.確定力（行政訴訟法第222條準用第213條）。2.除當事人外，對於訴訟繫屬後為當事人之繼受人者及為當事人或其繼受人占有請求之標的物者，亦有效力；對於為他人而為原告或被告者之和解，對於該他人亦有效力（同法第222條準用第214條）。3.撤銷或變更原處分或決定之和解，就其事件有拘束各關係機關之效力；原處分或決定經判決撤銷後，機關須重為處分或決

定者，應依和解意旨為之（同法第222條準用第216條）。4.行政訴訟法成立之和解，得為執行名義（同法第305條第4項）；第三人參加和解成立者，得為執行名義（同法第227條第1項），故和解成立亦有執行力。當事人與第三人間之和解，有無效或得撤銷之原因者，得向原行政法院提起宣告和解無效或撤銷和解之訴。

附件一、和解筆錄的格式

臺北高等行政法院和解筆錄

98年度訴字第2798號

原　　　　告　○○工程有限公司
代　表　人　甲○○
訴訟代理人　黃○○　律師
被　　　　告　財政部臺灣省北區國稅局
代　表　人　乙○○○○○○
訴訟代理人　丁○○

上開當事人間98年度訴字第02798號營業稅事件，於中華民國99年8月24日上午10時10分在本院第六法庭和解成立茲記其大要如下：

出席職員如下：

受命法官　　許○○
書　記　官　吳○○
通　譯　龔　○○

到庭和解關係人

原　　　　告　○○工程有限公司
代　表　人　甲○○　未到
訴訟代理人　黃○○　律師　到
被　　　　告　財政部臺灣省北區國稅局
訴訟代理人　丁○○　到

和解成立內容：

一、被告同意本案改認定為有進貨事實，按所漏稅額新台幣（下同）413,952元改處2倍罰鍰827,904元，原處罰鍰2,069,700元予以追減

　　1,241,796元，本稅部分維持原核定。

二、原告其餘請求拋棄。

三、訴訟費用由原告負擔。

上筆錄經交閱朗讀無訛始簽名。

原告訴訟代理人　黃○○　律師

被告訴訟代理人　丁○○

　　　　　　　　臺北高等行政法院第六庭

上為正本係照原本作成。

中　華　民　國　99　年　8　月　24　日

五、和解瑕疵之救濟

　　雖然行政訴訟上之和解，是雙方當事人合意解決紛爭之方法，惟畢竟雙方當事人是信賴法院為公正之第三人，當合意有所瑕疵或無法合意時，法院得加以衡量事實、公益以及人民權利之保護，斷定是非，故和解遇有實體法上或程序法上之重大瑕疵時，或當事人對於訴訟上和解之效力有爭執時，須給予另一救濟途徑，以彰顯法院徹底解決紛爭之功能。

　　我國行政訴訟法第223條規定，和解有無效或得撤銷之原因者，當事人得請求繼續審判。又同法法第227條第2項亦規定，當事人與第三人間之和解，有無效或得撤銷之原因者，得向原行政法院提起宣告和解無效或撤銷和解之訴。

　　可知訴訟上和解之救濟，可分為當事人以及第三人之救濟途徑，茲分別說明如次：

(一) 當事人請求繼續審判

1. 請求繼續審判之期間

　　應於三十日之不變期間內提起；此項期間，應自和解成立之日起算，而非自和解筆錄送達之日起算，若請求繼續審判之理由知悉在後者，自知悉時起算。

2. 請求繼續審判之程式、原因及效力

　　請求繼續審判為前訴訟程序之續行，自應向訴訟原繫屬之法院請求，始得續行前訴訟程序；請求繼續審判應以書狀為之。而無效或得撤銷之原因，無論是實體法上或訴訟法上之原因，均包括在內。實體法上無效的原因，諸如：和解的內容違背強制或禁止規定、和解之內容違背公序良俗、和解違反法定之方式、和解締結係以不能之給付為其內容、和解之權利或法律關係當事人未具處分權並違反公益者、和解契約未符合行政程序法第136條之規定者等是；訴訟上無效之原因，諸如：和解之當事人無當事人能力或訴訟能力、和解當事人適格有欠缺、由被選定當事人和解，未得多數共同利益人全體之同意者等是；得撤銷之原因，諸如：因被詐欺或脅迫而為意思表示成立訴訟上和解、因錯誤而為意思表示成立訴訟上和解等是。行政訴訟上和解請求繼續審判，雖使訴訟上之和解失其效力為目的。但和解效力之消滅，非在請求繼續審判之時，而在法院就原有訴訟為終局判決確定之時，在此之前不能阻斷和解之確定力。和解有無效或得撤銷原因，經就請求繼續審判之判決確定後，其和解溯及於和解成立時失其效力。若原訴續行訴訟程序而為判決，判決結果變更曾經和解成立之內容，則原本因和解所形成之法律狀態，包括第三人因信賴和解而為善意取得之權利，在行政訴訟當中還包括關係機關受原和解成立之拘束所為行為之合法性，若因此而受影響，將違背信賴保護原則與誠信原則，故應類推適用再審效力之規定，即第三人因善意所取得的權利，不因和解有無效或得撤銷之原因而受影響。

(二) 第三人提起宣告和解無效或撤銷和解之訴

　　根據行政訴訟法第227條第2項與第3項之規定，當事人與第三人間之和解，有無效或得撤銷之原因者，得向原行政法院提起宣告和解無效或撤銷和解之訴。前項情形，當事人得請求就原訴訟事件合併裁判，此為行政訴訟法上所獨有之救濟程序，實因第三人並非原訴訟之當事人，且其參加和解亦非原起訴之範圍，若當事人與第三人間和解有無效或撤銷之原因時，即不可依照請求繼續審判之救濟途徑加以救濟，為了確保第三人或當事人之利益，故於行政訴訟法上設立宣告和解無效或撤銷和解之訴予以救濟。

1. 宣告和解無效之訴

(1)宣告和解無效之訴的性質

　　法條雖然是規定「宣告和解無效」，但依我國民法對於無效之規定，當和解有無效之原因時，和解應為自始、當然、確定的無效，故所謂「宣告」只是「確認」的性質，並非因「宣告」使其和解無效。

(2)宣告和解無效之訴的特別要件

　　宣告和解無效之訴為訴之一種，除須具備一般訴之要件之外，並須具備以下之特別要件才屬合法：①當事人—主張有無效原因之當事人必須以自己與第三人為原告，以相對人為被告，提起訴訟。若當事人與第三人之間的和解契約，僅涉及原訴訟當事人之一造時，自不必列他造為宣告無效之訴之當事人。②期間—提起宣告無效之訴必須於三十天之不變期間內為之，期間自和解成立時起算；但無效之原因知悉在後者，自知悉時起算。和解成立後經過三年者不得提起宣告無效之訴（行政訴訟法第228條準用第224條）。③管轄法院—須向原行政法院提起。④須主張和解有無效之原因（如請求繼續審判的無效原因）。

(3)宣告和解無效之訴的裁判

　　如訴訟要件有欠缺而可補正者，審判長自應限期命其補正，逾期不補正或不能補正者，行政法院應以裁定駁回原告之訴。原告之訴合法，除顯無無效之原因，行政法院得不經言詞辯論逕為駁回其訴外，即應指定言詞辯論期日進行辯論，並就審理結果為准駁之裁判。宣告和解無效之訴，在行政法院未判決宣告和解無效之前，當事人或第三人若依和解內容與其他第三人成立法律關係，此時若宣告和解無效，經法院認為有理由時，善意第三人之權益必會受到影響，為保護該善意第三人，該第三人基於信賴行政訴訟上和解為有效，所取得之權利，並不會因宣告和解無效而受影響，但顯與公益有危害者，不在此限（行政訴訟法第228條準用第226條再準用282條）。

2. 撤銷和解之訴

(1)撤銷和解之訴的性質

撤銷和解之訴,是當事人或第三人,主張兩造間所成立之和解有得撤銷之原因時所得提起之訴訟,此亦為行政訴訟法特有之救濟途徑,然此一判決確定即變動當事人及第三人間之法律關係,亦屬形成之訴的一種。

(2)撤銷和解之訴的特別要件

撤銷和解之訴雖為訴之一種,除須具備一般訴之要件之外,亦須具備以下之特別要件才屬合法:①當事人一主張有撤銷原因之當事人,必須以自己與第三人為原告,以相對人為被告,提起訴訟。若當事人與第三人之間的和解契約,僅涉及原訴訟當事人之一造時,自不必列他造為撤銷和解之訴之當事人。②期間一同前述之宣告和解無效之訴的期間。③管轄法院一須向原行政法院提起。④須主張和解有得撤銷之原因(同前述之宣告和解無效之訴的原因)。

(3)撤銷和解之訴的裁判

撤銷和解之訴的裁判程序,同前述之宣告和解無效之訴的裁判。

本件清純有限公司逃漏營業稅乙案,經其負責人清田向台北高等行政法院提行政訴訟時,因補稅及處罰所依據之事實不甚明確,國稅局亦認該不確定狀況經職權調查仍不能排除,故同意與清純有限公司進行和解並成立和解,而獲得寬減補稅及罰鍰,這就是行政訴訟和解的好處。

目前稅捐稽徵事件,以和解的之式而終結訴訟之案件,逐漸增加,至其和解時,是否均完全符合前述和解契約之要件,亦可能沒有如此嚴謹,故納稅義務人若認為有和解的空間,大可在行政訴訟程序中作此和解之主張,若經法官認為有道理,大概都會由法官諭知稅捐稽徵機關成立和解,以達成寬減稅捐與處罰的目的!

第七目　行政訴訟簡易程序的特別規定

對於被核課稅額在新台幣40萬元以下的案件，因不服訴願決定而欲提起行政訴訟時，究應適用一般的行政訴訟程序還是簡易訴訟程序？

實例

援引前述正清在民國98間未辦營業登記，即私下在屏東市經營快樂食堂，後經人檢舉，由該管台灣省南區國稅局派員會警查獲，經該局核對結果，如其逃漏營業額為新台幣80萬元，又因為有女性陪侍，所以除須按特種飲食業之25%稅率補徵營業稅20萬元外，還須按未辦營業登記處罰新台幣15,000元，並處漏稅罰4倍的罰鍰乙案，因正清不服復查決定，向財政部提起訴願，始經該院撤銷原復查決定，另行決定應按有娛樂節目之餐飲店之15%稅率補徵營業稅12萬元，並處漏稅罰1.5倍的罰鍰18萬元，如果正清仍然不服訴願決定，準備向高雄高等行政法院提起行政訴訟，究應適用一般訴訟程序？還是應適用簡易程序？

解說

　　納稅義務人不服訴願決定，而欲提起行政訴訟時，其行政訴訟程序，有一般訴訟程序及簡易程序之分。有關一般訴訟程序的提起程序，已有如前面第一目至第五目的說明。惟簡易程序的適用，有其一些異於一般訴訟程序的規定，茲逐一說明如次：

一、適用簡易程序的事件

　　依民國100年5月6日立法院修正通過之行政訴訟法第229條規定：「下列各款行政訴訟事件，適用本章所定之簡易程序：①關於稅捐課徵事件涉訟，所核課之稅額在新臺幣二十萬元以下者。②因不服行政機關所為新臺幣二十萬元以下罰鍰處分而涉訟者。③其他關於公法上財產關係之訴訟，其標的之金額或價額在新臺幣二十萬元以下者。④因不服行政機關所為告誡、警告、記點、記次或其他相類之輕微處分而涉訟者。⑤依法律之

規定應適用簡易訴訟程序者；前項所定數額，司法院得因情勢需要，以命令減為新臺幣十萬元或增至新臺幣五十萬元」（目前尚未增減）。至於是否屬於行政訴訟法第229條之事件，應以原告起訴所主張之原因事實為準，訴訟標的金額或價額之核定，高等行政法院應以原告起訴聲明之客觀上交易金額、價額或原告得受之客觀利益核定之，並應依職權調查，經核定後，即生訴訟程序恆定之效力。

可見，關於稅捐課徵事件涉訟，其所核課的稅額或罰鍰處分在新臺幣四十萬元以下者，均應適用簡易程序的特別規定。

二、簡易程序的特別規定

(一) 起訴的程式

簡易程序的起訴及其他期日外之聲明或陳述，概得以言詞為之；以言詞起訴者，應將筆錄送達於他造即被告（行政訴訟法第231條）；當事人以言詞為聲明或陳述時，應於行政法院書記官前為之，並由書記官作成筆錄（第60條）；起訴及其他期日外之聲明或陳述以外之訴訟行為，例如訴訟參加、訴訟告知及終止委任等，法律規定須以書狀為之者，仍應以書狀為之。

(二) 裁判費用徵收標準的不同

一般訴訟程序裁判費用的徵收，起訴是新台幣（下同）4,000元，上訴是6,000元，而簡易程序的起訴是2,000元，上訴是3,000元。

(三) 由獨任法官審判

簡易訴訟程序在獨任法官前行之。

(四) 不經言詞辯論

簡易訴訟程序之裁判得不經言詞辯論為之（第233條第1項）。簡易訴訟程序係採任意言詞辯論，如當事人之一造於言詞辯論期日不到場者，行政法院得不經言詞辯論逕行判決，或依法由一造辯論而為判決

（第236條準用民事訴訟法第385條）。

(五) 通知書應為特別之表明

言詞辯論期日之通知書，應表明適用簡易訴訟程序，並記載當事人務於期日攜帶所用證物及偕同所舉證人到場（行政訴訟法第237條準用民事訴訟法第430條）。如通知書未表明適用簡易訴訟程序者，獨任之法官應告知當事人本件行簡易訴訟程序，以免當事人誤以為改用通常訴訟程序之準備程序。

(六) 關於人證、鑑定之特別規定

通知證人或鑑定人，得不送達通知書，依高等行政法院認為便宜之方法行之。但證人或鑑定人如不於期日到場，仍應送達通知書（行政訴訟法第237條準用民事訴訟法第433條）。

(七) 判決書制作之簡化

判決書內之事實、理由，得不分項記載，並得僅記載其要領（第234條）。

(八) 上訴或抗告，應聲請最高行政法院許可

當事人對於適用簡易訴訟程序之裁判不服者，須於法定期間內提起上訴或抗告，並聲請最高行政法院許可；而應許可上訴或抗告者，以訴訟事件所涉及之法律見解具有原則性者為限（第235條）。所謂「訴訟事件所涉及之法律見解具有原則性」者，例如：對於行政命令是否牴觸法律所為之判斷或就同類事件所表示之法律見解與其他高等行政法院所表示之見解互相牴觸者等是。

(九) 通常訴訟程序與簡易訴訟程序的轉換

誤分簡易訴訟程序或通常訴訟程序事件者，得由承辦法官敘明理由，檢卷送分案庭長交分案人員改分字別及號數並報結原案號；訴訟進行中，因訴訟標的之變動，致原適用通常訴訟程序事件應轉換為適用簡易訴

訟程序,或原適用簡易訴訟程序事件應轉換為適用通常訴訟程序者,高等行政法院均應改分字別及號數並報結原案號,依其應適用之訴訟程序為之,並由原承辦股法官繼續辦理;應適用何種訴訟程序,當事人有爭執者,為訴訟程序之中間爭點,行政法院得為中間裁定(行政訴訟法第193條);由通常訴訟程序轉換為簡易訴訟程序者,以前進行較為周詳之通常訴訟程序,於當事人並無不利,應不失其效力。反之,由簡易訴訟程序轉換為通常訴訟程序者,以前進行之簡易訴訟程序與通常訴訟程序有異者,行政法院自應重新踐行其程序;通常訴訟程序事件,第一審誤用簡易訴訟程序審理並為判決,如當事人在第一審程序曾依行政訴訟法第132條準用民事訴訟法第197條第1項之規定行使責問權者,其訴訟程序即有重大瑕疵,如當事人對之提起上訴,最高行政法院應依行政訴訟法第260條第1項之規定,廢棄原判決,將該事件發回原高等行政法院。

　　從以上的說明,可知行政訴訟的簡易程序,是仿照民事訴訟法的簡易程序而來,其目的是為求簡易案件的速審速結,以節省法院與當事人的勞費,用意良善,只不過其上訴或抗告,須聲請最高行政法院許可,是一道很難通過的關卡,不無剝奪當事人訴訟權利之嫌,實值得商榷。

　　其實當訴訟當事人遞狀時,受理人員就會依據訴狀所載的訟爭稅額或罰鍰的數額,告訴當事人究應適用一般訴訟程序或簡易程序徵收裁判費,並分別交由簡易庭或一般審判庭法官進行審理,如在審理過程中發現適用程序有誤或有變更,亦可依前述「通常訴訟程序與簡易訴訟程序的轉換」辦法,加以調整,故當事人不必太在意其應適用何種程序,只是適用簡易程序進行審判後,其上訴或抗告,就須聲請最高行政法院的許可,此事影響當事人的權益最大,是不得不知。

　　故本例中的正清,其漏稅案既經財政部訴願決定,撤銷原復查決定,另行決定應按有娛樂節目之餐飲店之15%稅率補徵營業稅12萬元,並處漏稅罰1.5倍的罰鍰18萬元,如果正清仍然不服訴願決定,準備向高雄高等行政法院提起行政訴訟,其訟爭的訴訟標的金額為稅額及罰鍰均在新臺幣20萬元以下,依前述說明,自應適用簡易程序進行訴訟程序。

第八目　行政訴訟的上訴

不服高等行政法院的判決還有救濟管道嗎？

實例

援引前述正清在民國98間未辦營業登記，私下在屏東市經營快樂食堂，涉嫌逃漏營業，若被台灣省南區國稅局補徵營業稅45萬元，還須按未辦營業登記處罰新台幣15,000元，並被處漏稅罰4倍的罰鍰乙案，後向財政部提起訴願，雖經該院撤銷原復查決定，另行決定應按有娛樂節目之餐飲店之15%稅率補徵營業稅，並處漏稅罰2倍的罰鍰，因正清仍然不服，而向高雄高等行政法院提起行政訴訟，卻遭該法院以其訴無理由，而以判決駁回之，此時，正清仍然不服氣，請問他還有什麼可救濟的途徑嗎？

解說

納稅義務人提起行政訴訟後，如果不服高等行政法院的裁判，其救濟的程序尚有上訴、抗告、再審及重新審理等途徑。上訴、抗告，可向最高行政法院提起（行政訴訟法第238、276條），再審及重新審理（行政訴訟法第275、285條），可向原裁判的高等行政法院或最高行政法院提起，其救濟的程序比民事訴訟還周到。上訴最高行政法院的要件，除須以得上訴之判決為對象、須有上訴權人未喪失其上訴權、須對原判決不服之一般要件外，更須遵守下列的上訴程序。茲將行政訴訟的重要上訴程序，說明如次：

(一) 上訴理由

對於高等行政法院之終局判決不服，須以其違背法令為理由，始得向最高行政法院上訴（行政訴訟法第238、242條）；判決不適用法規或適用不當者，為違背法令（第243條第1項）；有下列情形之一者，其判決當然違背法令（第243條第2項）：①判決法院之組織不合法者。②依法律或裁判應迴避之法官參與裁判者。③行政法院於權限之有無辨別不當或

違背專屬管轄之規定者。④當事人於訴訟未經合法代理或代表者。⑤違背言詞辯論公開之規定者。⑥判決不備理由或理由矛盾者。

(二) 上訴的程式

上訴應向原判決之高等行政法院提出上訴狀為之（其上訴狀格式如附件）。上訴狀應使用司法狀紙，並表明下列事項：1.當事人。2.高等行政法院判決及對於該判決上訴之陳述。3.對於高等行政法院判決不服之程度，及應如何廢棄或變更之聲明。4.上訴理由；並應附具關於上訴理由之必要證據。5.行政法院。6.年、月、日；當事人、法定代理人、代表人、管理人或訴訟代理人應於訴狀內簽名或蓋章，如以指印代替簽名時，應由他人代寫姓名，記明其事由並簽名；上訴狀應按被上訴人（對造）人數附具上訴狀繕本；上訴狀內未表明上訴理由者，上訴人應於提起上訴後二十日內提出理由書於原高等行政法院，未提出者，原高等行政法院會直接以裁定駁回上訴（第245條）。對簡易訴訟事件之判決提起上訴，須經最高行政法院之許可，因此必須在上訴理由中具體表明該訴訟事件所涉及之原則性法律見解（第244條第3項）。

(三) 上訴期間

提起上訴，應在第一審判決送達後之二十日內為之（第241條）。上訴有無逾越上訴期間，以行政法院收受上訴狀之時間為準。

(四) 採取律師強制代理制度

在民事訴訟上訴到第三審是法律審，因此在民國89年修正民事訴訟法時，已採取律師強制代理制度，行政訴訟的上訴審也是法律審，亦有必要採取律師強制代理制度。因此立法院於100年5月6日修正增訂之行政訴訟法第241條之1規定：「對於高等行政法院判決上訴，上訴人應委任律師為訴訟代理人。但有下列情形之一者，不在此限：

一、上訴人或其法定代理人具備律師資格或為教育部審定合格之大學或獨立學院公法學教授、副教授者。

二、稅務行政事件，上訴人或其法定代理人具備會計師資格者。

　　三、專利行政事件，上訴人或其法定代理人具備專利師資格或依法得為專利代理人者；非律師具有下列情形之一，經最高行政法院認為適當者，亦得為上訴審訴訟代理人：

　　一、上訴人之配偶、三親等內之血親、二親等內之姻親具備律師資格者。

　　二、稅務行政事件，具備會計師資格者。

　　三、專利行政事件，具備專利師資格或依法得為專利代理人者。

　　四、上訴人為公法人、中央或地方機關、公法上之非法人團體時，其所屬專任人員辦理法制、法務、訴願業務或與訴訟事件相關業務者；民事訴訟法第466條之1第3項、第4項、第466條之2及第466條之3之規定，於前二項準用之。」

(五) 上訴的審理

1. 書面審理為原則

　　行政訴訟法第253條第1項前段規定：「最高行政法院之判決不經言詞辯論為之。」乃揭示上訴審以書面審理為原則。惟同項但書則對最高行政法院得依職權或依聲請行言詞辯論，設有例外規定如下：①法律關係複雜或法律見解分歧，有以言詞辯明之必要者。②涉及專門知識或特殊經驗法則，有以言詞說明之必要者。③涉及公益或影響當事人權利義務重大，有行言詞辯論之必要者。

2. 禁止提出新訴訟資料

　　最高行政法院除依前述言詞辯論之事件所得闡明或補充訴訟關係之資料外，應以高等行政法院判決確定之事實為基礎，但仍有兩項例外：①以違背訴訟程序之規定為上訴理由時，所舉違背之事實，上訴審得自行斟酌。②上訴理由主張原判決違背法令確定事實或遺漏事實，所舉之該事實，但不及於所謂「認作主張事實」（指當事人未主張之事實，法院認為已主張之事實而言）；又最高行政法院為法律審，故限制提出新的訴訟資料，訴之變更或追加亦不得為之。至於訴訟參加除其中有必須合一確定者

（第41條），宜解釋為得允許參加外，其餘之參加亦在禁止之列。

(六) 上訴的裁判

最高行政法院之裁判態樣有五：

1. 裁定駁回

上訴不合法而其情形不能補正者，原高等行政法院應以裁定駁回之；上訴不合法而其情形可以補正者，原高等行政法院應定期間命其補正；如不於期間內補正，原高等行政法院應以裁定駁回之；對簡易訴訟事件之判決提起上訴，未於上訴理由中具體表明該訴訟事件所涉及之原則性法律見解者，原高等行政法院應以裁定駁回之（第246條）。最高行政法院對於上訴不合法者，應以裁定駁回之。但其情形可以補正者，審判長應定期間先命補正；上訴不合法之情形，已經原高等行政法院命其補正而未補正者，得不行命補正程序；上訴不合法定要件而不能補正者，裁定駁回上訴（第249條，其裁判格式如後附裁判一）。

2. 判決駁回

上訴無理由者，應以判決駁回上訴。原判決依其理由雖屬不當，而依其他理由認為正當者，應以上訴為無理由（第255條，其裁判格式如後附裁判二）。

3. 廢棄原判決

上訴為有理由者，就該部分應廢棄原判決，並撤銷訴願決定及原處分（復查決定）。因違背訴訟程序之規定廢棄原判決者，其違背之訴訟程序部分，視為亦經廢棄（第256條，其裁判格式如後附裁判三）。

4. 發回更審

上訴有理由者，最高行政法院應廢棄原判決，並將該事件發回原高等行政法院更審（第260條，其裁判格式如後附裁判四）。

5. 自為判決

　　經廢棄原判決而有下列各款情形之一者，最高行政法院應就該事件自為判決：①因基於確定之事實或依法得斟酌之事實，不適用法規或適用不當廢棄原判決，而事件已可依該事實為裁判者。②因事件不屬行政法院之權限，而廢棄原判決者。③依第253條第1項（即有前述書面審理之例外規定）行言詞辯論者（第259條，其裁判格式如後附裁判五）。

　　從以上的說明，可知行政訴訟的救濟，本有高等行政法院及最高行政法院兩級，其不服高等行政法院的判決者，可上訴至最高行政法院，待最高行政法院判決後，即成為終局判決，除有再審及重新審理等情事外，該一訴訟案件，即告確定，當事人無從再聲明不服。故本例的正清，如果對於高雄高等行政法院的駁回判決仍有不服，自可上訴至最高行政法院，但其上訴狀或理由書，須對原法院判決有不適用法規或適用不當之情形為具體之指摘，並揭示該法規之條項或其內容，方得提起上訴，否則，其上訴就不合法，會直接被裁定駁回。

附件：上訴狀格式

行政訴訟上訴狀				
案　　　號	年度　　字第　　　號		承辦股別	
訴訟標的金額或價額	新台幣　　　　　　　　　元			
稱謂	姓名或名稱	依序填寫：國民身分證號碼或營利事業統一編號、性別、出生年月日、職業、住居所、就業處所、公務所、事務所或營業所、郵遞區號、電話、傳真、電子郵件位址、指定送達代收人及其送達處所。		
上訴人被上訴人代表人	○○○財政部台北市國稅局○○○（局長）	住：設：住同上		
為提起上訴事：				

上訴人不服○○高等行政法院○○年度訴字第○○號遺產稅事件之判決，因此在法定期間內提起上訴，並敘述上訴之聲明及理由如下：

上訴之聲明

請求判決：

一、原判決廢棄。

二、訴願決定及原處分關於被繼承人死亡前剩餘財產六至九年內繼承財產之扣除額及配偶剩餘財產分配請求權扣除額部分均撤銷。

三、第一、二審訴訟費用均由被上訴人負擔。

上訴理由

一、按對於高等行政法院判決之上訴，非以其違背法令為理由，不得為之。判決不適用法規或適用不當者，為違背法令。有下列各款情形之一者，其判決當然違背法令：（一）判決法院之組織不合法者；（二）依法律或裁判應迴避之法官參與裁判者；（三）法院於權限之有無辨別不當或違背專屬管轄之規定者；（四）當事人於訴訟未經合法代理或代表者；（五）違背言詞辯論公開之規定者；（六）判決不備理由或理由矛盾者。行政訴訟法第二百四十二條、第二百四十三條分別定有明文。

二、又按法官非參與裁判基礎之辯論者，不得參與裁判，行政訴訟法第一百八十八條第二項定有明文。本件判決，依照判決正本的記載是由法官趙○○、錢○○及李○○作成，而當時參與言詞辯論期日的是法官趙○○、錢○○及孫○○，有言詞辯論筆錄在卷可證。
因此本件判決當然違背法令，構成上訴的理由。

三、再按民國七十四年六月三日修正施行之民法第一千零三十條之一所定生存配偶剩餘財產差額請求權，性質上為債權請求權，其債權的價值於申報遺產稅時，自得於遺產中扣除。被上訴人雖以依財政部八十六年二月十五日台財稅第八五一九二四五二三號函，認上訴人未檢具法院判決或全體繼承人同意書，因此否准認列，惟查上開函釋只是在對於檢具法院判決或全體繼承人同意書者，應予受理而已，至於未檢具上述文件者，並沒有提到不予受理。而生存配偶的剩餘財產差額分配請求權係債權請求權，其債權價值如何查核，是稅捐稽徵機關課徵技術問題，如果認為上訴人主張的直接按遺產價值二分之一計算其剩餘財產分配額有什麼不合理，也應該設一標準來審核，而不是以上訴人未檢具法院判決或全體繼承人同意書為由，拒絕受理。何況本件被繼承人之遺產為新台幣○○元，上訴人在被繼承人死亡時剩餘財產為○○元，兩者相差○○元，其半數為○○元，為被上訴人所不爭執，上訴人於○○元範圍內請求自遺產中扣除，即有依據。因此，提起本件上訴，請求廢棄原判決改判如上訴聲明所示。

此 致	
○○高等行政法院轉送	
最高行政法院 公鑒	
證物名稱 及件數	言詞辯論筆錄影本一份。
中 華 民 國 年 月 日	

具狀人 ○○○ 簽名蓋章

撰狀人 簽名蓋章

說明：一、關於上訴的聲明，應表明對於原判決不服的程度及應如何廢棄或變更的
聲明，如果只是部分不服，應表明：
「原判決關於駁回上訴人請求撤銷訴願決定及原處分關於○○部分之訴
暨命負擔該部分訴訟費用之裁判均廢棄。
訴願決定及原處分關於○○部分均撤銷。
第一、二審訴訟費用均由被上訴人負擔。」
二、上訴狀內必須表明上訴理由，如果沒有表明，上訴人應在提起上訴後
二十日內提出理由書於原高等行政法院。如果沒有補提上訴理由書，依
規定法院不必請上訴人補正，可以直接駁回上訴。

裁判一：裁定駁回

最 高 行 政 法 院 裁 定

99年度裁字第2295號

上訴人 甲○○

丙○○

被 上 訴 人 財政部臺灣省南區國稅局

代 表 人 戊○○

上列當事人間贈與稅事件，上訴人對於中華民國99年5月27日高雄高等行
政法院98年度訴字第665號判決，提起上訴，本院裁定如下：

主 文

上訴駁回。

上訴審訴訟費用由上訴人負擔。

理 由

一、按對於高等行政法院判決之上訴，非以其違背法令為理由，不得為

之，行政訴訟法第242條定有明文。依同法第243條第1項規定，判決不適用法規或適用不當者，為違背法令；而判決有同條第2項所列各款情形之一者，為當然違背法令。是當事人對於高等行政法院判決上訴，如依行政訴訟法第243條第1項規定，以高等行政法院判決有不適用法規或適用不當為理由時，其上訴狀或理由書應有具體之指摘，並揭示該法規之條項或其內容；若係成文法以外之法則，應揭示該法則之旨趣，倘為司法院解釋或本院之判例，則應揭示該判解之字號或其內容。如以行政訴訟法第243條第2項所列各款情形為理由時，其上訴狀或理由書，應揭示合於該條項各款之事實。上訴狀或理由書如未依此項方法表明者，即難認為已對高等行政法院判決之如何違背法令有具體之指摘，其上訴自難認為合法。

二、緣上訴人甲○○、丙○○及訴外人穆陳月娥於民國95年12月13日將其共有之臺南縣仁德鄉○○段1332地號土地（下稱系爭土地）（應有部分分別為2分之1.4分之1及4分之1）出售予訴外人吳瑞星及林麗雯，買賣價款為新臺幣（下同）5,000,000元，低於公告土地現值19,916,300元，涉有以顯著不相當代價讓與財產之情事，被上訴人乃按買賣價款與公告土地現值之差額，按上訴人甲○○及丙○○應有部分比例分別核定贈與總額7,458,150元及3,729,075元，贈與淨額6,348,150元及2,619,075元，應納稅額717,311元及165,616元。上訴人不服，循序提起本件行政訴訟，案經原審駁回其訴。

三、本件上訴人對於原審判決提起上訴，主張：（一）原審判決以歐亞不動產估價師聯合事務所所製作之估價報告書是上訴人自費請估價師估價所得之資料，其所估數額僅是估價師主觀之認定，並非客觀資料，而認定該估價報告書並無公信力，無法據以認定鑑定數額即與市價相當云云，顯然與該估價報告書援引之實際交易價格及估價規則相悖，其所認定之事實與證據顯然不相符，而有違反證據法則之違誤。（二）臺南縣仁德鄉○○○段第555地號土地95年至98年度之公告土地現值均為2,100元，故該筆土地雖較系爭土地晚成交2年6個月，但因土地價值無變動，應足為上訴人主張鄰近土地在相當其間內之買賣價格低於公告現值之證明。同鄉太子段第227地號土地晚系爭

土地7個月又5天簽訂買賣契約，應仍屬財政部90年11月7日台財稅字第0900457029號所解釋「鄰近土地在相當期間內之買賣價格」，亦足為上訴人主張鄰近土地在相當期間內之買賣價格低於公告土地現值之證明。雖然太子段第227地號土地買賣契約事後被解除，但究其原因，並非出賣人因土地買賣價格過低而不願意出售，而是買賣人之因素所致。然原審就上訴人上開說明未詳予審酌，而認上訴人所舉上開買賣事例均難認與上揭財政部函釋所指「附近相同或類似用地於相當期間之買賣價格、法院拍定價格或其他客觀資料」相符，有判決不備理由之違法。（三）系爭土地周圍之土地之公告土地現值是否確實與系爭土地不同？評定時是否確實有考量袋地與非袋地之差別？此應調取相關評議資料始能確定，實不能單憑法條之規定，即遽認系爭土地之公告土地現值已有考慮袋地及形狀是否規則之因素存在。原審徒以平均地權條例第46條之規定，未詳細調查系爭土地公告土地現值之確實評估狀況，顯有未盡調查能事及判決不備理由之違法等語，雖以該判決違背法令為由，惟核其上訴理由，係重述其在原審業經主張而為原審判決摒棄不採之陳詞，或係執其一己之法律見解，就原審所為論斷或駁斥其主張之理由，泛言原審判決違反法令，而非具體表明原判決究竟有如何合於不適用法規或適用不當，或有行政訴訟法第243條第2項所列各款之情形，尚難認為已對原審判決之如何違背法令有具體之指摘。依首開規定及說明，應認其上訴為不合法。

四、據上論結，本件上訴為不合法。依行政訴訟法第249條第1項前段、第104條、民事訴訟法第95條、第78條、第85條第1項前段，裁定如主文。

中　華　民　國　99　年　9　月　30　日
最高行政法院第七庭
　　　　　　　審判長法　官　藍○○
　　　　　　　　　　法　官　廖○○
　　　　　　　　　　法　官　張○○
　　　　　　　　　　法　官　姜○○
　　　　　　　　　　法　官　林○○

以上正本證明與原本無異

中　華　民　國　99　年　10　月　1　日
　　　　　　　　　　書記官　彭○○

裁判二：判決駁回

最　高　行　政　法　院　判　決
　　　　　　　　　　99年度判字第983號
上　訴　人　財團法人私立○○基金會
代　表　人　甲○○
訴訟代理人　黃○○　律師
被 上 訴 人　臺北市稅捐稽徵處
代　表　人　乙○○
上列當事人間地價稅事件，上訴人對於中華民國97年12月25日臺北高等
行政法院97年度訴字第1975號判決，提起上訴，本院判決如下：
　　　主　文
上訴駁回。
上訴審訴訟費用由上訴人負擔。
　　　理　由
一、上訴人所有臺北市○○區○○段○○段461、462、462-1、462-7、
　　462-8、462-9、462-10、462-11、482、484地號等10筆土地（下稱系
　　爭土地），經被上訴人所屬松山分處按一般用地稅率課徵民國96年
　　地價稅計新臺幣（下同）8,353,134元。上訴人不服，申請復查，未
　　獲變更，上訴人仍不服，循序提起行政訴訟。
二、上訴人起訴主張：上訴人係經教育主管機關核准設立並依法組織登記
　　成立之財團法人，旨在提倡體育文化交流活動、促進公共利益而不以
　　營利為目的，更非以特定人為主要受益對象；系爭土地為上訴人所
　　有，且經上訴人事業主管機關臺北市體育處認定為上訴人之「事業用
　　地」，依土地稅減免規則第8條第1項第5款規定，自應免稅。被上訴
　　人增加「土地實際使用情形」、「建築執照有效存在」等法律所無要
　　件，不符租稅法定主義。又系爭土地本係規劃興建體育館，因遭廠商

刁難致財務發生困境而不得已停工，非上訴人所願，亦不可歸責於上訴人停工已造成上訴人鉅額金錢損失，若再負擔龐大地價稅額，恐面臨解散命運，無法達成促進土地利用、增進社會福利及發展經濟之目的等語，求為判決訴願決定、原處分均撤銷。

三、被上訴人則以：系爭土地除第482地號土地外，其餘9筆原為臺北市政府工務局核發之82年建字第073號建造執照之建築基地，預備興建體育館使用，並經被上訴人所屬松山分處依該執照所載興建體育館場地及非屬體育館場地面積之比例，分別按土地稅法第6條、第14條及土地稅減免規則第8條第1項第5款減免地價稅及按一般用地稅率課徵地價稅。上訴人前於85年1月31日向上開工務局申請建造執照工程期限展延43個月，經該局85年4月1日（85）府工建字第85018478號函准予建築期限展延至87年8月13日屆滿，惟上訴人遲未完成體育館興建，被上訴人所屬松山分處於執行93年地價稅清查作業計畫時，發現該建造執照自87年8月13日起廢止，且系爭土地之482號土地本非該建築執照之建築基地，乃按財政部80年11月27日臺財稅第800757304號函釋意旨，核定自建造執照作廢之次年（即88年）起恢復徵收地價稅。又上訴人於96年8月28日向該分處申請減免系爭土地地價稅，經該分處於96年9月5日派員現場勘查，系爭土地現場除已存在地下1層地基，地上有一供保全人員居住之鐵皮屋外，並無任何建物，顯無作公益使用事實，經該分處以96年9月6日北市稽松山甲字第09631037300號函否准所請，並核定系爭土地96年地價稅應按一般用地稅率課徵，並無違誤等語，資為抗辯，求為判決駁回上訴人之訴。

四、原審斟酌全辯論意旨及調查證據之結果，以：

（一）系爭土地除第482地號土地外，其餘9筆原為臺北市政府工務局核發之82年建字第073號建造執照之建築基地，預備興建體育館使用，並經被上訴人所屬松山分處依該執照所載興建體育館場地及非屬體育館場地面積之比例，分別按土地稅法第6條、第14條及土地稅減免規則第8條第1項第5款減免地價稅及按一般用地稅率課徵地價稅。上訴人前於85年1月31日向上開

工務局申請建造執照工程期限展延43個月，經該局85年4月1日（85）府工建字第85018478號函准予建築期限展延至87年8月13日屆滿，惟上訴人遲未完成體育館興建，被上訴人所屬松山分處於執行93年地價稅清查作業計畫時，發現該建造執照自87年8月13日起廢止，乃按財政部80年11月27日臺財稅第800757304號函釋意旨，核定自建造執照作廢之次年（即88年）起恢復徵收地價稅。嗣上訴人於96年8月28日向該分處申請減免系爭土地地價稅，經該分處於96年9月5日派員現場勘查，系爭土地現場除已存在地下1層地基，地上有一供保全人員居住之鐵皮屋外，並無任何建物，顯無作公益使用事實，該分處乃以96年9月6日北市稽松山甲字第09631037300號函否准所請；嗣逢96年地價稅開徵，被上訴人所屬松山分處乃按一般用地稅率核課系爭土地96年地價稅計8,353,134元，自屬有據。

（二）至上訴人主張系爭土地為上訴人之事業用地，依土地稅減免規則第8條第1項第5款規定，應免徵地價稅乙節：

1. 行為時土地稅減免規則第8條第1項第5款復明訂：「經事業主管機關核准設立之私立醫院、捐血機構、社會救濟慈善及其他為促進公眾利益，不以營利為目的，且不以同業、同鄉、同學、宗親成員或其他特定之人等為主要受益對象之事業，其本身事業用地全免。但促進公眾利益之事業，經由當地主管稽徵機關報經省（市）主管機關核准免徵者外，其餘應以辦妥財團法人登記，或係辦妥登記之財團法人所興辦，且其用地為該財團所有者為限。」準此，土地賦稅之減免，自須審究其土地之實際使用情形而定，並非僅須經事業主管機關核准設立並辦妥財團法人登記之私立醫院之所有土地均得免徵地價稅。

2. 系爭土地之使用現況為閒置中之空地，顯未能達到「發展經濟，促進土地利用，增進社會福利」之目的，非上訴人提供用為「發展經濟，促進土地利用，增進社會福利」之

用地，自無土地稅減免規則第8條第5款之適用。又本件為關於地價稅之爭議，系爭土地之實際使用情形如何，是否該當減免要件，唯主管稽徵之被上訴人有其認定權限。被上訴人前以系爭土地為臺北市政府工務局82年建字第073號建造執照之建築基地，而准予按地價稅減免規則予以減免，無非基於土地之興建目的在於重建因火災燒燬之體育館場，與土地稅法第6條所揭示地價稅之減免目的在「為發展經濟，促進土地利用，增進社會福利」相符。惟上開建造執照既已經廢止，又未見上訴人對於系爭土地有何利用情事，自不再具備地價稅之減免事由至明。

（三）從而，原處分按一般用地稅率課徵96年地價稅，自屬有據，訴願決定遞予維持，亦無不合，因將原決定及原處分均予維持，駁回上訴人之訴。

五、本院經核原判決駁回上訴人之訴，並無違誤，再論斷如下：

（一）按「為發展經濟，促進土地利用，增進社會福利，對於國防、政府機關、公共設施、騎樓走廊、研究機構、教育、交通、水利、給水、鹽業、宗教、醫療、衛生、公私墓、慈善或公益事業及合理之自用住宅等所使用之土地，及重劃、墾荒、改良土地者，得予適當之減免；其減免標準及程序，由行政院定之。」「已規定地價之土地，除依第22條規定課徵田賦者外，應課徵地價稅。」行為時土地稅法第6條及第14條分別定有明文。

（二）次按土地稅減免規則第8條第1項第5款規定：「私有土地減免地價稅或田賦之標準如左：……五、經事業主管機關核准設立之私立醫院、捐血機構、社會救濟慈善及其他為促進公眾利益，不以營利為目的，且不以同業、同鄉、同學、宗親成員或其他特定之人等為主要受益對象之事業，其本身事業用地，全免。但為促進公眾利益之事業，經由當地主管稽徵機關報經直轄市、縣（市）主管機關核准免徵者外，其餘應以辦妥財團法人登記，或係辦妥登記之財團法人所興辦，且其用地為該財團

法人所有者為限。」準此,土地賦稅之減免,自須審究系爭土地是否為事業之事業用地及其實際使用情形而定。然查土地稅減免規則係由土地稅法第6條及平均地權條例第25條之授權而由行政院訂定,則適用該規則時,自應審酌土地稅法第6條及平均地權條例第25條之規定意旨,作為解釋法律之依據,始屬合目的性之解釋。前揭土地稅法第6條已揭示地價稅之減免目的乃在「為發展經濟,促進土地利用,增進社會福利」,而對於一定種類之事業所使用之土地予以減免;是以,對於事業用地減免其地價稅,必須土地之使用可以達到「發展經濟,促進土地利用,增進社會福利」之目的,始足當之。則長期閒置土地或建造執照已廢止之建築基地,無從達成前開立法目的,自難認係土地稅減免規則所適用之土地。此項法令解釋原則,自非於土地稅減免規則第8條第1項第5款增加原所無「現正使用中」及「建造執照」等限制。本件上訴人所有系爭土地除482地號土地外,均為工務局核發之82年建字第073號建造執照之建築基地,前經被上訴人所屬松山分處分別按土地稅減免規則減免地價稅及按一般用地稅率課徵地價稅,嗣後該建照因地上工程未達展期所附條件而於87年8月13日屆期時廢止,則系爭土地已屬於停工狀態,且仍然閒置中等情,為原審依法認定之事實。是以,系爭土地既為閒置中之空地,而無何等利用,自未能達到「發展經濟,促進土地利用,增進社會福利」之目的,揆諸上開說明,自無土地稅減免規則第8條第1項第5款規定之適用。原判決以系爭土地為已規定地價之土地,既無課徵田賦之適用,亦無土地稅減免規則第8條第1項第5款之適用,應按一般土地稅率核課96年度之地價稅,業已論述其得心證之理由,且其理由得以支持其主文,經核於法並無違誤,亦無判決理由矛盾之情事,上訴人主張原判決適用法規不當及有理由矛盾之違法云云,核非可採。

(三)末查財政部80年11月27日臺財稅第800757304號函雖係針對土地稅減免規則第8條第1項第9款關於興建寺廟教堂用地所為之

解釋，惟與同條項第5款之「其他為促進公眾利益，不以營利為目的之事業」具有相同之性質，被上訴人將之適用於本件，並無違法律規定之本旨。況上訴人之建造執照既已於87年8月13日被廢止，其與土地稅法第6條及土地稅減免規則第8條第1項第5款規定之免稅要件，顯有未合，已如上述，是縱無財政部上開函釋之適用，被上訴人之核課仍屬有據。原審依相關法規予以解釋適用結果，系爭土地之使用狀況未符減免要件，自毋庸再援用財政部該函釋，經核無違論理法則，於法亦無不合。

（四）綜上所述，原審斟酌全辯論意旨及調查證據之結果，以原處分及訴願決定均無違誤，因將其均予維持，駁回上訴人之訴，核無違誤。上訴論旨，仍執前詞，指摘原判決違誤，求予廢棄，難認有理由，應予駁回。

六、據上論結，本件上訴為無理由。依行政訴訟法第255條第1項、第98條第1項前段，判決如主文。

中　華　民　國　99　年　9　月　30　日
　　　　　　最高行政法院第五庭
　　　　　　　　　　審判長法　官　黃○○
　　　　　　　　　　　　法　官　林○○
　　　　　　　　　　　　法　官　陳○○
　　　　　　　　　　　　法　官　吳○○
　　　　　　　　　　　　法　官　陳○○
以上正本證明與原本無異
中　華　民　國　99　年　10　月　1　日
　　　　　　　　　　書記官　彭○○

裁判三：廢棄原判決

最　高　行　政　法　院　判　決
　　　　　　　　99年度判字第971號
上　訴　人　　○○股份有限公司高雄愛河分公司

代 表 人　甲○○
訴訟代理人　李○○
　　　　　　盧○○　律師
　　　　　　林○○　律師
被 上 訴 人　財政部高雄市國稅局
代 表 人　陳○○

上列當事人間稅捐稽徵法事件，上訴人對於中華民國97年12月30日高雄
高等行政法院97年度訴字第807號判決，提起上訴，本院判決如下：

　　　主　文

原判決廢棄。

訴願決定及原處分（復查決定）均撤銷。

第一審及上訴審訴訟費用均由被上訴人負擔。

　　　理　由

一、上訴人於民國94年5月1日至同年10月31日間銷售貨物，銷售額計新
　　臺幣（下同）37,596,510元，開立873張無買受人名稱及統一編號之
　　二聯式收銀機發票金額計39,476,336元（含稅），並於每月月底作廢
　　上開無買受人之二聯式發票，換開三聯式統一發票予甲興業有限公司
　　（下稱甲公司），經被上訴人查獲，以上訴人未依規定開立統一發票
　　交付買受人，卻開立予非實際交易對象之甲公司，依稅捐稽徵法第
　　44條規定按查明認定之總額處5%之罰鍰1,879,825元。上訴人不服，
　　申請復查，未獲變更，提起訴願，經財政部訴願決定，將原處分撤
　　銷，囑由原處分機關另為處分。被上訴人重核結果，仍維持原核定罰
　　鍰金額，上訴人仍不服，提起訴願及行政訴訟，遞遭駁回。

二、上訴人起訴主張：

　　（一）在社會經濟交易生活上，各公司行號員工代公司購買民生消費
　　物品，僅聲明統一編號，並無法規要求出售人須查證「購物之自然
　　人是否為營業人之員工」，始能開具三聯式發票給購物之自然人所聲
　　明之實際買受人。又無任何法令要求購物之自然人於換開發票時，應
　　遵循之程序或要件，自不能期待上訴人查明購物之自然人是否為特定
　　公司之員工。況上訴人確實有實際銷貨，與買受人間之交易為真實交

易，與一般違法企業與虛設行號間無實際進銷貨交易事實，卻利用借牌購買發票用以逃漏稅捐之情況完全不同。（二）本件有實際營業交易事實，在銷貨時即依規定給與對方銷貨憑證。事後原買受人持原開立之二聯式統一發票要求作廢重開三聯式統一發票時，上訴人本於內部控制程序辨明此原發票之開立是否確為上訴人所開立，並詢問該原買受人統一編號後予以換發，已盡營業上應注意責任及義務，並無故意或過失，亦即不論於開立時及換發票時，上訴人應給與他人憑證皆已給與，並沒有應給予憑證而未給予之情事。被上訴人卻擴張稅捐稽徵法第44條規定，要求上訴人必須「查明原買受人是否為甲公司之員工」，不顧上訴人根本不能或無法確認或稽核交易對象，顯有違誤等語，求為判決撤銷訴願決定及原處分。

三、被上訴人則以：

（一）上訴人開立873張作廢之二聯式收銀機發票上所載消費商品為台灣啤酒及香菸類，而採信用卡刷卡方式付款，每筆交易付款信用卡卡號各不同，分別來自不同消費者，其中許多信用卡已停卡或轉呆，且大部分持卡人係取得其他公司薪資，而甲公司亦未辦理94年度薪資及各類所得扣繳憑單申報，信用卡持卡人應非甲公司之員工。又甲公司之營業項目係其他建材批發及一般廢棄物清除，依系爭交易種類、付款方式觀之，自非為上訴人與甲公司之交易，上訴人未查明系爭交易之買受人，即換開26張三聯式統一發票予甲公司申報扣抵營業稅，違反稅捐稽徵法第44條規定。

（二）系爭交易對象係持信用卡刷卡消費，且於同一時段內，即有多筆甚至數十筆不同卡號之刷卡交易，消費時並未要求上訴人開立買受人統一編號，甲公司卻於每月底持系爭無買受人統一編號之二聯式發票，要求換開買受人為甲公司之三聯式發票情形，已顯為異常。上訴人為專業大型之零售商，在未查明系爭交易之買受人是否確為甲公司下，即作廢原有二聯式發票，換開26張三聯式統一發票予甲公司，難謂善盡營業人開立憑證時應注意之義務。再者，營利事業所取得之進貨發票或所開

立之銷貨發票為非實際交易對象者，即構成稅捐稽徵法第44條所稱「營利事業依法規定應給與他人憑證而未給與、應自他人取得憑證而未取得」之要件。換言之，營利事業一經有取得發票來自或開立發票予非實際交易對象之行為，違章事實即成立，司法院釋字第252號著有解釋。上訴人所述，自不足採等語，資為抗辯。

四、原審駁回上訴人在第一審之訴，係以：

（一）上訴人所開立873張之二聯式統一發票，消費商品均為台灣啤酒及香菸類，均係屬不同買受人以信用卡刷卡方式付款，每筆交易付款信用卡卡號各不同，其中部分信用卡已自行停用或被停用，且大部分持卡人係取得其他公司薪資，甲公司亦未辦理94年度薪資及各類所得扣繳憑單申報，有持卡人資料清冊等附卷可佐。足證上訴人94年5月1日至同年10月31日間銷貨所開立之統一發票，因上開信用卡持有人並非甲公司之員工，自無代替與甲公司交易之可能，故該等交易係屬信用卡持有人之個人行為，則系爭873筆交易之直接買受人顯然並非甲公司。又上訴人係先開立合計873張二聯式統一發票，多數為數萬元之統一發票，然上訴人於5月31日卻換開為2,712,450元、6月30日換開為3,962,408元及4,566,200元等數百萬元之三聯式統一發票，惟同一公司持多數不同持卡人所消費之多張二聯式且未載該公司統一編號之統一發票集中向上訴人請求換發各高達數百萬元之三聯式統一發票，有悖一般商場交易常情。再者，依原處分卷附營業稅稅籍資料查詢作業之記載，甲公司為有限公司法人，設立日期為94年5月26日，行業代號為未分類其他建材批發及一般廢棄物清除等業務，然自系爭873筆交易日期、種類、付款方式觀之，卻有先於甲公司設立登記前之交易，且買賣交易均為啤酒及香菸等物品，與甲公司之營業項目其他建材批發及一般廢棄物清除等項目全然無關，並有甲公司營業稅籍資料及94年度營業額查詢等附卷可憑。甲公司既為法人，衡諸一般交易常情，購買高達3,700多萬元之貨物，應

由甲公司大批向上訴人進貨，尚無必要捨通常交易往來之方式，而以個人且多人之信用卡刷卡分次購買之，則甲公司以個人信用卡刷卡購買高達3,700多萬元之台灣啤酒及香菸等貨物，亦與常規不符。況上訴人94年5月至10月二聯式統一發票873張之買受人記載空白，無甲公司之統一編號，亦僅能證明上訴人有銷貨之事實，仍無法證明甲公司為上訴人之實際交易對象。

（二）營利事業就其應正確開立憑證依法既具有注意義務，是其應注意能注意而疏未注意，即有違反稅捐稽徵法第44條之過失。上訴人既係向該等買受人收取上開873筆交易之款項，自應按金額開立發票予上開買受人，而非甲公司。且上訴人身為營業人，本有注意其實際交易對象以開立合法憑證之注意義務，本件多數不同買受人連續6個月持大量無買受人名稱及統一編號之二聯式統一發票請求上訴人換發三聯式統一發票予甲公司，顯有悖一般商場交易常情，上訴人應能注意此異常情形，益徵上訴人對其實際交易對象是否為甲公司，未盡其注意義務甚明。則上訴人縱無違反行為時稅捐稽徵法第44條之故意，亦難謂無過失，因將訴願決定及原處分均予維持，駁回上訴人在原審之訴。

五、上訴意旨略謂：

（一）上訴人不可能在對不特定大眾開放性交易中，得知刷卡交易之買受人，是否為甲公司之員工，原審判決以被上訴人所提出信用卡持有人於95年5月底所申報之綜合所得稅資料為證，認定上訴人在交易時能知悉系爭信用卡持有人，並非甲公司之員工，顯有適用證據法則不當之違法。上訴人已盡營業上應注意之責，辨明此原發票是否為上訴人所開立而換發，上訴人並無應給予他人憑證而未給予之情事，原審判決指摘上訴人換開發票給甲公司屬於「應給與他人憑證而未給與」，顯有適用稅捐稽徵法第44條不當之違法。況主管機關並未頒佈任何換開發票之規範，不應課予上訴人查證實際交易對象之公法義務，稅

捐責任應由取得及請求換開發票之人負責，原判決論斷上訴人難謂無過失云云，顯有不當。

（二）原審判決既認定本件係由許多不同消費者在上訴人之賣場刷卡購買台灣啤酒及香菸類，取得二聯式發票後再換發以甲公司為買方之三聯式發票，則持卡消費之人至上訴人賣場購物消費，依據經驗法則應係受上開公司之指示而為消費行為，持卡消費者即令非屬甲公司之員工，依一般日常生活經驗及常理判斷，亦應屬使用人或代理人，訴訟實務上該使用人或代理人之行為效力仍歸屬上開公司行號，故該持卡消費人應係屬甲公司之履行輔助人，有本院89年度判字第1677號等判決可參，上訴人應無違反稅捐稽徵法第44條之故意或過失，原審未詳予審酌，仍認上訴人有違反稅捐稽徵法第44條之故意過失，顯係要求人民盡無期待可能性之協力義務，原審判決實有違憲法第23條之比例原則。

（三）參酌類似本件案情之財政部98年12月31日台財訴字第09800436250號、99年5月10日台財訴字第09900013790號等訴願決定書，及北區國稅局99年7月7日北區國稅法一字第0990016791號復查決定書、南區國稅局新化稽徵所99年7月26日南區國稅新化三字第0990034712號函，原處分機關及其上級機關財政部均變更法律見解，認上訴人之行為並無過失，故撤銷上訴人之罰鍰等語。

六、本院按：

（一）原審對於稅捐稽徵法第44條所謂「營利事業依法規定應給與他人憑證而未給與」之「依法」及「他人」業已闡述綦詳，因而認定營利事業就其應正確開立統一發票具有注意義務，上訴意旨仍執陳詞主張被上訴人不應課予上訴人查證實際交易對象之公法上義務，指摘原判決適用稅捐稽徵法第44條不當云云，惟查原判決所謂上訴人應負有注意義務，係指初步之瞭解及通常之注意而言，並未課予上訴人如同稅務機關深入查證之義務，原判決業已指明本件從諸多事實及跡證顯示甲公司之換

發三聯式統一發票，顯有悖一般商場交易常情，上訴人只要稍加注意，即可辨明甲公司並非買受人而不准換發，上訴意旨指不應課予其查證義務云云，尚有誤會。

（二）上訴人所引本院89年度判字第1677號等判決，係針對非公司員工代公司領用統一發票，且其代領行為業為公司所自認之情形，與本件數百位消費者衡情不可能代理甲公司（或為甲公司之使用人）購買加樂福商品之情形不同，自不能比附援引，上訴人主張持卡消費者即令非屬甲公司之員工，依常理判斷亦應屬使用人或代理人，故該持卡消費人應係屬甲公司之履行輔助人，其行為效果應歸屬於甲公司云云，核無足採。

（三）上訴人所援引上開財政部訴願決定及國稅局復查決定，雖指明上訴人是否有過失應重新審酌，或尚難認上訴人有過失，而撤銷原處分，惟行政機關之訴願決定或復查決定，並無拘束法院之效力，尚難據為上訴人有利之論據。

（四）綜上所述，原判決固非無見，惟查稅捐稽徵法第44條業於99年1月6日修正公布增訂第2項規定：「前項之罰鍰金額最高不得超過新台幣一百萬元。」復依同法第48條之3前段規定：「納稅義務人違反本法或稅法之規定，適用裁處時之法律。」所謂裁處時之法律，係包括行政救濟程序終結前之法律。查稅捐稽徵法於99年1月6日修正公布時，本件之行政救濟程序尚未終結，自應適用裁處時即99年1月6日修正公布之稅捐稽徵法第44條第2項規定裁處罰鍰金額，惟本件裁處之罰鍰金額為1,879,825元，業已逾法定罰鍰金額之最高上限一百萬元，是本件被上訴人之裁罰處分自非合法，訴願決定及原審判決未及糾正，亦有未合，爰將原判決、訴願決定及原處分均予撤銷，由被上訴人本於職權裁處合法適當之金額，以臻適法。

七、據上論結，本件上訴為有理由，依行政訴訟法第256條第1項、第259條第1款、第98條第1項前段，判決如主文。

中　華　民　國　99　年　9　月　30　日
　　　　最高行政法院第二庭

審判長法　官　鍾○○
法　官　林○○
法　官　黃○○
法　官　鄭○○
法　官　林○○

以上正本證明與原本無異

中　華　民　國　99　年　10　月　1　日

書記官　王○○

裁判四：發回更審

最　高　行　政　法　院　判　決

99年度判字第980號

上　訴　人　丙實業股份有限公司

代　表　人　甲○○

訴訟代理人　李○○

被　上　訴　人　財政部臺北市國稅局

代　表　人　凌○○

上列當事人間營業稅事件，上訴人對於中華民國97年12月30日臺北高等行政法院97年度訴字第2128號判決，提起上訴，本院判決如下：

　　主　文

原判決廢棄，發回臺北高等行政法院。

　　理　由

一、被上訴人以上訴人於民國90年12月間進貨，取具虛設行號丙科技有限公司（下稱丙公司）開立之統一發票銷售額（下稱系爭發票）合計新臺幣（下同）6,474,900元，營業稅額323,745元，作為進項憑證申報扣抵銷項稅額，初查乃核定補徵營業稅額323,745元，並按所漏稅額323,745元處3倍罰鍰971,200元（計至百元止）。上訴人不服，申請復查，未獲變更，上訴人就罰鍰處分仍表不服，提起訴願，亦遭決定駁回，遂提起行政訴訟，經原審以97年度訴字第2128號判決（下稱原判決）駁回。上訴人仍不服，遂提起本件上訴。

二、上訴人起訴主張：

（一）上訴人於97年4月8日向被上訴人所屬信義稽徵所申請同意補繳稅款承認違章事實並承諾繳清罰鍰，有申請書為據。又上訴人申請以累積留抵稅額抵繳營業稅，是稅款已全數繳納，並在被上訴人依訴願法第58條重新審查前檢具承諾書乙紙，請被上訴人依法改處2倍罰鍰。

（二）依丙公司涉嫌虛設行號相關資料分析表（以下稱虛設行號分析表）所載內容可知，丙公司在90年10月止尚非虛設行號，而在90年11月至91年4月間尚有15.83%，高達33,716,064元尚非取得涉嫌虛設行號開立之不實發票。另系爭發票係上訴人於90年12月取得，被上訴人復認定丙公司在90年10月底前並非虛設行號僅時隔一個月，且系爭發票銷售額合計6,474,900元（不含稅）遠比丙公司取得非虛設行號發票之金額33,716,064元為低。又上訴人業已於90年12月12日及18日開立與系爭發票內容相符之不可撤銷信用狀支付貨款，並分別於90年12月12日及19日匯入丙公司，是以，被上訴人認定系爭發票為虛設行號發票，認定事實顯有錯誤。

（三）上訴人就系爭發票之貨款於90年12月1日至18日支付4筆款項予丙公司，金額共計6,798,645元。該款項匯入後並無相同金額之領出記錄，是以，被上訴人主張該貨款已全數轉回上訴人，顯不可採。另被上訴人雖查得丙公司分別於90年12月13日及90年12月19日匯入2,858,700元及3,616,200元至上訴人股東吳○○個人帳戶，然該筆款項之受款人為股東吳○○個人並非上訴人公司，又股東與上訴人乃屬不同之法律行為主體，被上訴人即難據此謂系爭款項有回流上訴人之情。再者，上訴人就系爭進貨支付丙公司貨款合計6,798,645元，依丙公司受款資料明細表，丙公司匯入吳○○帳戶僅有6,474,900元，兩者亦不相符等語，為此，訴請將訴願決定及原處分（即復查決定）關於罰鍰部分均撤銷。

三、被上訴人則以：依財政部頒定修正稅務違章案件裁罰金額或倍數參

考表規定:「……有進貨事實者:……(三)取得虛設行號……。一、按所漏稅額處3倍之罰鍰。但於裁罰處分核定前已補繳稅款及以書面或於談話筆(紀)錄中承認違章事實及承諾繳清罰鍰者,處2倍之罰鍰;……。」本件第1次處分核定上訴人無進貨事實,處分日期為94年12月5日,上訴人不服申請復查,經被上訴人重審後,於96年9月10日第2次處分改核定為有進貨事實,上訴人於97年4月10日始繳納稅款,是以,上訴人稅款繳納日期均落後於第1次及第2次裁罰處分日,依前揭倍數參考表規定,本件無處2倍罰鍰之條件。又上訴人於97年4月22日訴願提起後,方簽立承認違章事實承諾書,上訴人主張改處2倍罰鍰,依法無據。上訴人97年4月22日僅就罰鍰提起訴願,其營業稅違章已確定,是上訴人進貨,未依規定取得交易對象進項憑證,卻取得虛設行號丙公司開立不實憑證申報扣抵其銷項稅額之違章行為,並未否認。依稅捐稽徵機關管理營利事業會計帳簿憑證辦法第21條第1項前段規定,營業人有自實際交易相對人取得原始憑證之作為義務,本件上訴人實際交易相對人既非虛設行號之丙公司,卻取得其統一發票,已違反前揭作為義務,上訴人顯有應注意、能注意而不注意之疏失等語,資為抗辯,求為判決駁回上訴人之訴。

四、原審為不利於上訴人之判決,係以:

(一)以丙公司90年度進項來源明細表分析,丙公司進項來源取自其他虛設行號計有:丁國際實業有限公司,進項金額76,970,120元,戊股份有限公司(代理商),進項金額55,565,750元,己企業有限公司(其他文具用品製造),進項金額46,012,000元,庚實業股份有限公司(不動產仲介、代銷),進項金額34,440,530元,辛國際股份有限公司(廣告設計),進項金額28,803,000元;取自擅自歇業他遷不明行號來如壬有限公司,進項金額8,300元,癸科技股份有限公司(被動電子元件製造),進項金額1,600,000元,異常進項比例高達99.4%。而丙公司90年11月至91年4月間並無進口資料,申報進項發票128紙,進項金額計253,054,099元,取自丁國際實業有限公司等涉嫌虛設行號開立之不實發票金額計

212,988,400元，佔其取得總進項比例84.17%，進項來源顯為不實，卻虛開鉅額不實發票銷售額220,037,378元等情，有刑事案件移送書、虛設行號分析表等件在卷可按，益見丙公司有以無進銷貨事實，開立統一發票予其他營業人，供他人扣抵銷項稅額，幫助他人逃漏營業稅額之情事。

（二）上訴人雖主張其確有與丙公司交易之事實，並提出發票、匯款委託書及信用狀等件為憑。惟依丙公司開立之統一發票品名記載係：「積體電路」，此項貨品之行業代號是3172-12，與上訴人之行業別5252-11電子設備，已有未合。參以丙公司90年度進項來源係丁國際實業有限公司等，均無行業代號3172-12之行業，丙公司既未買進積體電路之貨品，自無從銷售積體電路與上訴人。又上訴人於90年12月11日、12月12日、12月17日及12月18日以不可撤銷信用狀及匯款方式，分別給付丙公司1,635元、3,000,000元、7,010元、3,790,000元，合計6,798,645元（帳號：○○○○○○○○）後，丙公司旋於90年12月13日及12月19日，分別自上開帳戶轉匯2,858,700元及3,616,200元，合計6,474,900元與上訴人股東吳○○（帳號：○○○○○○○○○），則依上訴人提示之不可撤銷信用狀、匯款申請書等件查核，顯有資金回流至上訴人之情事，尚難認上訴人確有付款與丙公司，據為上訴人有向丙公司進貨事實之證明。

（三）有關課稅處分之要件事實，其為課稅公法關係發生者，如營利事業所得稅有關營業收入，依上開說明，固應由稅捐稽徵機關負舉證責任；惟例如費用、成本及損失等應行扣減之項目，則屬於課稅公法關係發生後之消滅事由，若納稅義務人不提示憑證，從證據掌控或利益歸屬之觀點言之，法院即無職權調查之空間，自應由主張扣抵之納稅義務人負擔證明責任。本件上訴人既主張有與丙公司交易，依照前開說明，自應負擔客觀的舉證責任，然經被上訴人請上訴人提示案關交易合約、收貨單及支付資金來源證明等資料供核，上訴人迄未提示，無法證明其

與丙公司確有交易事實，亦無法提示其他足資證明確有與丙公司交易之相關文件，以為查證，難謂上訴人已善盡客觀的舉證責任。此外，復查無其他積極證據足資證明上開待證事實，則此無法證明導致事實真偽不明之不利益自應歸諸上訴人，難認上訴人之主張為有理由。

（四）本件上訴人進貨期間未依法取得憑證，而以非交易對象之虛設行號丙公司開立之統一發票2紙，作為進項憑證申報扣抵銷項稅額，虛報進項稅額，違章事實，難謂無違章之故意，從而，被上訴人審酌上訴人違章情節輕重，上訴人未繳納稅款、未承認違章事實及未承諾繳清罰鍰，參酌修正稅務違章案件裁罰金額或倍數參考表規定，按所漏稅額323,745元處3倍罰鍰971,200元，既未逾越法定裁量範圍，且無與法律授權目的相違或出於不相關動機之裁量濫用，亦無消極不行使裁量權之裁量怠惰等情事，自難謂為不法。另本件原裁罰處分雖嗣後經變更處分，惟前經被上訴人於94年10月18日發函輔導，上訴人未於原裁罰處分前主動繳納本稅、承認違章事實及承諾繳清罰鍰，遲至97年4月10日方繳納稅款，並於訴願提起後（97年4月21日）方簽立承認違章事實承諾書，核與按較低倍數減輕處罰要件不符，尚無該規定之適用等詞，為其判斷之依據。

五、本院按：

（一）認定事實雖為事實審之職權，然事實審法院之事實認定，如違反經驗法則、論理法則或證據法則，其判決亦屬違背法令。又加值型及非加值型營業稅法（下稱營業稅法）第51條第5款規定：「納稅義務人有左列情形之一者，除追繳稅款外，按所漏稅額處1倍至10倍罰鍰，並得停止其營業：……五、虛報進項稅額者。」又行為時尚屬有效之財政部83年7月9日台財稅第831601371號函釋「說明：二、為符合司法院釋字第327號解釋意旨，對於營業人取得非實際交易對象所開立之統一發票作為進項憑證申報扣抵銷項稅額之案件，應視情節，分別依左列原則處理：（一）取得虛設行號發票申報扣抵之案

件……1.……2.有進貨事實者：(1)進貨部分，因未取得實際銷貨人出具之憑證，應依稅捐稽徵法第44條規定處以行為罰。(2)因虛設行號係專以出售統一發票牟取不法利益為業，並無銷貨事實，故取得虛設行號發票之營業人，自無向該虛設行號進貨並支付進項稅額之事實，除該營業人能證明確有支付進項稅額予實際銷貨之營業人，並經稽徵機關查明該稅額已依法報繳者，應依營業稅法第19條第1項第1款規定，就其取得不得扣抵憑證扣抵銷項稅額部分，追補稅款，不再處漏稅罰外，其虛報進項稅額，已構成逃漏稅，應依營業稅法第51條第5款規定補稅並處罰。……」（財政部98年12月7日台財稅字第09804577370號令自即日起廢止此函）。再財政部所訂之「稅務違章案件裁罰金額或倍數參考表」就有進貨事實而依營業稅法第51條第5款規定處罰之裁罰倍數時，按是否以虛設行號所開立之憑證申報扣抵，而有不同倍數規定。因而，有進貨事實之營業人所取得持以申報扣抵進項稅額之進項憑證，是否為虛設行號所開立，不僅為依上開函釋內容，認定營業人是否構成營業稅法第51條第5款之補徵營業稅及課處罰鍰之要件，亦是裁量決定課處倍數之裁量權行使之基礎事實，應有確實之證據證明，始得據以補稅裁罰。

（二）原判決維持被上訴人對上訴人之罰鍰處分，係以丙公司為虛設行號為其重要論據。而原判決憑以認定丙公司為虛設行號，則是原處分卷所附丙公司負責人楊明進涉違反稅捐稽徵法等，為被上訴人移送檢察機關偵辦之刑事案件移送書、虛設行號分析表、營業人進銷項交易對象彙加明細表（以下稱進銷項明細表）及營業稅年度資料查詢進項來源明細（以下稱進項來源明細）為據。惟被上訴人移送偵辦丙公司為虛設行號，丙公司是否虛設行號，屬尚待證明事項，自不能以此待證事項證明同一待事項，否則有違論理法則。又虛設行號分析表、進銷項明細表及進項來源明細雖載有虛設行號丙公司進項來源之丁國際實業有限公司（進項金額76,970,120元），戊股份有限

公司（進項金額55,565,750元），已企業有限公司（進項金額
46,012,000元），庚實業股份有限公司（進項金額34,440,530
元），辛國際股份有限公司（進項金額28,803,000元）等5家
公司為虛號行號。惟上開虛設行號分析表、進銷項明細表及進
項來源明細，係稅捐稽徵機關之單方之彙整分析，並非原始
資料，並無虛設行號記載所憑之證據資料，原判決憑該等紙
資料，認該5家公司商號為虛設行號，並據以推論丙為虛設行
號，認定事實違反證據法則。又原判決既認「互開發票、以虛
抵虛」常為虛設行號之特色，則即令上開5家公司係屬虛設行
號，依原判決認定之事實，丙公司之該5家公司進項金額合計
241,791,400元，占其公司90年進項金額469,259,193元（原處
分卷第66頁）比率約為51.53%，則如何能得出丙公司在90年
12月時為虛設行號，而非在其他月份時為虛設行號，原判決
未敘明理由，此部分判決不備理由。從而，原判決有違反論理
法則、證據法則及判決不備理由之違背法令事由，其或為上訴
人上訴意旨所指摘，或為本院依職權調查所得，是上訴人求予
廢棄，為有理由。因原判決違背法令影響事實之確定及判決結
果，自應由本院將原判決廢棄，發回原審法院更為審理。

六、據上論結，本件上訴為有理由。依行政訴訟法第256條第1項、第260
條第1項，判決如主文。

中　華　民　國　99　年　9　月　30　日
　　　　最高行政法院第五庭
　　　　　　　　審判長法　官　黃○○
　　　　　　　　　　法　官　林○○
　　　　　　　　　　法　官　陳○○
　　　　　　　　　　法　官　吳○○
　　　　　　　　　　法　官　陳○○

以上正本證明與原本無異
中　華　民　國　99　年　10　月　1　日
　　　　　　　　書記官　郭○○

裁判五：自為判決

最　高　行　政　法　院　判　決
98年度判字第1526號

上　訴　人　乙企業有限公司
代　表　人　甲○○
訴訟代理人　卓○○律師
　　　　　　陳○○律師
被上訴人　財政部臺灣省北區國稅局
代　表　人　乙○○

上列當事人間營業稅及稅捐稽徵法事件，上訴人對於中華民國96年2月15日臺北高等行政法院95年度訴字第3076號判決，提起上訴，本院判決如下：

　　主　文

原判決廢棄。

訴願決定關於罰鍰部分及原處分均撤銷。

第一審及上訴審訴訟費用均由被上訴人負擔。

　　理　由

一、上訴人為使用統一發票之營業人，於民國（下同）88年間承租桃園縣平鎮市農會所有同縣中壢市○○○段舊社小段第179-11、180-1、180-17、180-18地號等4筆土地興建房屋（下稱系爭房屋），約定以該農會名義為起造人，並於建築物完成後登記在該農會名下，因建造成本新臺幣（下同）62,800,000元（含稅）未依規定開立統一發票，漏報銷售額59,809,524元，經桃園縣稅捐稽徵處及被上訴人所屬中壢稽徵所查獲，被上訴人初查乃按應納稅額2,990,476元扣減累積留抵稅額112,039元計算漏稅額2,878,437元處1倍之罰鍰2,878,400元（計至百元止）；另未給予他人憑證經查明認定之總額59,809,524元處5%罰鍰2,990,476元，並依財政部85年4月26日臺財稅第851903313號函釋意旨擇一重處行為罰2,990,476元（上訴人業於查獲後於92年10月28日自行補繳營業稅2,990,476元）。上訴人不服，申經復查，未

獲變更，提起訴願，經訴願決定申請退還營業稅部分，被上訴人應於2個月內核復，其餘訴願駁回，上訴人仍表不服，循序提起行政訴訟案經原審判決駁回，上訴人猶未甘服，遂提起本件上訴。

二、本件上訴人在原審起訴主張：本案雖以農會為起造人，但雙方尚無所有權移轉之意思表示，故可認定平鎮市農會僅為名義上之登記名義人，所有權仍屬出資建造人（上訴人），上訴人使用自己之房屋，並無取得租賃權益可言。上訴人承租土地以出租人名義興建建物無償使用及收益，既無銷售貨物又無提供勞務予他人更沒有取得代價，故無需開立發票及報繳營業稅。財政部歷年解釋函令均未要求承租人以出租人名義建造建築物需開立統一發票，被上訴人以違反財政部91年6月21日臺財稅字第0910034284號函釋規定為理由，要求上訴人補開立統一發票報繳營業稅，並處罰鍰，即已違反司法院釋字第525號解釋之精神。又上訴人出租該建物予丙國際股份有限公司時也依法開立統一發票報繳營業稅，並無被上訴人所云「上訴人因此獲實質經濟利益，又無須繳納營業稅，有違租稅公平原則」之事實。本案確為特殊案例，主管地方財稅之機關，尚且不無疑義，實無法期待人民有超越政府主管機關之專業知識，足見上訴人已善盡注意之能事，應無故意或過失。上訴人既均依據行為時相關法令及財政部發布之函釋處理，事後即使法令有變更，依據前開司法院釋字第525號解釋意旨，基於信賴保護原則，被上訴人應採對人民最有利方式為之，被上訴人以最近之函釋要求上訴人補開統一發票報繳營業稅並處罰鍰，實有違信賴保護原則及比例原則，上訴人並無任何故意或過失意圖逃漏稅捐云云。求為撤銷原處分及訴願決定不利部分之判決。

三、本件被上訴人在原審答辯則以：系爭房屋雖由上訴人出資興建，但建物所有權依雙方簽訂之租賃契約書第5條所載，應於完工後登記為出租人所有，契約期滿上訴人應將地上物無償交由出租人接收，上訴人不得以任何理由要求移轉代價，基於此項約定，土地出租人已認定系爭房屋之所有權為其所有，就實質經濟而論，上訴人興建系爭房屋，目的係供其經營賣場之用，出租人固未取得上訴人系爭房屋之租金，但該房屋之建造成本，仍為上訴人承租土地之對價，上訴

人基於營利獲取經濟利益之目的，承租系爭房屋之土地，並興建系爭房屋，並非為自己所有之意思而興建，而以建築改良物之建造成本抵償租金，依營業稅法規定，凡有銷售貨物或勞務者，均應依法開立統一發票報繳營業稅，並未排除「交換」之行為，上訴人以興建房屋之工程款支出取得無償使用該建物之權利，應依法開立統一發票，始符合實質課稅及公平課稅之原則。開立統一發票報繳營業稅，與所取得進項憑證扣抵稅款，二者分屬獨立之法律行為，各有其應盡之作為義務，故營業人所應開立之統一發票如屬應課徵營業稅範圍，而非免稅或零稅率者，其未依法開立統一發票報繳稅款即構成違章。次查上訴人就系爭房屋之成本，於向承包廠商丁營造股份有限公司取得統一發票後，該進項憑證已悉數申報扣抵銷項稅額，若上訴人因承租土地出資興建系爭房屋之行為，不視為銷售行為核課營業稅，等同系爭建物之成本為上訴人之費用，並分年攤提，則上訴人因此獲實質經濟利益，又無須繳納營業稅，實有違租稅公平原則。至上訴人援引財政部83年12月14日臺財稅831626216號函釋，該函釋說明業經刪除並不予適用。另按財政部89年10月19日臺財稅第890457254號函，上訴人漏未申報銷售額當無扣抵銷項稅額之適用，更何況桃園縣平鎮市農會亦漏開統一發票漏報銷售額。因此，原處分及訴願決定並無不當等語，資為抗辯。

四、原審斟酌全辯論意旨及調查證據之結果，以：

（一）本件上訴人於88年間承租桃園縣平鎮市農會所有同縣中壢市○○○段舊社小段第179-11地號等4筆土地興建系爭房屋，除以該農會名義為起造人外，並於建築物完成後登記在該農會名下等情，為原審所確認之事實，已如前述，故從物權登記之形式意義而言，平鎮市農會已符合上開規定之要件，而為系爭房屋之所有權人，應無疑義。另依上訴人與平鎮市農會所簽訂之不動產租賃契約書第5條約定，已明確界定系爭房屋之實際所有權歸屬，此從該約定內容載有「地上物所有權責歸屬」、「起造人」、「所有權人」之用語即可知；況本件若僅是「形式登記」或「信託登記」而已，則何以又約定「契約期滿，乙

方應將全部地上物無償交由甲方接收，乙方不得以任何理由要求移轉代價。且必備證明全部文件，供甲方辦理之用，乙方不得異議。」等語，賦予平鎮市農會有取回系爭房屋之權利。又同契約書第9條約定亦課予上訴人應維護系爭房屋完整及堪用之義務，不但要求上訴人應為系爭房屋投保，且遇有保險給付不足恢復回原狀時，更應由上訴人補足其不足之部分，在在顯示平鎮市農會擁有系爭房屋之固有權利，上訴人僅有使用權，並無實質所有權。因此，本件平鎮市農會非但為系爭房屋之登記所有權人，復為實質所有權人，誠可確認。

（二）依上開契約內容而言，上訴人於向平鎮市農會承租土地後，另在該土地上自行出資興建系爭房屋，無非係欲以該系爭房屋作為經營賣場之用，至建物所有權之取得與否，尚非其訂約之目的；另就土地出租人平鎮市農會而言，其提供系爭土地給上訴人使用，除可取得部分現金（即契約書所稱之租金）作為出租土地之對價外，另可取得系爭房屋之所有權。準此以觀，本件上訴人與平鎮市農會成立之契約係由土地租賃、建物承攬、建物租賃等3個契約混合而成，且具有互易性質。易言之，上訴人實則是透過此一具有互易性質之混合無名契約取得系爭房屋之所有權，且上述3個契約間互有以貨物換取使用權之對價關係，如同互易契約一般可相互抵銷。其中系爭房屋承攬報酬是與土地及建物之長期使用所生之利益（租金或相當於租金）來相互沖銷，然因本件土地部分原來即有租金之約定，即使其約定金額偏低，不足之部分須由承攬報酬來填補，其數額應該較少。是以承攬報酬主要是與建物長期使用之租金相沖銷，甚至有可能僅有建物長期使用之租金與承攬報酬相沖銷（如果土地之租金數額符合市價時）。雖本案中與承攬報酬相沖銷之租金中，其建物租金與土地租金間之比例如何難以明確劃分，但若將之限制在建物租金範圍內，卻對上訴人比較有利（因為土地租金收入沒有折舊可供減除，而建物租金收入卻可列折舊費用），在此情況下，被上訴人將之全數認定為建物租金所得，

既有利於上訴人，且符合上開契約之本質。

（三）上訴人基於營利獲取經濟利益之目的，自行出資興建系爭房屋，其興建系爭房屋所花費之建造成本，實為其使用系爭土地及建物對價之一部分，已如前述，則上訴人有銷售貨物之行為（雖興建系爭房屋尚有如設計等提供勞務之行為，但因最終係以建物之形式呈現，故僅論以貨物），堪稱明確。而凡有銷售貨物或勞務者，均應依法開立統一發票報繳營業稅，為營業稅法第32條第1項前段所明定，上訴人以興建房屋之工程款支出取得無償使用該建物之權利，即應依法開立統一發票，況上訴人就系爭房屋之成本，於向承包廠商丁營造股份有限公司取得統一發票後，該進項憑證已悉數申報扣抵銷項稅額，若本件不認定為銷售行為而核課營業稅，則無異將系爭房屋之建造成本再視為費用，其分年攤提之結果，上訴人除可獲實質經濟利益外，又無須繳納營業稅，實有違租稅公平原則。又開立統一發票報繳營業稅，與所取得進項憑證扣抵稅款，二者分屬獨立之法律行為，各有其應盡之作為義務，本件上訴人既為營業人，且與平鎮市農會有上開銷售貨物行為，自已發生應稅之事實，依營業稅法第32條第1項前段規定，上訴人即應依營業人開立銷售憑證時限表規定之時限，開立統一發票交付平鎮市農會。詎上訴人始終未開立，且於申報當期銷售額、應納或溢付營業稅額時未列入申報，為被上訴人所查獲，則被上訴人認定上訴人有應自他人取得憑證而未取得及漏報銷售額等違章行為，即非無據。

（四）本件上訴人既有上開銷售系爭房屋之行為，就其銷售額即系爭房屋之建造成本62,800,000元（含稅），本應依法開立統一發票並向主管稽徵機關申報銷售額，然竟始終未加以開立，即難謂無違反行為時營業稅法第51條第3款漏報銷售額之故意。退萬步而言，縱認上訴人主觀上對於系爭房屋之建造及登記在平鎮市農會之名下是否應視為銷售貨物行為仍存有疑義，上訴人仍非不可參考相關法令規定及解釋函令（如：財政部85年12

月11日臺財稅字第851928804號函令及同部88年3月12日臺財稅第881902753號函令）或向相關專業機構及人員查詢，於獲得正確及充分之資訊後申報；或先行開立及申報，於事後發現適用法令錯誤或計算錯誤而有溢繳稅款之情形，依稅捐稽徵法第28條規定，自繳納之日起5年內提出具體證明，申請退還，然上訴人捨此不由，未依規定開立統一發票並向主管稽徵機關申報銷售額，自難謂無應注意、能注意而不注意之過失責任。

（五）在本案發生之前，稅捐主管機關財政部已分別作成85年12月11日臺財稅字第851928804號、88年3月12日臺財稅第○○○○○○○○○號等與本件相關之解釋函令，且該等函令亦經收錄在有關之法令彙編之內，或為一定之公告，上訴人既於88年起即委託專業會計師辦理營業稅申報及記帳業務，自難諉為不知。雖財政部83年12月14日臺財稅第831626216號函另謂：「××股份有限公司承租土地，利用其自有資金以地主名義於該土地上興建房屋，且約定租賃期間土地承租人無償使用房屋，其興建房屋所支付之進項得以扣抵銷項稅額。」但按，依營業稅法第35條第1項規定，營業人不論有無銷售額，應按期填具申報書，檢附退抵稅款及其他有關文件，向主管稽徵機關申報銷售額、應納或溢付營業稅額。準此，營業人之進項稅額准予扣抵或退還，仍應以已申報者為前提。上開函令僅謂可以進項扣抵銷項稅額，並未稱毋庸申報銷售額，故與本案情形尚有不同，況該函釋業經局部刪除不再援用。因此，上訴人以法令解釋不明確圖免處罰之責，實難令人信服。此外，上訴人主張申請與平鎮市農會互開之發票進項稅額可提出扣抵乙節，因本件上訴人既漏未申報銷售額，已如前述，則本件當無扣抵銷項稅額之適用；況平鎮市農會亦漏開統一發票及申報此銷售額，為上訴人所不爭執，自更無可相互扣抵之條件，故其此部分主張，亦不足採。

（六）準此，被上訴人認定上訴人之違章事實成立，除核定漏報銷售額59,809,524元，補徵稅額2,990,476元外，並依上開稅務違章

案件裁罰金額或倍數參考表及使用須知第4點之規定，參酌本案並無積極逃漏稅捐之意圖，違章情節尚屬輕微，且上訴人已於92年10月28日繳清本稅2,990,476元，乃另就漏報銷售額部分，依營業稅法第51條第3款規定，按應納稅額2,990,476元扣減累積留抵稅額112,039元計算漏稅額2,878,437元，從上開稅務違章案件裁罰金額或倍數參考表所規定應處2倍之罰鍰，改處1倍之罰鍰2,878,400元（計至百元止）；另未給予他人憑證部分，則依稅捐稽徵法第44條規定，以經查明認定之總額59,809,524元處5%罰鍰2,990,476元，並依財政部85年4月26日臺財稅第851903313號函釋意旨擇一重處行為罰2,990,476元，經核既未逾越法定裁量範圍，且無與法律授權目的相違或出於不相關動機之裁量濫用，亦無消極不行使裁量權之裁量怠惰與違反信賴保護、比例原則等情事，自難謂不法。

（七）綜上所述，原處分以系爭房屋之所有權應歸屬於平鎮市農會，乃認定上訴人確有未依營業人開立銷售憑證時限表規定之時限，開立系爭房屋銷售額之統一發票交付平鎮市農會，且漏未向主管稽徵機關申報該銷售額，乃維持初查有關罰鍰之處分，其認事用法均無違誤，訴願決定就此部分遞予維持，亦無不合，上訴人徒執前詞，訴請撤銷訴願決定不利上訴人部分及原處分，為無理由等情，因而為上訴人敗訴之判決。

六、本院按：

（一）按「營利事業依法規定應給與他人憑證而未給與，應自他人取得憑證而未取得，或應保存憑證而未保存者，應就其未給與憑證、未取得憑證或未保存憑證，經查明認定之總額，處百分之五罰鍰。」「將貨物之所有權移轉與他人，以取得代價者，為銷售貨物。提供勞務予他人，或提供貨物與他人使用、收益，以取得代價者，為銷售勞務。」「營業人銷售貨物或勞務，應依本法營業人開立銷售憑證時限表規定之時限，開立統一發票交付買受人。」「營業人除本法另有規定外，不論有無銷售額，應以每二月為一期，於次期開始十五日內，填具規定格式

之申報書,檢附退抵稅款及其他有關文件,向主管稽徵機關申報銷售額、應納或溢付營業稅額。其有應納營業稅額者,應先向公庫繳納後,檢同繳納收據一併申報。」「營業人有左列情形之一者,主管稽徵機關得依照查得之資料,核定其銷售額及應納稅額並補徵之一、……四、短報、漏報銷售額者。」稅捐稽徵法第44條、行為時營業稅法第3條第1項、第2項前段、第32條第1項前段、第35條第1項、第43條第1項第4款及第51條第3款分別定有明文。本件系爭建築物雖由上訴人出資興建,建築物所有權依雙方簽訂租賃契約書第5條所載,建物完工後應登記出租人為所有權人,契約期滿上訴人應將地上物無償交由出租人接收,上訴人不得以任何理由要求移轉代價,基於此項約定,土地出租人已認定系爭建物之所有權為其所有,就實質經濟而論,上訴人興建系爭建築物,目的係供其經營賣場之用,出租人固未取得上訴人系爭建築物之租金,但該房屋之建造成本,仍為上訴人承租土地之對價,上訴人基於營利獲取經濟利益之目的,承租系爭建築物之土地,並興建系爭建築物,並非為自己所有之意思而興建,而以建築改良物之建造成本抵償租金,依行為時營業稅法規定,凡有銷售貨物或勞務者,均應依法開立統一發票報繳營業稅,並未排除「交換」之行為,上訴人以興建房屋之工程款支出取得無償使用該建物之權利,依法開立統一發票,始符合實質課稅及公平課稅之原則。上訴人主張建物所有權「名義」雖登記為平鎮市農會之名下,然探求當事人之真意僅係「借名登記」,縱原審法院認本件係由土地租賃、建物承攬及建物租賃等3個契約混合而成而認定建物所有權人係平鎮市農會,則二者間並無交易可言,自無簽開統一發票繳交營業稅之問題云云,自無足採。

(二) 又上訴人主張依財政部96年3月16日台財稅字第09604517910號函釋意旨,承租人可按租賃期間平均計算各年度之租賃支出,不須於建物完成時一次計算承租人所須給付之租金,原判決認定上訴人有漏開統一發票、漏報銷售額之見解與上開函釋

有違，而有判決不適用法規或適用法規不當之違法。惟查，開立統一發票報繳營業稅，與所取得進項憑證扣抵稅款，二者分屬獨立之法律行為，各有其應盡之作為義務，故營業人所應開立之統一發票如屬應課徵營業稅範圍，而非免稅或零稅率者，其未依法開立統一發票報繳稅款即構成違章。本件上訴人就系爭建物之成本，於向承包廠商丁營造股份限公司取得統一發票後，該進項憑證已悉數申報扣抵銷項稅額，若上訴人因承租土地出資興建系爭建物之行為，不視為銷售行為核課營業稅，等同系爭建物之成本為上訴人之費用，並分年攤提，則上訴人因此獲實質經濟利益，又無須繳納營業稅，實有違租稅公平原則。且行政機關就行政法規所為之解釋自法規生效之日有其適用，依「實體從舊」之法律適用原則，行政官署所為之行政處分，自應依照行為時有效之舊法規，在職權範圍內依法裁量，要不能適用行為後之新辦法，上訴意旨主張本件有財政部96年3月16日台財稅字第09604517910號函釋之適用云云，無非係其一己歧異之法律見解，尚難認原判決有違背法令情事。

（三）另上訴人申請與平鎮市農會互開之發票進項稅額可提出扣抵乙節，查財政部89年10月19日台財稅第890457254號函：「依營業稅法第35條第1項規定，營業人不論有無銷售額，應按期填具申報書，檢附退抵稅款及其他有有關文件，向主管稽徵機關申報銷售額、應納或溢付營業稅額。準此，營業人之進項稅額准予扣抵或退還，應以已申報者為前提，故營業人違反營業稅法第51條第1款至第4款及第6款，據以處罰之案件，營業人如於經查獲後始提出合法進項憑證者，稽徵機關於計算其漏稅額時尚不宜准其扣抵銷項稅額。」本件上訴人既漏未申報銷售額，已如前述，則本件當無扣抵銷項稅額之適用；況平鎮市農會亦漏開統一發票及申報此銷售額，自更無可相互扣抵之條件，故上訴人此部分主張，亦不足採。

（四）本件原處分罰鍰處分，因被上訴人同意本件罰鍰之處分，既屬財政部96年3月16日台財稅字第09604517940號函釋發布日尚

未核課確定案件，即應適用新函釋，免予處罰，而該認諾免予
處罰事項本屬被上訴人裁量權之範圍，且該函釋亦為原審所不
及審究，惟仍由本院將原判決廢棄，並本於原審確定之事實自
為判決，將訴願決定關於罰鍰部分及原處分（復查決定含原核
定處分）均撤銷。

六、據上論結，本件上訴為有理由，依行政訴訟法256條第1項、第259條
　　第1款、第98條第1項前段，判決如主文。

中　　華　　民　　國　　98　　年　　12　　月　　31　　日
　　　　　　　　最高行政法院第三庭
　　　　　　　　　　　審判長法　官　高○○
　　　　　　　　　　　　　法　官　楊○○
　　　　　　　　　　　　　法　官　胡○○
　　　　　　　　　　　　　法　官　黃○○
　　　　　　　　　　　　　法　官　王○○

以上正本證明與原本無異

中　　華　　民　　國　　99　　年　　1　　月　　4　　日
　　　　　　　　　　　書記官　邱　○○

第九目　行政訴訟的再審

對於同一案件曾參與訴願決定者，可否再參與行政訴訟的裁判？

實例

　　王添恭是一位台大法律系的傑出畢業生，85年參加高等考試及格，
取得公務人員任用資格後，在財政部訴願委員會服務，經辦各種稅務訴
願案件多年，學驗俱豐，嗣又經司法官特考及格，被分派在台北地方法
院擔任薦任法官，又於95年間經司法院遴選訓練合格後，被派任為台北
高等行政法院的法官，當其在進入行政法院擔任法官職務時，第一件受
理的案子是光平有限公司逃漏營業稅訴訟案，正是他在財政部訴願委員
會任職時所審議過的同一案件，因此在他駕輕就熟的審查後，很快就完

成了評議的工作，並製作判決書駁回了該公司的行政訴訟。當該公司的代表人陳有仁接到判決書後，發現主辦法官就是本案訴願時的審議委員之一，認為他不免主觀，應予迴避而不迴避，乃決定向行政法院提起再審之訴，以請求更為客觀公平的裁判，你認為陳有仁的主張有理嗎？

解說

行政訴訟依現行行政訴訟法的規定，係採二級二審制，高等行政法院是第一級，最高行政法院是二級，經最高行政法院所為的裁判，就是確定的終局裁判，不得對之再為上訴或抗告。但是行政法院的判決，百密難免一疏，如果其判決所踐行的程序或在判決的實體上有重大的瑕疵，而仍無救濟之途可循，則顯然無法達成行政訴訟為保障納稅義務人合法權利的目的，亦有失司法公平公正的威信，所以在現行行政訴訟法中特別參照民事訴訟制度增列再審之訴的有關規定，以充分保障民權，但再審之訴的提起，並不因而停止原處分或決定的執行。茲將行政訴訟法所規定的再審之訴的意義、管轄、當事人、期限、程式、事由、裁判、效力等事項，逐一說明如次：

(一) 再審之訴的意義

所謂行政訴訟的再審之訴，是指當事人對於行政法院的確定判決，表示不服而請求該法院再為審判的行為。惟再審之訴的主要目的，是在使原判決的重大瑕疵獲得救濟，所以這種訴訟有其一定的範圍，不像上訴制度祇要是對判決不服就可提起的寬鬆限制。

(二) 再審之訴的管轄法院

再審之訴專屬為判決之原行政法院管轄；對於審級不同之行政法院就同一事件所為之判決提起再審之訴者，由最高行政法院合併管轄之；對於最高行政法院之判決，本於第273條第1項第9款至第14款事由（即有後述再審事由第9至14項）聲明不服者，雖有首開二項之情形，仍專屬原高等行政法院管轄，因其與事實的認定有關（行政訴訟法第275條）。

(三) 再審之訴的當事人

行政訴訟法第273條第1項規定：「有下列各款情形之一者，得以再審之訴對於確定終局判決聲明不服。但當事人已依上訴主張其事由或知其事由而不為主張者，不在此限。」又依同法第23條規定：「訴訟當事人謂原告、被告及依第41條與第42條參加訴訟之人。」可見行政訴訟之當事人，均得提起再審之訴。所以得提起再審之訴的人，應包括原告（即受處分人）、被告機關及參加人無疑。然而參加人僅是輔助原、被告的一造為訴訟行為，所以當他為其所輔助一造提起再審之訴時，只能認其係為其所輔助的一造而提起，不能以參加人自為再審原告而摒除其原所輔助的一造於再審訴訟當事人之外（行政法院50年裁字第37號判例參照）。又依同法第273第2項規定：「確定終局判決所適用之法律或命令，經司法院大法官依當事人之聲請解釋為牴觸憲法者，其聲請人亦得提起再審之訴。」這是為保障同類事件而曾受不利判決的其他受處分人所設一體適用的新規定，值得稱許。

(四) 再審之訴的期限

依行政訴訟法第276條規定：「再審之訴應於三十日之不變期間內提起；前項期間自判決確定時起算，判決於送達前確定者，自送達時起算；其再審之理由發生或知悉在後者，均自知悉時起算；依第273條第2項提起再審之訴者，第1項期間自解釋公布當日起算；再審之訴自判決確定時起，如已逾五年者，不得提起。但以第273條第1項第5款、第6款或第12款情形（即有後述再審事由第5、6、12項）為再審之理由者，不在此限；對於再審確定判決不服，復提起再審之訴者，前項所定期間，自原判決確定時起算。但再審之訴有理由者，自該再審判決確定時起算。」此項期間，均屬不變期間，不得由法院予以伸長或縮短，當事人遲誤此項期間者，即生失權的效果。

(五) 再審之訴的程式

再審之訴，應以訴狀表明下列各款事項，並添具確定終局判決繕本，

提出於管轄行政法院為之：①當事人。②聲明不服之判決及提起再審之訴之陳述。③應於如何程度廢棄原判決及就本案如何判決之聲明。④再審理由及關於再審理由並遵守不變期間之證據；又再審訴狀內，宜記載準備本案言詞辯論之事項。

(六) 再審之訴的事由

　　再審之訴，是對於行政法院所為的確定判決聲明不服的方法，所以必須加以嚴格的限制，以防當事人濫行提起，而輕易動搖已確定的判決。依行政訴訟法規定，有下列情形之一者，得以再審之訴對於確定終局判決聲明不服。但當事人已依上訴主張其事由或知其事由而不為主張者，不在此限：一、適用法規顯有錯誤。二、判決理由與主文顯有矛盾。三、判決法院之組織不合法。四、依法律或裁判應迴避之法官參與裁判。五、當事人於訴訟未經合法代理或代表。六、當事人知他造之住居所，指為所在不明而與涉訟。但他造已承認其訴訟程序者，不在此限。七、參與裁判之法官關於該訴訟違背職務，犯刑事上之罪。八、當事人之代理人、代表人、管理人或他造或其代理人、代表人、管理人關於該訴訟有刑事上應罰之行為，影響於判決。九、為判決基礎之證物係偽造或變造。十、證人、鑑定人或通譯就為判決基礎之證言、鑑定或通譯為虛偽陳述。十一、為判決基礎之民事或刑事判決及其他裁判或行政處分，依其後之確定裁判或行政處分已變更。十二、當事人發現就同一訴訟標的在前已有確定判決或和解或得使用該判決或和解。十三、當事人發現未經斟酌之證物或得使用該證物（必須是在前訴訟程序中已經存在，而不知有此證物或不能利用此證物，現始知之或得利用之證物，且此項證物，指一般之物證而言，並不包含證人在內。）但以如經斟酌可受較有利益之裁判為限；十四、原判決就足以影響於判決之重要證物漏未斟酌（行政訴訟法第273條第1項）；前開第7款至第10款情形，以宣告有罪之判決已確定，或其刑事訴訟不能開始或續行非因證據不足者為限，得提起再審之訴（第273條第3項）；為判決基礎之裁判，如有第273條所定之情形者，得據以對於該判決提起再審之訴（第274條）。

(七) 再審之訴的裁判

再審之訴的裁判有下列數種：

1. 裁定駁回：再審之訴不合法者，行政法院應以裁定駁回之（第278條第1項）。
2. 判決駁回：再審之訴顯無再審理由者，得不經言詞辯論，以判決駁回之（第278條第2項）；再審之訴雖有再審理由，行政法院如認原判決為正當者，應以判決駁回之（第280條）。
3. 撤銷、駁回、情況判決：詳如高等行政法院之判決（第281條），茲不贅述。

(八) 再審之訴的效力

再審之訴若無再審的理由，或其起訴的程序不合法者，對原判決的實質確定力不生影響。若是再審之訴有理由，經行政法院為撤銷或變更原判決者，則以再審判決為準，原判決因此失其效力。再審判決如果是變更原處分或決定者，亦不得較原處分或決定更不利於受處分人。再審之訴，行政法院認無再審理由，判決駁回後，不得以同一事由對於原確定判決或駁回再審之訴之確定判決，更行提起再審之訴（第274條之1）。又再審之訴之判決，對第三人因信賴確定終局判決以善意取得之權利無影響。但顯於公益有重大妨害者，不在此限（第282條）。

(九) 裁定聲請再審的準用

對於行政法院已確定的裁定，如果有行政訴訟法第273條所定的情形者，得準用前述（二）至（六）的規定，聲請再審。

提起行政訴訟的再審之訴，主要是針對原判決的法定程序與實體瑕疵，所為救濟的方法，其提起受行政訴訟法第273條所定事由的限制，逾此範圍，其提起即無理由。本例中的光平有限公司的代表人陳有仁，於接受台北高等行政法院的判決書後，既認為依法應迴避的法官王添恭未迴避而參與其裁判，自可依前述行政訴訟法第273條第1項第4款的規定，於前述的再審期間內提起再審之訴，以求取更客觀公平的再審判決。

　　在行政訴訟程序中，對於已確定終局判決的救濟程序，除有前述的再審之訴外，尚有一種「重新審理」程序（規定在行政訴訟法第284至292條）。所謂「重新審理」，是指因撤銷或變更原處分或決定之判決，而權利受損害之第三人，如非可歸責於己之事由，未參加訴訟，致不能提出足以影響判決結果之攻擊防禦方法者，得對於確定終局判決聲請重新審理。其與前述再審之訴的區別，主要在於：

1. **聲請人不同**──再審之訴的聲請人是原判決的原告或被告；重新審理的聲請人，是權利受損害的第三人。

2. **聲請事由不同**──再審之訴的提起須有行政訴訟法第273條所定之事由；重新審理的聲請，係以確定終局判決權利受損害的第三人，因非可歸責於己之事由，未參加訴訟之情形。

3. **當事人地位變換的不同**──再審之訴有理由者，聲請人即為再審之原告，他造則為再審之被告；重新審理有理由者，在行政法院裁定開始重新審理後，仍屬以參加人之身分參加訴訟，並不能變為原告或被告。

4. **回復原訴訟程序之處置不同**──再審之訴如行政法院認為不合法或無理由者，應予以裁定或判決駁回之；聲請重新審理不合法或無理由者，應以裁定駁回之，若聲請有理由時，應先以裁定命為重新審理。

5. **提起聲請的審級不同**──再審之訴只要具再審原因均可提出聲請；重新審理既是以未能提出重要之攻擊防禦方法為前提，則基本上僅限高等行政法院所進行之事實審程序。因最高行政法院之法律審以不得提出新訴訟資料為原則，除非屬於言詞辯論程序的例外情形，否則，應無聲請重新審理之餘地。因重新審理之案件甚少，為節省篇幅，茲不再逐一論述。

第五節　行政救濟的終結

第一目　租稅行政救濟程序終結的意義

租稅稽徵案件經行政訴訟判決後，其救濟程序即告終結了嗎？

實例

　　治華所有坐落苗栗縣銅鑼鄉大雅段二小段六〇之二號土地，係自用住宅用地，當其於民國99年6月間出售該筆土地及地上住宅與第三人時，管轄苗栗縣地方稅務局認為應依一般稅率的百分之二十徵收土地增值稅，治華甚表不服，乃申請復查後再提起訴願，均遭各該受理救濟機關，認定其出售的土地，為第二次申請適用自用住宅優惠稅率，與土地稅法第34條第5項規定適用自用住宅優惠稅率只限一次有所不符，而駁回其復查的申請及訴願，治華不服，又向台中高等行政法院提起行政訴訟，又遭該法院以相同理由駁回其訴，而維持原處分及訴願機關的決定。至此，本案的救濟程序是否已告窮盡？該件按百分之二十稅率徵收土地增值稅的課稅處分是否業已確定？

解說

　　租稅稽徵案件的行政救濟程序，從復查、訴願以至於行政訴訟而告終結。救濟程序終結後，該項稽徵處分即為確定，確定後，就發生確定力及執行力，各有如前述。所以，租稅行政救濟的終結，是指納稅義務人對於稅捐稽徵機關所為的稽徵處分表示不服，而向有關機關申請救濟後，對其所為的決定表示折服而放棄其他救濟方法或經行政法院為終局判決後，即告確定而言。因此，租稅行政救濟的終結，可由以下途徑達成：

　　（一）經復查決定，納稅義務人未依法提起訴願者。

　　（二）經訴願決定，納稅義務人未依法提起行政訴訟者。

　　（三）經行政訴訟判決確定者。

　　由以上說明，可知納稅義務人對於稅捐稽徵機關核定的稽徵案件，如

未依法定救濟程序循序表示不服或其表示不服的途徑已窮者，其稽徵處分即告確定，但是原處分若經訴願決定撤銷重核或經行政訴訟判決撤銷由被告機關另為處分時，則對於應另為重核或處分的部分，應認為尚末確定，因其被處分人仍可在原處分機關重核或處分後，再循行政救濟程序請求救濟。

　　行政訴訟的裁判是行政救濟程序最後的途徑，一經行政法院為准駁的裁判後，其救濟程序已為終結，原處分即告確定。所以本例中的治華，對於高雄市國稅局所為按一般稅率課徵土地增值稅的處分，在經行政訴訟判決後，除有行政訴訟法所規定得提起再審之訴的事由，得另提再審之訴外，其處分即為確定，不得再為其他異議。

第二目　行政救濟終結後應退補稅款的處理

經行政訴訟判決勝訴確定後應退還的稅款，須加計利息嗎？

實例

　　清雲是明川的老鄰居，也是老同鄉，因收入低微，乃時常向明川借款花用，幾年下來，共積欠明川新台幣二百萬元，明川看他年老力衰、孤苦無依，非常值得同情，乃決定免除其全部的債務，清雲在感激之餘，亦不忍讓原本不太富裕的明川為他犧牲太多，於是將他的傳家之寶白玉馬一隻送給明川珍藏，以作為明川拋棄二百萬元債權的代價，明川在盛情難卻的情況下，只好接受清雲的好意。不久，此事為另一脾氣古怪的鄰居有常知道後，亦要求明川能夠濟助他十萬元，明川乃以家境不好為理由予以婉拒。不料，有常卻時常要向明川借款，明川被糾纏得甚不耐煩，乃決定將清雲所贈送的白玉馬一隻轉送給有常，並請求他別再要求借款，此事為清雲獲悉後，甚不高興，乃到國稅局檢舉有常逃漏贈與稅，案經該局通知明川及清雲到該局備詢並製作筆錄，半個月後，明川接到台北市國稅局補徵新台幣8萬元贈與稅的稅單。明川認為其向清雲收受的白玉馬傳家寶，價值僅有幾十萬元之譜，並不達贈與稅的起徵點，於是依規定申請復查被駁回後，於98年8月10日先繳納二分之一稅

款，再向財政部提起訴願，亦因其鑑定價值達300萬元，故又被駁回，後又提起行政訴訟，才經台北高等行政法院再次函請專家鑑定僅值150萬元，不達贈與稅之起徵點，而於99年1月10日判決撤銷原訴願決定及原補稅處分確定。確定後，明川向台北市國稅局申請退還已繳納的二分之一稅款，國稅局是不是應加計息退還呢？如應加計利息，又應以何時的何種利率作為計算的標準呢？

解說

在稅捐稽徵法於65年10月22日公布施行前，原有的所得稅法、營業稅法、遺產贈與稅法、證券交易稅條例、契稅條例中，均有補徵稅捐應加計利息的規定，但在其餘稅法並無相同的規定，同時各稅法中對於在退稅時應否加計利息退還，則又付之闕如。為求公平並統一其規定起見，乃於稅捐稽徵法第38條第2至4項中明文規定：「經依復查、訴願或行政訴訟等程序終結決定或判決，應退還稅款者，稅捐稽徵機關應於復查決定，或接到訴願決定書，或行政法院判決書正本後十日內退回；並自納稅義務人繳納該項稅款之日起，至填發收入退還書或國庫支票之日止，按退稅額，依各年度1月1日郵政儲金一年期定期儲金固定利率，按日加計利息，一併退還。

經依復查、訴願或行政訴訟程序終結決定或判決，應補繳稅款者，稅捐稽徵機關應於復查決定，或接到訴願決定書，或行政法院判決書正本後十日內，填發補繳稅款繳納通知書，通知納稅義務人繳納；並自該項補繳稅款原應繳納期間屆滿之次日起，至填發補繳稅款繳納通知書之日止，按補繳稅額，依各年度1月1日郵政儲金一年期定期儲金固定利率，按日加計利息，一併徵收。

本條中華民國100年1月10日修正施行前，經復查、訴願或行政訴訟程序終結，稅捐稽徵機關尚未送達收入退還書、國庫支票或補繳稅繳納通知書之案件，或已送達惟其行政救濟利息尚未確定之案件，適用修正後之規。但修正前之規定有利於納稅義務人者，適用修正前之規定。」茲就以上規定分析如次：

(一) 應退補稅款的期間

依前開條文規定，稅捐稽徵機關對於應退、補的稅款，應於復查、訴願或行政訴訟等程序終結決定或判決，而在復查決定或接到訴願決定書或行政法院判決書正本後十日內辦理退還及填發補繳稅款繳納通知書。可見，退、補稅款，均須在案件確定後十日內辦理之。

(二) 應退補稅款利息的計算

1. 應退還的稅款

應自納稅義務人繳納該項稅款之日起，至填發收入退還書或國庫支票之日止，按退稅額，依各年度1月1日郵政儲金一年期定期儲金固定利率，按日加計利息，一併退還。法律之所以規定應依繳納稅款之日的利率退還稅款，是為免稅捐稽徵機關受有不當得利，以致納稅義務人受到不利的損失。

2. 應補繳的稅款

應自該項補繳稅款原應繳納期間屆滿之次日起，至填發補繳稅款繳納通知書之日止，按補繳稅額，依各年度1月1日郵政儲金一年期定期儲金固定利率，按日加計利息，一併徵收。法律之所以規定應依原應繳納稅款期間屆滿之日的利率補繳稅款，是為免納稅義務人受有不當得利，以致稅捐稽徵機關受到不利的損失。

本例中的明川被台北市國稅局核定補徵的贈與稅，是在98年8月10日先繳納二分之一稅款，再進行訴願程序，而其行政救濟程序一直進行到行政訴訟為止，於99年1月10日經台北高等行政法院判決撤銷原訴願決定及原補稅處分確定，依前開說明，台北市國稅局對於明川所繳納二分之一稅款的退還手續，應在接到行政法院判決書後十日內辦理完畢，並應自98年8月10日起至台北國稅局填發收入退還書或國庫支票之日止，按退稅額4萬元，依該年度1月1日郵政儲金一年期定期儲金固定利率，按日加計利息，一併退還。但在稅捐稽徵法中華民國100年1月10日修正施行前之規定有利於納稅義務人者，適用修正前之規定。

第二章 | 行政執行的救濟程序

第一節　行政救濟終結後的強制執行

行政訴訟被駁回確定後，拒繳應補的稅款者，稅捐稽徵機關就拿他沒辦法了嗎？

實例

　　孟良所有坐落新竹縣竹北市青陽段三小段面積二公畝的建地，因其在該地號上建築自用住宅並遷入居住，所以經新竹縣地方稅務局准按自用住宅用地千分之二的優惠稅率計徵其地價稅多年，惟在98年1月間，孟良又將全家搬到桃園市中正路居住，而將前開房屋出租於他人使用，後經該管稅務局查明上情後，乃將其98年的地價稅，按一般基本稅率千分之十計徵地價稅新台幣2萬元，孟良不服，經申請復查、訴願及行政訴訟，均被駁回確定。經該管稅務局依法發單補徵其應補繳的二分之一稅款1萬元及利息，孟良不予理會，他可因此而免掉這筆稅款嗎？

解說

　　納稅義務人對於該管稅捐稽徵機關核定的稅款不服，經提起行政救濟被駁回確定後，即應依規定補繳其餘未繳納部分的稅款，並加計利息，已有如第二章第五節第二目所述。倘納稅義務人對於該項應補徵的稅款，在稅捐稽徵機關填發的補繳稅款繳納通知書上所記載的繳納期間內未前往指定的公庫或銀行繳納，則依稅捐稽徵法第20條規定，如果依各該稅法規定逾期應加徵滯納金者（如所得稅法、營業稅法、貨物稅條例、遺產及贈與稅法、印花稅法、證券交易稅條例、使用牌照稅法、契稅條例、土地稅法、房屋稅條例、娛樂稅法等是），每逾二日按滯納數額加徵百分之一的滯納金，逾30日（加徵到百分之十五）仍未繳納者，則可依同法第

39條規定，移送法院（目前是移送法務部行政執行署所屬行政執行處）強制執行，並依該稅捐稽徵機關的繳納稅款通知書及移送公文書作為執行名義，由行政執行處據以對納稅義務人所有的財產為執行。但由主管稽徵機關處分的罰鍰，不得加計利息（稅捐稽徵法第49條但書），且須於行政救濟程序終結後，才能依同法第39條規定移送強制執行（第50條之2但書）。爰就稅捐及罰鍰的執行名義、執行機關、徵收期間、延緩執行、免於執行、撤回執行等規定，逐一說明於次：

(一) 執行名義

所謂「執行名義」，是指債權人據以聲請強制執行的憑據，是表彰權利人給付請求權存在及其範圍的公文書。必須有執行名義，債權人才可以聲請強制執行，執行機關也才可以根據執行名義進行強制執行程序。又執行名義以法律列舉明定者為限，不得由當事人合意創設，也不可以類推解釋。依據行政訴訟法第305條第1、4項規定「行政訴訟之裁判命債務人為一定之給付，經裁判確定後，債務人不為給付者，債權人得以之為執行名義，聲請高等行政法院強制執行；依本法成立之和解，及其他依本法所為之裁定得為強制執行者，或科處罰鍰之裁定，均得為執行名義。」可見行政訴訟上的執行名義，為確定判決、和解筆錄、得為強制執行之裁定。另依行政執行法第13條第1項第1、2款規定，移送機關於移送行政執行處執行時，應檢附移送書、處分文書、裁定書或義務人依法令負有義務之證明文件。故移送機關移送之處分文書（如稅款繳納通知書及催繳書）、裁定書（如罰鍰裁處書），亦得為執行名義。

(二) 執行機關

依據行政訴訟法第306條第1、2項規定：「高等行政法院為辦理強制執行事務，得設執行處，或囑託普通法院民事執行處或行政機關代為執行。執行程序，除本法別有規定外，應視執行機關為法院或行政機關而分別準用強制執行法或行政執行法之規定。」又依行政執行法第4條第1項規定，行政執行由原處分機關或該管行政機關為之。但公法上金錢給付義務逾期不履行者，移送法務部行政執行署所屬行政執行處執行之。可見行

政事件的執行機關，在行政訴訟法及行政執行法的規定不一，使人莫衷一是。惟就稅捐與其罰鍰而言，目前均由稅捐稽徵機關移送法務部行政執行署所屬行政執行處執行之。故有關稅捐與其罰鍰事件，均由各地行政執行處為執行機關。

(三) 執行範圍

依行政執行法第4條第1項規定，公法上金錢給付義務逾期不履行者，由原處分機關移送法務部行政執行署所屬行政執行處執行之。茲所謂「公法上金錢給付義務」，包含①稅款、滯納金、滯報費、利息、滯報金、怠報金及短估金。②罰鍰及怠金。③代履行費用。④其他公法上應給付金錢之義務（行政執行法施行細則第2條）。如義務人死亡，其生前各該等公法上的金錢給付義務，是否均得對其遺產及繼承人個人的固有財產加以執行？依行政執行法第15條規定，義務人死亡遺有財產者，行政執行處得逕對其遺產強制執行之意旨，似不得解為可擴及繼承人之財產，因公法上之義務，具有專屬性，不屬繼承範圍。稅捐及罰鍰既屬公法上之義務，基於法治國及保障基本權之精神，自以及於一身為原則，自不應對繼承人的固有財產加以執行。惟稅捐稽徵機關，對於義務人的欠稅及罰鍰，向來都一併移送行政執行處就繼承人的繼承遺產及固有財產予以執行。嗣經大法官會議釋字第621號對於罰鍰部分加以解釋：「罰鍰乃公法上金錢給付義務之一種，罰鍰之處分作成而具執行力後，義務人死亡並遺有財產者，依行政執行法第十五條規定意旨，該基於罰鍰處分所發生之公法上金錢給付義務，得為強制執行，其執行標的限於義務人之遺產。」以後，行政執行處就被繼承人所積欠的罰鍰，僅限定對其遺產加以執行，固已確定。但對於被繼承人所積欠的稅捐是否可對繼承人的固有財產加以執行？因法無明文，故向來執行機關均採肯定見解。惟自民法第1148條第2項於民國99年05月26日修正規定：「繼承人對於被繼承人之債務，以因繼承所得遺產為限，負清償責任。」且在其施行法第1條之3第4、5項明定：「繼承在民法繼承編中華民國九十八年五月二十二日修正施行前開始，繼承人因不可歸責於己之事由或未同居共財者，於繼承開始時無法知悉繼承債務之存在，致未能於修正施行前之法定期間為限定或拋棄繼

承，且由其繼續履行繼承債務顯失公平者，於修正施行後，以所得遺產為限，負清償責任；前項繼承人依修正施行前之規定已清償之債務，不得請求返還。」後，因民法已採概括繼承的有限責任，即以所得遺產為限，負清償被繼承人的債務。至此，各主管稽徵機關及行政執行處，始就被繼承人的欠稅及罰鍰，僅限定就被繼承人的遺產為執行。但之前已就遺產執行而尚未終結的部分，如義務人能說明其繼續履行繼承債務顯失公平者，得於執行終結前聲明異議，由行政執行處依個案予以審酌是否停止執行，或商請移送機關撤回未結部分之執行。但之前已執行在案的部分，不予返還。

(四) 徵收期間

　　依稅捐稽徵法第23條規定：「稅捐之徵收期間為五年，自繳納期間屆滿之翌日起算；應徵之稅捐未於徵收期間徵起者，不得再行徵收。但於徵收期間屆滿前，已移送執行，或已依強制執行法規定聲明參與分配，或已依破產法規定申報債權尚未結案者，不在此限；應徵之稅捐，有第10條（因天災事變之延期）、第25條（合於免移送執行標準）、第26條（延期分期繳納）或第27條（緩繳稅捐之繳納）規定情事者，前項徵收期間，自各該變更繳納期間屆滿之翌日起算；依第39條暫緩移送執行或其他法律規定停止稅捐之執行者，第1項徵收期間之計算，應扣除暫緩執行或停止執行之期間；稅捐之徵收，於徵收期間屆滿前已移送執行者，自徵收期間屆滿之翌日起，五年內未經執行者，不再執行，其於五年期間屆滿前已開始執行，仍得繼續執行。但自五年期間屆滿之日起已逾五年尚未執行終結者，不得再執行；本法中華民國96年3月5日修正前已移送執行尚未終結之案件，自修正之日起逾五年尚未執行終結者，不再執行。」故稅捐與其罰鍰，其於五年執行期間屆滿前已開始執行者，自五年期間屆滿之日起已逾五年尚未執行終結者，不得再執行。換言之，已移送執行之稅捐與其罰鍰，其最長之執行期間為十年，超過十年者不得再予執行。但在稅捐稽徵法於中華民國96年3月5日修正前已移送執行尚未終結之案件，自修正之日起逾五年尚未執行終結者，不再執行。亦即於96年3月5日以前已移送執行，行政執行處執行尚未結案之案件，縱已超過5年，仍不能

即刻註銷，其執行期間應至101年3月4日止。

(五) 延緩執行

　　納稅義務人應納稅捐，於繳納期間屆滿三十日後仍未繳納者，由稅捐稽徵機關移送法院強制執行。但納稅義務人已依規定申請復查者，暫緩移送法院強制執行。又納稅義務人對復查決定之應納稅額繳納半數，並依法提起訴願，或納稅義務人依規定繳納半數稅額確有困難，經稽徵機關核准，提供相當擔保者，亦均得暫緩移送執行（稅捐稽徵法第39條）。又納稅義務人因天災、事變或遭受重大財產損失，不能於法定期間內繳清稅捐者，得於規定納稅期間內，向稅捐稽徵機關申請延期或分期繳納，其延期或分期繳納之期間，不得逾三年（同法第26條）。

(六) 免於執行

　　為避免小額補稅案件造成納稅義務人之困擾，並減輕稅捐稽徵機關退、補稅款及移送強制執行之作業負擔，財政部依稅捐稽徵法第25條之1規定（依本法或稅法規定應補、應退或應移送強制執行之稅捐在一定金額以下者，財政部得視實際需要，報請行政院核定免徵、免退或免予移送強制執行。）所研擬之「依稅捐稽徵法或稅法規定應補、應退或應移送強制執行之稅捐，免徵、免退及免予移送強制執行之限額」，業經行政院核定，自99年9月24生效，其免予移送強制執行之限額為：綜合所得稅、營利事業所得稅、遺產稅、贈與稅、營業稅、貨物稅、菸酒稅、證券交易稅、期貨交易稅、地價稅、土地增值稅、房屋稅、使用牌照稅、印花稅、契稅、娛樂稅之本稅及該等稅目之滯納金、利息、滯報金、怠報金及罰鍰，每案免移送強制執行限額為新台幣300元以下。

(七) 撤回執行

　　稅捐稽徵機關，認為移送法院強制執行不當者，得向法院撤回。已在執行中者，應即聲請停止執行（稅捐稽徵法第40條）。

　　本例中的孟良將其所有房屋出租於他人使用，其所依附的土地已不合於自用住宅用地，故其地價稅不能享有千分之二的優惠稅率，該管稅務局

按一般基本稅率千分之十計徵地價稅台幣二萬元，於法並無不符，雖孟良不服，經申請復查、訴願及行政訴訟，均被駁回確定，則其經該管稅務局依法發單補徵其應補繳的二分之一稅款一萬元及利息，並不在前述免移送強制執行限額的300元以下，孟良若不予理會，該管稅務局會依前述規定移送該管行政執行署所屬行政執行處強制執行，孟良不可能因此而免掉這筆稅款。

第二節　租稅強制執行的救濟程序

納稅義務人不服行政執行處所發的執行命令，有何救濟途徑嗎？

實例

　　古意在生前因逃漏綜合所得稅，遭台灣省中區國稅局發單補稅新台幣（下同）3萬元，並被處所漏稅額二倍的罰鍰6萬元，但古意因經商失敗，無現款繳納，卻於98年6月6日突然中風死亡，遺有房子一棟，新民是古意的唯一兒子，他因未拋棄繼承，所以就繼承了古意的所有債權債務，後來國稅局又向新民催繳其父古意所積欠的前開稅款及罰鍰，因新民僅是一名小工人，收入有限，亦無法繳納，國稅局乃將前開稅款及罰鍰，移送台中行政執行處強制執行，由該處查封新民所繼承的前開房地產，並扣押其在銀行之個人帳戶存款，準備進行拍賣及收取，用以償還古意所積欠的稅款及罰鍰。新民所繼承的房產，是新民唯一的棲身之所，銀行少數存款，是他目前賴以維生的來源，若被拍賣或收取，則其後果不堪設想，因此四處奔波，尋求支援，經其好友有義告知，罰鍰不必繳，稅款可分期，他半信半疑，但目前房地產被查封，銀行存款被凍結，不知道如何方可解套？

解說

　　強制執行是藉由公權力，以實現公、私法債權的最後手段，必須透過國家所設置的執行機關，以強制力去查封、扣押義務人的財產，再經過換

價或執行命令，以實現權利人的債權。一般私法上的債權，是由普通法院的民事執行處負責執行，而公法上的債權，行政訴訟法規定，是由高等行政法院執行處執行，惟行政執行法卻規定，公法上金錢給付義務逾期不履行者，移送法務部行政執行署所屬行政執行處執行。就目前實務而言，高等行政法院執行處所執行者，大概都是執行金錢給付義務以外的案件，至於公法上金錢給付義務的案件，都移送行政執行處執行。

　　稅捐與其罰鍰，都屬公法上金錢給付義務的案件，故都由各稅捐徵機關移送管轄的行政執行處負責執行。但在行政執行處執行過程，難免會有侵害義務人或利害關係人權益的情事。在行政執行處執行欠稅、罰鍰的過程中，若義務人或利害關係人發現其權益被侵害時，自可依法請求救濟，以保障個人應有的權益。

　　依行政訴訟法規定，執行程序除本法別有規定外，應視執行機關為法院或行政機關而分別準用強制執行法或行政執行法之規定（行政訴訟法第306條第2項）；債務人異議之訴，由高等行政法院受理；其餘有關強制執行之訴訟，由普通法院受理（第307條）。又行政執行法規定，義務人或利害關係人對執行命令、執行方法、應遵守之程序或其他侵害利益之情事，得於執行程序終結前，向執行機關聲明異議；前項聲明異議，執行機關認其有理由者，應即停止執行，並撤銷或更正已為之執行行為；認其無理由者，應於十日內加具意見，送直接上級主管機關於三十日內決定之（行政執行法第9條第1、2項）。再依行政執行法施行細則第18條規定，公法上金錢給付義務之執行事件，第三人就執行標的物認有足以排除執行之權利時，得於執行程序終結前，依強制執行法第15條規定向管轄法院提起民事訴訟。另依「法務部行政執行署組織條例」第2條第2款規定，法務部行政執行署掌理關於公法上金錢給付義務強制執行聲明異議之決定事項。可見關於行政執行的救濟程序，在行政訴訟法、行政執行法及法務部行政執行署組織條例的規定又不一致，故常使義務人不知所措，主管機關似應密切協調，迅速統一法制，以免民怨四起。

　　就目前實務而言，債務人對執行名義有異議者，不問是高等行政法院自為執行抑或囑託普通法院或行政機關代為執行，均由高等行政法院受理裁定之（行政訴訟法第306條第3項）；債務人異議之訴，由高等行政法

院受理（第307條前段）；其餘有關強制執行之訴訟，例如第三人異議之訴、參與分配之訴、分配表異議之訴等，因均係就執行標的物或執行債權之歸屬所生之爭執，性質上屬私權之爭議，故規定由普通法院受理（第307條後段）。至於有關執行命令、執行方法等其他有關實施強制執行程序之「當事人或利害關係人聲明異議」，則由法務部行政執行署受理。

　　從以上說明，可知關於行政強制執行事件的之救濟，大概分作三種不同的救濟途徑，即聲明異議、債務人異議之訴及其餘有關強制執行之訴訟（諸如第三人異議之訴、參與分配之訴、分配表異議之訴等）。為節省篇幅，茲僅就比較常發生的聲明異議、債務人異議之訴及第三人異議之訴，逐一解說如次，至於其餘的聲明及訴訟，則請讀者參看強制執行法的相關規定。

一、義務人聲明異議

　　聲明異議係指當事人或利害關係人對於執行機關於執行程序中所為之行為或不行為，認為有違法或不當之情形，請求執行機關變更或撤銷之意思表示。

1. 聲明異議的主體

　　依行政執行法第9條規定，聲明異議的主體為義務人或利害關係人。所謂「義務人」，是指行政執行程序中，負有公法上履行義務之人；所謂「利害關係人」，是指義務人以外，其法律上之權益，因執行行為而受侵害之人。例如對於除去租賃權的處分，在法律上將影響承租人的租賃權，承租人即為利害關係人。但事實上之利害關係不包括在內。如工廠被查封，員工不能以失業為由聲明異議。

2. 聲明異議的事由

　　依行政執行法第9條第1項規定：「義務人或利害關係人對執行命令、執行方法、應遵守之程序或其他侵害利益之情事，得於執行程序終結前，向執行機關聲明異議。」可知聲明異議的事由有四：

(1)行政執行處之執行命令

依行政執行處組織通則第3條規定，行政執行處掌理公法上金錢給付義務之強制執行及其協調、聯繫事項、公法上金錢給付義務強制執行事件聲明異議之審議、處理事項、公法上金錢給付義務強制執行事件拘提、管收之聲請、執行事項、公法上金錢給付義務強制執行之其他事項。故行政執行處負責公法上金錢給付義務之強制執行，其所謂「行政執行處之執行命令」，是指在執行程序中，行政執行處對外所發的各種執行命令。例如就義務人的被繼承人所積欠的罰鍰對義務人個人固有的存款核發扣押命令、收取命令是，此一命令違反行政執行法第15條「義務人死亡遺有財產者，行政執行處得逕對其遺產強制執行。」之規定，惟行政執行處卻對繼承人個人固有的存款發執行命令，顯然侵害繼承人的權利，繼承人自得向行政執行處聲明異議，聲請其撤銷該執行命令，以保障自身權益。

(2)行政執行官、執行書記官、執行員之執行方法

行政執行法第12條規定：「公法上金錢給付義務之執行事件，由行政執行處之行政執行官、執行書記官督同執行員辦理之，不受非法或不當之干涉。」該等執行人員之執行，一般是以現實的執行處分為主。所謂「執行方法」，是指實施強制執行時所用的各種方法，而可以直接發生執行法上之效果者。例如查封動產的標封、查封不動產的揭示、拍賣的公告、對義務人的拘提、管收等是。如執行人員的執行方法有違法或不當時，義務人自可聲明異議。

(3)強制執行應遵守之程序

所謂「應遵守之程序」，是指依行政執行法或強制執行法所應遵守的執行程序。例如必先查封再拍賣、拍賣與公告須隔一定的期間等是。

(4)其他侵害利益之情事

所謂「其他侵害利益之情事」，是指前三款以外的其他任何侵害權益的情事。例如對於非執行名義（如以擔保書為執行名義）所為的執行、對於執行名義效力所不及之人為執行、超越執行名義範圍之執行等是。

3. 聲明異議的程序

　　聲明異議應於執行程序開始後，至執行程序終結前為之。行政執行法並未規定聲明異議的期限，依該法第9條第1項之規定，只要在執行程序終結前即可（聲明異議的書狀格式如附件一）。至於行政執行進行到何種程度，才為終結，則應視執行內容而定。例如，金錢給付義務的執行，必須將收取的金錢交付債權人，對於不動產的執行，須經拍賣，將拍賣所得之價金交付債權人時，程序才算終結。對聲明異議決定之程序，規定於行政執行法第9條第2項，即聲明異議，執行機關認為有理由者，應即停止執行，並撤銷或更正已為之執行行為；認其無理由者，應於10日內先予審核，並加具意見後，送請直接上級主管機關即行政執行署於30日內決定之。至於義務人或利害關係人不服執行機關所為行政執行措施時，是否因行政執行法第9條聲明異議程序之規定，而不得再提起行政爭訟？業經最高行政法院97年12月份第3次庭長法官聯席會議決議：「行政執行法第9條規定：『義務人或利害關係人對執行命令、執行方法、應遵守之程序或其他侵害利益之情事，得於執行程序終結前，向執行機關聲明異議。前項聲明異議，執行機關認其有理由者，應即停止執行，並撤銷或更正已為之執行行為；認其無理由者，應於10日內加具意見，送直接上級主管機關於30日內決定之。行政執行，除法律另有規定外，不因聲明異議而停止執行。但執行機關因必要情形，得依職權或申請停止之。』旨在明定義務人或利害關係人對於執行命令、執行方法、應遵守之程序或其他侵害利益之情事，如何向執行機關聲明異議，以及執行機關如何處理異議案件之程序，並無禁止義務人或利害關係人於聲明異議而未獲救濟後向法院聲明不服之明文規定，自不得以該條規定作為限制義務人或利害關係人訴訟權之法律依據，是在法律明定行政執行行為之特別司法救濟程序之前，義務人或利害關係人如不服該直接上級主管機關所為異議決定者，仍得依法提起行政訴訟，至何種執行行為可以提起行政訴訟或提起何種類型之行政訴訟，應依執行行為之性質及行政訴訟法相關規定，個案認定。其具行政處分之性質者，應依法踐行訴願程序，自不待言。」故當義務人或利害關係人不服行政執行署所為異議決定者，如其具有行政處分（行政程序法第92條參照）之性質者，例如扣押命令、收取命令、限制出境等，仍可依

法循訴願及行政訴訟請求救濟，如其異議決定者，只是事實行為，例如限期繳納、報告財務狀況、訪視家境等，則非行政處分之性質，自在行政執行署所為異議決定後，即告確定。

4. 聲明異議的效果

行政執行，除法律另有規定外，不因聲明異議而停止執行。但執行機關因必要情形，得依職權或申請停止之（行政執行法第9條第3項）；行政執行人員，若有國家賠償法所定國家應負賠償責任之情事者，受損害人亦得依該法請求損害賠償（同法第10條）。

二、債務人異議之訴

在執行程序進行中，執行機關對於執行名義的合法與否，僅能從形式上加以審查，對於執行名義上所載的權利是否仍有效或合法存在，則無從就實體上加以審核，雖債務人能舉證證明債權人已確定的請求權，有消滅或妨礙的事由，例如有清償、抵銷、延期清償等情形，執行機關也不能隨便駁回債權人的執行聲請。但此時若繼續強制執行，則可能損害債務人的合法權益，為此，法律乃設立債務人異議之訴的制度，以保護債務人的合法權益，而不受非法侵害。

依行政訴訟法第307條規定，債務人異議之訴，由高等行政法院受理；其餘有關強制執行之訴訟，由普通法院受理。又依同法第306條第2項規定，執行程序，除行政訴訟法別有規定外，應視執行機關為法院或行政機關而分別準用強制執行法或行政執行法之規定。可見行政執行的債務人異議之訴，其受理機關是高等行政法院，而應準用強制執行法的規定。又依強制執行法第14條規定，執行名義成立後，如有消滅或妨礙債權人請求之事由發生，債務人得於強制執行程式終結前，對債權人提起異議之訴。如以裁判為執行名義時，其為異議原因之事實發生在前訴訟言詞辯論終結後者，亦得主張之。爰就債務人異議之訴的意義及性質、當事人、事由、提起時間、管轄與審理等，逐一解說如次：

1. 債務人異議之訴的意義及性質

　　所謂「債務人異議之訴」，是指債務人對於執行機關所據以執行的確定請求權，主張其存有消滅或妨礙強制執行的事由，請求法院不得強制執行的一種訴訟形式。其目的在於排除強制執行力，或撤銷已為的執行程序，故應以判決使有執行力發生消滅或變更的效果，故其性質為形成訴訟之一種。

2. 債務人異議之訴的當事人

　　債務人異議之訴的原告，為執行名義記載的債務人及執行力擴張效力所及的第三人，也就是被執行人的繼受人（強制執行法第4條之2參照）；而被告則是執行名義所載享有權利的債權人或依法承受該債權人權利的繼受人。就稅捐案件而言，即是各該主管稅捐稽徵機關。

3. 債務人異議之訴的事由

　　依強制執行法第14條第1項規定：「執行名義成立後，如有消滅或妨礙債權人請求之事由發生，債務人得於強制執行程序終結前，向執行法院對債權人提起異議之訴。如以裁判為執行名義時，其為異議原因之事實發生在前訴訟言詞辯論終結後者，亦得主張之。」故債務人提起異議之訴，須有消滅或妨礙債權人請求之事由發生，且該事由須發生在執行名義成立之後，如以裁判為執行名義時，其為異議原因之事實發生在前訴訟言詞辯論終結後者，亦得主張之。因為為異議的原因事實，如發生在執行名義成立之前或前訴訟言詞辯論終結之前者，均得於訴訟中行使其防禦方法，其可行使竟不行使，致生實質上的確定力，即有一事不再理原則的適用，債務人即不得就同一法律關係更行起訴。本條文所謂「消滅債權人請求之事由」，是指足以使執行名義的請求權及執行力消滅的原因事實，一般包括清償、提存、免除、拋棄、抵銷、免除、混同、解除條件成就、和解契約成立、請求權時效消滅等絕對消滅事由和債權讓與、債務承擔等相對消滅事由；所謂「妨礙債權人請求之事由」，指足以使執行名義的請求權暫時不能行使或執行力暫不生效力的原因事實，一般包括債權人同意延

期清償、債務人行使留置權、同時履行抗辯權等是。

4. 債務人異議之訴提起的時間

　　債務人異議之訴必須在執行程序終結前提出（債務人異議之訴書狀格式如附件二），否則如果執行程序已經終結，則無法實現該制度排除執行名義強制執行力的立法目的。此所謂「執行程序終結前」，指執行名義的整個強制執行程序已全部執行完畢而言。如執行名義所載的債權已全部受償或債務人的財產已全部拍賣分配完畢，其未受分配的部分，已發給債權憑證等是。

5. 債務人異議之訴的管轄與審理

　　債務人異議之訴，由高等行政法院受理，已有如前述，故其第一審法院為高等行政法院，不服高等行政法院判決者，上訴至最高行政法院，但對於高等行政法院判決之上訴，非以其違背法令為理由，不得為之（行政訴訟法第242、243條）。債務人異議之訴經高等行政法院審理後，如認為起訴不合法者，如執行程序已終結，則應以裁定駁回之；如認為異議之訴的訴訟無理由，即無消滅或妨礙債權人請求的事由發生者，應以判決駁回之；如認為異議之訴的訴訟請求成立的，則應判決宣示不可執行或撤銷執行程序。

6. 債務人異議之訴的效果

　　債務人提起異議之訴後，不當然發生停止執行的效果，須經法院認為有必要情形或依聲請定相當並確實之擔保，始得為停止執行之裁定而停止執行（強制執行法第18條）；異議之訴勝訴判決確定者，固可撤銷已實施之執行程序，但如確定時執行程序已終結，仍不可撤銷；如異議之訴敗訴判決確定者，因其訴訟標的為異議權，並非實體事由，故原告仍得以實體事由另行主張不當得利或侵權行為而為訴訟；又提起異議之訴，如有多數得主張之異議原因事實，應一併主張之，其未一併主張者，不得再行提起異議之訴（同法第14條第3項）。

三、第三人異議之訴

強制執行法對此於第15條規定：「第三人就執行標的物有足以排除強制執行之權利者，得於強制執行程序終結前，向執行法院對債權人提起異議之訴。如債務人亦否認其權利時，並得以債務人為被告」。又依行政訴訟法第307條規定，債務人異議之訴，由高等行政法院受理；其餘有關強制執行之訴訟，由普通法院受理。故第三人異議之訴，由普通地方法院受理。該一訴訟是以第三人基於實體上的權利，對於執行行為主張異議權，請求法院判決排除或撤銷之，故其性質仍屬形成訴訟的一種。

所謂「第三人異議之訴」，是指第三人就執行標的物有足以排除強制執行之權利，請求法院宣示不許就該標的物執行之判決所提起之訴訟。例如對動產之強制執行，係以債務人占有動產之外觀事實為標準，用以判斷該動產為債務人所有，但外觀之事實和實體的事實可能不一致，所以准許第三人基於實體法之權利，以債權人為被告提起訴訟，請求撤銷執行程序；又所謂「第三人就執行標的物有足以排除強執之權利」，依照最高法院44年台上721號判例，認為對執行標的物有所有權、典權、留置權、質權存在情形之一者而言。

提起第三人異議之訴，必須於「強制執行程序終結前」提起（第三人異議之訴書狀格式如附件三），是指執行標的物的強制執行程序終結而言（即個別程序之終結），並非指執行名義之執行程序終結（即整個程序之終結），與前述的債務人異議之訴所規定的「執行程序終結前」不同。故執行程序進行至執行名義所載債權全部或一部，因對「執行標的物」執行達其目的時，即為終結。若執行標的物經拍賣終結，而未將拍賣價金交付債權人前，對該執行標的物之強執程序，不得謂已終結，第三人仍得提起異議之訴，但已終結的拍賣程序，不能依此項異議之訴有理由之判決予以撤銷，故該第三人僅得請求交付價金，不得請求撤銷拍賣程序。又依同一執行名義，就屬於一債務人或數債務人的數種財產為強執，其中一財產已經拍賣終結，並將賣得價金交付債權人時，對該種財產之強執程序，即為終結，對於他種財產之強執程序，雖未終結，亦不得對於業經終結之強執程序，提起第三人異議之訴（院字第2776號解釋參照）。

附件一、聲明異議的書狀格式

行政執行聲明異議狀				
案　　號	年度　　字第　　號		承辦股別	
訴訟標的的金額或價額	新臺幣　　　　　　　　　　　　　　　　　元			
稱謂	姓名或名稱	依序填寫：國民身分證統一編號或營利事業統一編號、性別、出生年月日、職業、住居所、就業處所、公務所、事務所或營業所、郵遞區號、電話、傳真、電子郵件位址、指定送達代收人及其送達處所。		
聲明人（即義務人）	王新民	住台中市西區○○路○○號		
相對人（即權利人）	財政部台灣省中區國稅局	設		
代表人	○○○	住同上		

為查封程序違法，依法聲明異議，請求准予撤銷查封事：

緣聲明人與權利人間因法務部行政執行署台中行政執行處○○年度行執○字第○○○號清償稅捐乙案之執行命令，顯有違法，特提出異議，謹陳述異議理由如次：

一、按行政執行法第15條規定，義務人死亡遺有財產者，行政執行處得逕對其遺產強制執行；又依大法官會議釋字第621號解釋：「罰鍰乃公法上金錢給付義務之一種……其執行標的限於義務人之遺產。」；另依民國99年5月26日修正之民法第1148條第2項規定：「繼承人對於被繼承人之債務，以因繼承所得遺產為限，負清償責任。」

二、本件聲明人之被繼承人王古意在生前固積欠綜合所得稅新台幣（下同）3萬元及罰鍰6萬元，但被繼承人於98年6月6日突然中風死亡，僅遺有破舊房子一棟，聲明人雖繼承了被繼承人古意的所有債權債務，但因聲明人僅是一名小工人，收入有限，故無法一次繳納，相對人財政部台灣省中區國稅局卻逕對聲明人個人設於台灣銀行台中分行的固有存款予以查封，準備進行收取移轉，是其查封命令，顯與前開規定有違，為此謹聲明異議，准予撤銷查封。

　　此　致
法務部行政執行署台中行政執行處　轉呈
法務部行政執行署　公鑒

證物名稱 及件數	

中華民國　　年　　月　　日
具狀人　王新民　　　　簽名蓋章
撰狀人　　　　　　　　簽名蓋章

附件二、債務人異議之訴書狀格式

行政執行債務人異議之訴狀				
案　　號	年度　　字第　　號		承辦股別	
訴訟標的 金額或價額	新台幣		元	
稱謂	姓名或名稱	依序填寫：國民身分證號碼或營利事業統一編號、性別、出生年月日、職業、住居所、就業處所、公務所、事務所或營業所、郵遞區號、電話、傳真、電子郵件位址、指定送達代收人及其送達處所。		
原告	王新民	住		
被告	財政部台灣省中區國稅局	設		
代 表 人	○○○	住同上		

為提起執行異議之訴事：
訴之聲明
一、法務部行政執行署台中行政執行處○○年度○○字第○○○號兩造間清償稅捐強制執行事件之強制執行程序應予撤銷。
二、訴訟費用由被告負擔。

事實及理由
一、按執行名義成立後，如有消滅或妨礙債權人請求之事由發生，債務人得於強制執行程序終結前，向執行法院對債權人提起異議之訴。如以裁判為執行名義時，其為異議原因之事實發生在前訴訟言詞辯論終結後者，亦得主張之，強制執行法第14條第1項定有明文。

二、本件緣聲明人之被繼承人王古意在生前固積欠綜合所得稅新台幣（下同）3萬元及罰鍰6萬元，但被繼承人於98年6月6日突然中風死亡，僅遺有破舊房子一棟，聲明人雖繼承了被繼承人王古意的所有債權債務，但該筆稅捐及罰鍰，已由好友王新仁代為繳清，此有完稅證明乙紙可憑，是該欠稅之事實已不存在，詎被告機關卻仍據舊有繳稅通知單及罰鍰裁處書，遂對聲明人個人設於台灣銀行台中分行的固有存款予以查封，準備再進行收取移轉，是其查封命令，顯然違法，爰依首開規定提起債務人異議之訴，請准予判決如訴之聲明，無任感德。

此 致 台中高等行政法院　公鑒	
證物名稱 及件數	證一：完稅證明書影本乙件。
中華民國　　　年　　　月　　　日 具狀人　王新民　　　　簽名蓋章 撰狀人　　　　　　　　簽名蓋章	

附件三、第三人異議之訴之書狀格式

行政執行第三人異議之訴狀					
案　　號	年度	字第	號	承辦股別	
訴訟標的 金額或價額	新臺幣			元	
稱謂	姓名或名稱	依序填寫：國民身分證統一編號或營利事業統一編號、性別、出生年月日、職業、住居所、就業處所、公務所、事務所或營業所、郵遞區號、電話、傳真、電子郵件位址、指定送達代收人及其送達處所。			
原告	王新仁	住			
被告	財政部台灣省中區國稅局	設			
代表人	○○○	住同上			

為提起執行異議之訴事：

訴之聲明

一、法務部行政執行署台中行政執行處對被告與王新民間因稅捐債務假扣押執行事件，就原告所有TOYOTA1000AZ號小汽車乙輛所為之查封程序應予以撤銷。

二、訴訟費用由被告負擔。

事實及理由

一、按「第三人就執行標的物有足以排除強制執行之權利者，得於強制執行程序終結前，向執行法院對債權人提起異議之訴。」為強制執行法第15條所明定。

二、原告於民國○○年○月○日向○○公司購買TOYOTA1000AZ號小汽車乙輛，價款新臺幣100萬元，已全數付清，此有○○公司出立收款收據及○○廠保證卡可憑。該小汽車於購買同時交由原告取回使用，至同年○月○日，因發生故障，交由○○修配廠修理，此有該廠負責人○○○可資證明。修繕完畢後，借由王新民使用三月，亦立有借據乙紙可憑。今被告與王新民間因稅捐債務事件，被告請求假扣押王新民之財產，卻將原告所有前開小汽車乙輛誤為王新民所有而實施查封。原告於獲悉後，業經提出聲明異議請求撤銷查封，未料被告竟故意否認。為此檢同收款收據及○○廠保證卡、借據等證物，請准予判決如訴之聲明，以維原告之合法權益。

　　此　致

○○○○地方法院民事庭　公鑒

證物名稱及件數	一、收款收據影本乙件。
	二、保證卡影本乙件。
	三、借據影本乙件。

中華民國　　　年　　　月　　　日

具狀人　王新仁簽名蓋章

撰狀人　　　簽名蓋章

第三章 | 租稅刑事罰的救濟

第一節　租稅刑事罰的意義及種類

偽造統一發票逃漏稅，是否構成犯罪？

實例

　　青松在嘉義市經營一家大統有限公司，販賣各種民生必需品，因價格低廉，服務態度良好，故生意不錯，營業額直線上升，青松為使其商店少繳納一些營業稅及營利事業所得稅，所以就在98年6月間偽造了一批統一發票，並以之簽發給各消費者，在99年1月初，經台灣省南區國稅局會警查獲，並查扣有關帳冊及尚未使用完畢的偽造統一發票一批，經核算結果，共逃漏98年度營業稅新台幣100萬元，除補稅並處罰鍰外，青松是否另涉及逃漏稅捐的刑事罪責呢？

解說

　　由於租稅的徵收，不以對待給付為報償，被徵收租稅的一方，難免會有或多或少的「痛苦感」，正由於有此痛苦感，所以租稅在本質上，必須有強制性，且為促使被徵收者誠實履行納稅義務，以確保租稅徵收權的順利行使，國家不得不對違反納稅義務或妨害徵收權行使的行為加以相當的制裁，此種制裁，即所謂「租稅罰」。

　　租稅法為行政法的一支，其所規定的租稅罰，亦屬於行政罰的一種。而所謂「行政罰」，乃行政機關基於國家一般統治權的作用，對於違反行政法上之義務者所為的制裁，以維持行政上的秩序，而達到行政上的目的。行政罰一般可分為兩種：一為對違反行政法上之義務者，科以刑法上刑名以外的制裁，如：罰鍰、沒收、滯納金、停止營業等，統稱為行政秩序罰，一為對違反行政法上之義務者，科以刑法上所定刑名的制裁，

如：徒刑、罰金等，統稱為行政刑罰。

　　租稅刑事罰，是對於違反租稅法律的行為，依租稅法律的規定處以刑罰性質的行政罰，其罰則的名稱，與刑法上的刑名相同。我國租稅法上所規定的刑罰，亦均以處罰有逃漏稅之故意及惡性者為要件，其法則的運用，亦與刑法總則的規定相同，故與刑法上的刑罰，在本質上並無二致，應歸屬於特別刑法的一種。

　　我國自民國初年建立現代化的租稅制度以來，在內地稅稅法中採用自由刑規定者，首見於民國25年7月21日公布的所得稅暫行條例及35年4月16日公布的所得稅法，對於漏稅犯，亦規定科以漏稅額二倍以下的罰鍰，其情節重大者，得科以一年以下有期徒刑或拘役。至39年6月21日修正的所得稅法更加以規定「納稅義務人以逃匿或其他不正當方法避報所得額者，主管徵收機關逕行決定其所得額外，並應處以應納稅額五倍以上十倍以下之罰鍰，其情節重大者，得移送法院，處以二年以下有期徒刑或拘役。」降至60年12月30日修正的所得稅法第110條第3項規定：「納稅義務人有故意以詐欺或其他不正當方法逃漏所得稅，經查明情節重大者，除依規定加處罰鍰外，並得處二年以下有期徒刑或拘役。」第111條第1項規定：「幫助或教唆納稅義務人逃稅者，得移送法院處以三年以下有期徒刑或拘役，其為稅務人員者，得加重其刑至二分之一。」另營業稅法亦於54年修正時增訂第50條規定：「偽造統一發票或虛設行號以逃漏或幫助他人逃漏營業稅者，除責令賠繳外，並處以一年以上三年以下有期徒刑。」至62年2月6日公布的遺產及贈與稅法第50條，亦規定：「納稅義務人於遺產未繳清前，分割遺產、交付遺贈或辦理移轉登記或於贈與稅未繳清前，辦理贈與移轉登記者，處一年以下有期徒刑。」另57年2月12日修正公布的實施都市平均地權條例第66條亦規定，對虛報土地增值稅之行為，處拘役或一千元以下之罰金。迨65年10月22日稅捐稽徵法公布之後，有關各種內地稅的稅捐稽徵共同事項，始有統一之通則性法規可循，因而各項租稅刑事罰，亦在該法中為通盤性的規定，並將前述各內地稅法的各種刑事罰則，逐一配合修正刪除，使稅捐稽徵法成為內地稅刑事罰的共通法典。

　　在現行內地稅各稅法所規定的刑事罰則，均規定於稅捐稽徵法第

41、42、43、47條與遺產及贈與稅法第50條。茲就各該主要的刑事罰則，逐一說明如次：

一、納稅義務人以詐術或不正當方法逃漏稅捐罪

稅捐稽徵法第41條規定：「納稅義務人以詐術或其他不正當方法逃漏稅捐者，處五年以下有期徒刑、拘役或科或併科六萬元以下罰金。」是為現行各稅法中所定租稅刑事罰的典型條文。該條文所謂的「詐術」是例示的規定，是指以詐偽欺罔或隱瞞等積極之作為，致稅捐機關陷於錯誤，而免納或少納應繳之稅款，以獲取財產上之不法利益。故此處之詐術與一般刑法上所定的「詐術」同義，與刑法第339條第2項所規範之「詐欺得利罪」相當。故行為人有可能會以一行為而同時觸犯兩罪名，亦即一個逃漏稅捐之行為，同時觸犯「逃漏稅捐罪」與「詐欺得利罪」，依實務見解，認為在稅捐事件中，稅捐稽徵法第41條相較於刑法第339條第2項，係屬特別法關係，基於「特別法優先於普通法」之法理，稅捐稽徵法第41條應優先於刑法第339條第2項而為適用，亦即當納稅義務人因逃漏稅捐而同時觸犯「逃漏稅捐罪」與「詐欺得利罪」時，應優先適用稅捐稽徵法第41條之規定。至於所謂「其他不正當方法」，是屬於概括性的規定，並無具體的標準，依一般學理的見解，認為凡於稅捐稽徵機關調查事實時，違反配合說明事實的義務，致使稅捐稽徵機關無以發現規避租稅的事實真象，而依法加以調整者均屬之。又此處所稱「不正當之方法」，在態樣上，應與積極之詐術具備相當的強度，例如造作假單據或設置偽帳以逃漏稅捐，亦即「不正當之方法」必須是行為人之行為在一般通念上已經足以和施以詐術之行為相當，始與構成要件相當，故若當事人僅係單純不作為，如單純漏報收入，則不能論以此罪，僅能科以行政罰。茲就本條規定，在實務上所產生的問題一一析述如次：

（一）漏稅罪是否以故意為責任條件？

逃漏稅行為的刑事罰，是否須有逃漏稅的故意為要件，在66年1月30日修正前的所得稅法第110條第3項規定「納稅義務人有故意以詐欺或其他不正當方法逃漏所得稅……得處兩年以下有期徒刑或拘役。」即明示逃漏所得稅的刑罰，須以行為人的故意為責任條件。嗣在稅捐稽徵法立法草

案中亦沿襲所得稅法上開條文，惟在立法院審議時，認為「行為非出於故意或過失者不罰，過失行為的處罰，以有特別規定者為限，此為刑法第12條所明定，刑法對於成立犯罪之一般要件，既有明文規定，則就各別犯罪行為，除過失犯外，即均無明定故意之必要。又所得稅法第110條第3項所定『故意』、『詐欺』云云，乃立法上之疏失，應予修正」等情，將草案中的故意二字刪除，以符通例。由此，足見漏稅行為的處罰，須以行為人有故意為要件，此與一般租稅秩序罰，不以故意為要件者，究屬有別，即在國內一般租稅法學者的見解，亦均持相同的看法。另稅法上對於過失的漏稅行為，既無處罰的特別規定，自不在處罰之列，實不待贅言。

（二）稅捐稽徵法第41條所謂「其他不正當方法」一語，究何所指？其適用標準如何？在適用上有何疑義？

稅捐稽徵法第41條規定所謂「其他不正當方法」，以往因無具體標準，故祇能依個別事實加以認定，而各級稅捐稽徵機關，對於逃漏稅案件是否移請法院訴究刑責，在處理上亦頗不一致。財政部有鑑及此，乃於72年6月24日以台財稅第34361號函頒訂「稅捐稽徵法第41條所定納稅義務人以不正當方法逃漏稅捐適用標準」（以下簡稱適用標準），規定凡其有下列情事之一者，稽徵機關即應列為「以不當方法逃漏稅捐」，依法移送法院追訴刑責：

1. 虛設行號逃漏稅捐者。
2. 偽造或變造完稅或免稅照證、票券、印戳逃漏稅捐或冒領退稅者。
3. 偽造變造統一發票逃漏稅捐者。
4. 開立大頭小尾（即收執聯金額大於存根聯）統一發票，短漏營業額超過新台幣100萬元者。
5. 連續漏開或短開統一發票未依限申報營業額年達新台幣300萬元以上者。
6. 以高價貨物冒充低價貨物逃漏貨物稅達新台幣50萬元以上者。
7. 利用他人名義分散所得逃漏所得稅達新台幣100萬元以上者。
8. 以虛偽契約或債務憑證逃漏遺產稅或贈與稅達新台幣100萬元以上者。
9. 私設帳簿或偽造、變造帳簿、文據逃漏各項稅捐達新台幣300萬元以上

者。

10. 其他逃漏稅捐行為，對社會納稅風氣有重大影響者。

　　財政部頒訂之上述「適用標準」，不僅關係納稅義務人是否須被追訴刑責的問題，更對於稅捐稽徵法第41條藉訴究刑責以杜絕逃漏規定的效果，將產生重大的影響。惟依首開對於有關「詐術」及「不正當方法」意義的闡述，可見財政部所頒訂前開「適用標準」的十種類型，其中2、3、4、6、7、8、9等七種，均屬於詐術範圍，其餘1、5、10三種，亦與不正當方法無直接關連。因此該項適用標準，似不無張冠李戴之嫌。又前開適用標準，究竟是作為各級稅捐稽徵機關移送法院追訴刑責的標準？還是兼作法院裁罰的標準？均不無疑義。該適用標準若僅供稽徵機關移送法院追訴刑責的依據，則凡在該適用標準所列十種逃漏類型以外的其餘逃漏稅行為，是否仍得移送法院追訴處罰？各稅捐稽徵機關以外的有關單位或人士，對於上述「適用標準」以外的逃漏稅行為，若直接向地方法院檢察署告發，檢察官可否以不合上述適用標準而不予受理或逕為不起訴處分？按納稅義務人是否有稅捐稽徵法第41條規定以詐術或其他不正當方法逃漏稅捐情事？是否予以追訴或科以刑責？是檢察官及法院的職權，稽徵機關僅有移送檢察署追訴的權責而已，所以檢察官及法院對於逃漏稅案件的追訴及審判，自不受上述適用標準的拘束（參見司法院73年7月7日廳刑一字第603號函釋）。然而該項標準，既名之為「適用標準」，那麼在稅捐稽徵機關如認為不合乎該標準的案件不予告發，而經由其他機關告發，經檢察官起訴而由法院予以判刑，或在稅捐稽徵機關認為符合上述標準而移送檢察官偵查起訴，而經由法院判決無罪等情形，則將造成社會上一般觀念的混淆及誤解。因此財政部72年台財稅第36859號函乃明白釋示：「該適用標準，僅係稽徵機關決定是否移罰之內部作業規定，其他機關查獲未移送稽徵機關審理之案件，不受該標準之拘束。」

（三）稅捐稽徵法第41條的漏稅罪，是否必須有逃漏稅捐的結果，始構成犯罪？

　　關於該一問題，在實務上有以下不同的見解：

1. 否定說： 此說認為稅捐稽徵法第41條所稱納稅義務人以詐術或其他不正當方法逃漏稅捐者，祇須納稅義務人以詐術或其他不正當方法逃漏稅

捐，即應有其適用，不以其營業之盈虧是否達於課徵營利事業所得稅起徵點為其適用標準，亦即不以已發生逃漏稅捐的結果為必要，一有申報行為，即成犯罪（最高法院71年台上字第1143號刑事判決）。

2. **肯定說**：此說認為稅捐稽徵法第41條的規定，係結果犯，故無處罰未遂犯的規定，必納稅義務人使用欺罔的手段為逃漏稅捐的方法，並因而造成逃漏稅捐的結果，始克相當（最高法院70年台上字第2842號刑事判決）。

以上二種見解，雖然各有其理由，但稅捐稽徵法是稅法的一種，其處罰雖有刑罰的規定，卻仍具行政罰的性質，且依該法條所定，並無「意圖」的明文，足見該條文的立法意旨，必須納稅義務人在實際上有逃漏稅捐的事實，方屬相當。亦即本條的規定是結果犯，而非危險犯。因此，納稅義務人如其營業，在實際上並未達起徵點，自無從逃漏稅捐，從而縱然納稅義務人誤以為應納稅捐而意圖逃漏，向稅捐稽徵機關為虛偽的申報，除可能成立其他罪名外，並不能因一有虛偽申報行為，即應論以違反稅捐稽徵法第41條的罪責，司法院73年7月7日廳刑一字第603號函釋採此見解，也是目前司法審判實務上的通說。

（四）稅捐稽徵法第41條所定的漏稅罪，究係單純作為犯，還是包含不作為犯在內？

關於這個問題，在實務上亦曾有以下兩種不同的見解：

1. **肯定說**：此說認為依據稅捐稽徵法第41條之文義觀之，該條所稱「以詐術或其他不正當方法逃漏稅捐」，應屬概括規定，是凡作為犯與不作為犯均應包括在內，且依不純正不作為犯的法理，如納稅義務人不作為與稅捐稽徵法益受損害之間存有因果關係，而違反稅法所定作為義務所生損害，與以作為手段所引起者有同等結果及價值，則其成立犯罪與作為犯應無二致，故該法條規定的犯罪，應包括作為犯與不作為犯二者在內。又逃漏稅捐以漏開、短開方式最為普遍，如連續短開、漏開統一發票，顯有積極逃漏的意思，縱其屬不作為犯，亦能造成逃漏的目的，如對此行為不適用稅捐稽徵法第41條規定予以處罰，則難以有效嚇阻逃漏，抑且嚴重影響稅收（財政部73台財稅第50950號函釋採此說）。

2. **否定說**：此說認為稅捐稽徵法第41條所定，是以詐術或其他不正當方

法逃漏稅捐為其構成要件，所謂「詐術」，必須有積極行為始能完成，至以其他不正當方法，亦必具有同一的形態，方與立法的本旨相符。例如造作虛偽單據或設置偽帳以逃漏稅捐之類是。對於其他違反稅法行為，例如不開立統一發票或不依規定申報稅捐等行為，各稅法上另定有處罰鍰的罰則，並以責令補繳稅款為已足，如另無逃漏稅捐的積極行為，不可納歸刑罰的範疇，此種單純不作為在法律上的評價，不能認與該法第41條詐術漏稅的違法特性同視，依該罪構成要件，必須有作為方足以表現其違法的惡性，消極不作為縱有侵害稅捐稽徵的法益，亦難謂與作為之情形等價，故不能以該罪相繩（最高法院73年度第四次刑事庭會議採此說）。

　　以上二說，雖各言之成理，惟就稅捐稽徵法第41條規定的意旨以觀，似以持肯定見解為宜，其理由如次：

(1)就該條所定詐術而言：所謂詐術即欺罔之義，凡以欺罔的手段使人陷於錯誤者皆屬之。在詐欺取財罪上，以欺罔的手段使人將本人或第三人之物交付而成立罪名，其詐術行為，大多以積極行為始能使他人將其持有之財物為交付，但並非以積極行為為絕對要素，其以消極行為為欺罔的手段者，即如有告知一定事實之義務者，故意違反告知義務，利用對方的不知而使之為財物之交付，例如締結雙務契約的一方違反誠信原則，就法律行為無效的原因加以隱蔽而接受金錢代價的支付，仍不失為詐欺取財行為（參見韓忠謨先生所著「刑法各論」第445頁）。何況在稅捐的稽徵上言，納稅主體有依法將自己所有或持有的金錢，繳付給國家的義務。既為履行義務，其積極的作為，固能違反之，然而違反義務者，泰半以消極的不作為達成其結果。尤其在納稅義務的履行上，以積極的欺罔行為，例如以開立大頭小尾的統一發票或以短報等方法以矇騙稽徵機關而達成逃稅者，其所能逃漏的數額不多，且易暴露破綻，為多數逃漏稅者所不為，然以消極的欺罔行為，例如故意不開立統一發票、不記帳、隱匿課稅資料等蓄意矇騙他人的耳目而達成逃漏稅者、其逃漏稅額難以估計，且不易暴露，為多數逃漏稅者所樂為。若僅就作為犯予以科刑，而對不作為犯不予科刑，不但與法理不符，且有開啟

逃漏稅大門之虞，是為職司司法職務者所當深思。

(2)就該條所定其他不正當方法而言：詐術原亦屬不正當方法的一種，而所謂「其他不正當方法」者，係指詐術以外，其有逃漏稅捐的一切不循正軌的行為。以此不正當方法為手段達成逃漏稅的結果，也是結果犯之一。其以積極作為固可達成，其以消極不作為亦可達成逃漏稅的結果，與前述詐術的情形，應無分別。例如明知有作為的義務而故意不作為，有告知之義務而故意不告知，雖為消極的不作為，亦應屬本條所定「不正當方法」的範疇。

在探討以上有關稅捐稽徵法第41條所定逃漏稅捐罪的相關問題後，我們可以就目前司法實務上的一般見解，歸納該罪的構成要件為以下三點：

①須納稅義務人施以詐術或其他不正當方法。

②詐術或其他不正當方法的實施，須出於納稅義務人的故意並須有積極的作為。

③須有逃漏稅捐的結果，且與納稅義務人的施用詐術或其他不正當方法亦須有因果關係。

二、代徵人或扣繳義務人以詐術或不正當方法違背義務罪及侵佔稅捐罪

稅捐稽徵法第42條規定：「代徵人或扣繳義務人以詐術或其他不正當方法匿報、短報、短徵或不為代徵或扣繳稅捐者，處五年以下有期徒刑、拘役或科或併科六萬元以下罰金；代徵人或扣繳義務人侵占已代繳或已扣繳之稅捐者，亦同。」茲依據該條規定的內容，分別將犯罪的主體、犯罪的態樣及犯罪的構成要件，逐一說明如次：

(一) 犯罪的主體

本條所規定的犯罪主體有二：一為代徵人，一為扣繳義務人。所謂「代徵人」，是指依據各稅法規定有為代徵稅捐義務的人，如娛樂業營業人及證券交易稅條例所規定的有價證券承銷人、經紀人、受讓人等是；而所謂「扣繳義務人」，是指依據各稅法規定應自給付納稅義務人的法定給

付款項中按一定比率扣繳稅款的人，如所得稅法第89條第1項第1、2款所規定的各類所得的扣繳義務人，包括公司、合作社、合夥及獨資組織的負責人、機關、團體、學校的主辦會計人員及事業負責人與營業代理人或給付人等是。

(二) 犯罪的態樣

本條規定的犯罪態樣有四：
1. 代徵人以詐術或其他不正當方法匿報、短報、短徵或不為代徵稅捐罪。
2. 扣繳義務人以詐術或其他不正當方法匿報、短報或不為扣繳稅捐罪。
3. 代徵人侵占已代徵稅捐罪。
4. 扣繳義務人侵占已扣繳稅捐罪。

(三) 犯罪構成要件

1. 前二種犯罪態樣的構成要件

(1)須代徵人或扣繳義務人施以詐術或其他不正當方法。此處所謂「詐術或其他不正當方法」的意義，與第41條所述相同，茲不贅述。又須施以詐術或其他不正當方法為構成要件者，應只限於代徵人或扣繳義務人匿報、短報、短徵稅捐的情況，至於不為代徵或不為扣繳二者，只是對於單純違反法定義務者的處罰，所以只須具有違反代徵或扣繳義務的故意，即構成本罪，而無須兼其有詐術或其他不正當方法與犯罪手段在內。

(2)須代徵人匿報、短報、短徵、不為代徵稅捐或扣繳義務人匿報、短報、不為扣繳稅捐。所謂「匿報」，是指全部予以隱匿而不報繳；所謂「短報」，是指僅報繳其中一部分而言。

(3)須出於代徵人或扣繳義務人的故意。因該條對於過失違反義務者，既無處罰的明文，自僅能對故意犯加以處罰。

2. 後二種犯罪態樣的構成要件

(1)須代徵人或扣繳義務人已為代徵或扣繳稅捐。此項要件是侵占稅捐罪在性質上所必不可或缺者，因為侵占的形成，在性質上必行為人

已持有他人的財物為前提，如代徵人或扣繳義務人尚未代徵或扣繳
稅款，即尚末持有應解繳公庫的稅捐，自無侵占該稅捐的可能。

(2)須有為自己或第三人不法所有的意圖。即行為人在主觀上，須具有
排除權利人，而使自己或第三人以所有人自居，謀求對該稅捐依其
經濟上的用法而為使用、收益、處分的違法意識。

(3)須有侵占稅捐的行為。即行為人在客觀上，對其所持有的稅捐，已
有足以表現其不法所有意圖的行為，如：已將該稅捐轉入自己在銀
行的帳戶或已轉交他人使用等情事是。又此罪只處罰既遂犯，對於
侵占稅捐未遂部分，該法條既無特別規定，自不得再引用刑法第335
條第2項所規定的末遂罪相繩，因該條的規定是刑法第335條普通侵
占罪的特別規定，依特別法優於普通法的原則，自應優先適用特別
法，而不容許二法割裂併用。

三、教唆或幫助逃漏或違背義務或侵占稅捐罪

　　稅捐稽徵法第43條第1、2項規定：「教唆或幫助犯第41條或第42條
之罪者，處三年以下有期徒刑、拘役、或科新台幣六萬元以下罰金；稅務
人員、執行業務之律師、會計師或其他合法代理人犯前項之罪者，加重其
刑至二分之一。」財政部另於民國93年7月12日以台財稅字第0930452381
號函頒「稅捐稽徵機關查獲稅捐稽徵法第四十三條所定教唆或幫助他人
逃漏稅捐行為移送偵辦注意事項」規定：「稅捐稽徵機關查獲稅捐稽徵
法第四十三條所定教唆或幫助他人逃漏稅捐行為之案件，應依下列規定
辦理：一、有下列教唆或幫助他人逃漏稅捐情形者，應予移送偵辦：
（一）販售、提供空白或填載不實之統一發票、收據或其他證明文件，
交付與無交易事實之納稅義務人作為進貨、銷貨或費用憑證使用者。
（二）偽造變造統一發票、照證、印戳、票券、帳冊或其他文據，供納稅
義務人申報納稅使用者。（三）教唆納稅義務人使用第一款或第二款之
統一發票、照證、印戳、票券、帳冊或其他文據者。（四）教唆或幫助
納稅義務人利用他人名義從事交易、隱匿財產、分散所得或為其他行為
者。（五）教唆或幫助納稅義務人偽造、變造或使用不實之契約、交易憑
證、債務憑證、捐贈收據或其他文據者。（六）其他教唆或幫助納稅義

務人逃漏稅捐之行為，對納稅風氣有重大不良影響者。二、前項各款行為，致納稅義務人逃漏稅額未達新臺幣十萬元，且情節輕微者，得免予移送偵辦。」故稅捐稽徵機關查獲以上例示之行為時，除教唆或幫助逃漏稅捐之行為，致納稅義務人逃漏稅額未達新臺幣十萬元，且情節輕微者，得免予移送偵辦外，其餘六項均須移送偵辦。茲就該條文規定的內容，分述如次：

（一）須是教唆或幫助犯第41條或第42條之罪。亦即須係教唆或幫助納稅義務人以詐術或其他不正當方法逃漏稅捐以及教唆或幫助代徵人或扣繳義務人匿報、短報或不為代徵或不為扣繳稅捐或侵占稅捐等罪行。

（二）須有教唆或幫助的意思與行為。所謂「教唆」，是指對於原無犯意的人或雖有犯意而尚未確定的人，使之決意實行犯罪行為而言；所謂「幫助」，是指行為人自己並無實施犯罪的意思，而僅以幫助的意思，對於正犯資以助力，並未參與實施犯罪的行為者而言。其幫助行為，無論是在正犯實施犯罪行為之前或在實施犯罪行為之際，給予物質上或精神上的助力，使其易於實施或完成者，均屬之。

（三）須被教唆成被幫助者犯第41條或第42條之罪業已既遂。因教唆犯的處罰，依刑法第29條規定，是依所教唆之罪處罰之，且教唆未遂罪的處罰，以所教唆之罪有處罰未遂犯之規定者為限，而在稅捐稽徵法第41條及第42條中，均無處罰未遂犯的規定，所以對於教唆未遂者亦不得予以處罰。另幫助犯的處罰，依刑法第30條規定，是得按正犯之刑減輕之，亦即必須正犯有罪刑，幫助犯才有罪刑，而上開條文，對於未遂犯既無處罰明文，其幫助犯自不得予以處罰。

（四）稅務人員、執行業務之律師、會計師或其他合法代理人犯前項之罪者，加重其刑至二分之一。因該等人員不是主管稅捐稽徵者，就是稅捐專業代理人，若其教唆或幫助犯第41條或第42條之罪，影響層面甚廣，若不加重處罰，不足以整飭稅務風紀故也。

四、處刑規定的適用對象

稅捐稽徵法第47條規定：「本法關於納稅義務人、扣繳義務人及代徵人應處徒刑之規定，於下列之人適用之：一、公司法規定之公司負責

人。二、民法或其他法律規定對外代表法人之董事或理事。三、商業登記法規定之商業負責人。四、其他非法人團體之代表人或管理人；前項規定之人與實際負責業務之人不同時，以實際負責業務之人為準。」茲就該條文規定的內容，說明處刑規定的適用對象如次：

（一）所謂公司法規定之公司負責人，是指公司法第8條及第372條第2項所規定的負責人，即在無限公司、兩合公司為執行業務或代表公司的股東，在有限公司、股份有限公司為董事；公司的經理人或清算人，股份有限公司的發起人、監察人、檢查人、重整人或重整監督人，在執行職務範圍內，也是公司負責人；外國公司應在中國境內指定其訴訟及非訴訟代理人，並以之為在中國境內的公司負責人。

（二）所謂民法或其他法律規定對外代表法人之董事或理事，是指民法第27條所規定法人所設的董事及合作社法第34條第1項所規定就理事中互推一人或數人對外代表合作的理事等是。

（三）所謂商業登記法規定之商業負責人，是指依該法第10條所規定：在獨資組織者為出資人或其法定代理人，合夥組織者為執行業務的合夥人，經理人在執行其職務範圍內，也是商業負責人。

（四）所謂非法人團體，是指有一定的名稱及事務所或營業所，並有一定的目的及獨立的財產，而未經法人設立登記的團體組織。如同鄉會、學術團體等是。該團體恆設有代表人或管理人，以對內主持並對外代表其團體。

除了以上所述的處刑適用對象外，茲就一該法條在實務運作上所發生的二個重要問題，析述如次：

1.漏稅的納稅義務人為公司時，是否就公司負責人應處「徒刑」時，方有稅捐稽徵法第41條規定的適用？

關於此問題，在實務上見仁見智，其採肯定見解者，認為公司的負責人所以適用捐稽徵法第41條對納稅義務人處刑的規定，是由同法第47條第1款的規定而來，而依該款的規定，限於應處徒刑者，方有其適用，此為罪刑法定主義的原則（司法院70年10月18日廳刑一字第1104號函釋採此說）。換言之，就為公司負責人的自然人，不能對之科處拘役或罰金之刑；採否定說者，則認為稅捐稽徵法第47條並非刑罰的規定，

而是指同法第六章罰則有關刑罰條文適用範圍的補充規定，其立法技術猶如強制執行法第25條第2項管收的規定，故該第47條雖有「應處徒刑之規定」之語句，其真意實指刑罰的規定。法院適用法律不宜以詞害義，從而自然人為公司負責人，仍可判處拘役或罰金之刑，甚至判處徒刑時亦可併科罰金（台灣高等法院69年9月份司法座談會採此說）。

　　以上二說中的否定說，雖不無見地，惟依刑事罰是採罪刑法定主義的原則，在未修法以前，只能依稅捐稽徵法第47條的現有規定，採取肯定見解。而該條文在適用上所以產生以上爭議，查其緣由，主要是因為稅捐稽徵法在送請立法院審議時，其草案第41條至第43條原有條文，均僅有處徒刑的規定，故同法第47條亦不及於拘役、罰金，嗣立法院審議時，認為過重，始於第41條至第43條罰則內增設科處拘役、罰金的規定，惟第47條則未併予審酌增列，因該立法上的疏漏，致產生此無謂的困擾，為解決此一爭議，似可在將來修法時考慮予以調整。

2. **稅捐稽徵法第47條所稱的公司負責人，是否指實際負責人？**

　　關於此問題，也有二種不同看法，持肯定說者，認為依無行為不為罪之原則，刑罰的主體應以違背一定的作為義務或不作為義務而不作為或作為者為限，稅捐稽徵法第47條第1款規定所處罰的公司負責人，自應以實際行為負責人為對象（陳樸生先生著「實用刑法」第52頁採此說）；至於持否定說者，則認為稅捐稽徵法第47條第1款規定：「本法關於納稅義務人……應處徒刑之規定，於下列之人適用之：一、公司法規定之公司負責人。」依其文義解釋，應係指處罰其登記名義上的負責人（如股份有限公司之董事長），且其處罰如不以登記名義上的負責人為對象，容易發生頂替情事（稅捐稽徵法該條的立法理由採之）。

　　以上二說，均各有所偏。因按稅捐稽徵法第47條第一款規定的公司負責人，原則上固應以登記名義上的負責人作為公司負責人，而對之追訴處罰，惟如負責人確係不負實際責任，應以實際負責經營管理的人為處罰對象，如實際負責人非公司法規定的負責人，應以稅捐稽徵法第43條第一項規定之幫助犯論處之（參見司法院72年4月30日的廳刑一字第376號函釋）。惟此一問題，已在98年5月27日修正稅捐稽徵法時，增訂同條第2項規定：「前項規定之人與實際負責業務之人不同時，以

實際負責業務之人為準。」而獲得解決。

五、遺產稅或贈與稅納稅義務人違背禁止處分罪

　　遺產及贈與稅法第50條規定：「納稅義務人違反第八條之規定，於遺產稅未繳清前，分割遺產、交付遺贈或辦理移轉登記，或贈與稅未繳清前，辦理贈與移轉登記者，處一年以下有期徒刑。」又依同法第8條第1項規定：「遺產稅未繳清前，不得分割遺產、交付遺贈或辦理移轉登記。贈與稅未繳清前，不得辦理贈與移轉登記。但依第41條規定，於事前申請該管稽徵機關核准發給同意移轉證明書或經稽徵機關核獲免稅證明書、不計入遺產總額證明書或不計入贈與總額證明書者，不在此限。」因此，本罰則的立法意旨，主要是在落實遺產稅及贈與稅的稽徵，具有強烈的行政罰色彩。依前開規定，其犯罪的態樣有以下四種：

　　（一）未繳清遺產稅前分割遺產罪。

　　（二）未繳清遺產稅前交付遺贈罪。

　　（三）未繳清遺產稅前辦理移轉登記罪。

　　（四）未繳清贈與稅前，辦理贈與移轉登記罪。

　　但是若有以下情形之一者，雖在遺產稅或贈與稅未繳清前有違背禁止處分的規定，亦不為罪：

　　（一）具有特殊原因，必須於繳清遺產稅或贈與稅前辦理產權移轉登記，並已提出確切納稅保證，申請該管主管稽徵機關核獲同意移轉證明書者。所謂「特殊原因」，是指具有必須於繳清遺產稅或贈與稅前辦理產權移轉的特別原因而言，如繼承人或受贈人不處分該遺產或贈與物，即無以維生或無法繳納該遺產稅或贈與稅等情形是。

　　（二）遺產及贈與稅申報案件，經該管稽徵機關核定無應納稅額，發給免稅證明書者。因既無應納稅額，自無不准處分其遺產及贈與物之理。

　　（三）依遺產及贈與稅法第16條或第20條規定不計入遺產或贈與總額的財產，經納稅義務人申請，由該管稽徵機關發給不計入遺產總額證明書或不計入贈與總額證明書者。例如遺贈人或贈與人捐贈各級政府或慈善

機關的財產，依法均不計入遺產總額或贈與總額是。

六、自動補稅之免罰

　　稅捐稽徵法第48條之1規定：「納稅義務人自動向稅捐稽徵機關補報並補繳所漏稅款者，凡屬未經檢舉、未經稽徵機關或財政部指定之調查人員進行調查之案件，下列之處罰一律免除；其涉及刑事責任者，並得免除其刑：一、本法第四十一條至第四十五條之處罰。二、各稅法所定關於逃漏稅之處罰；前項補繳之稅款，應自該項稅捐原繳納期限截止之次日起，至補繳之日止，就補繳之應納稅捐，依原應繳納稅款期間屆滿之日郵政儲金匯業局之一年期定期存款利率按日加計利息，一併徵收。」故納稅義務人違反各稅法規定，能獲得免除行為罰與漏稅罰的要件為：
1. 未經檢舉、未經稽徵機關或財政部指定之調查人員進行調查之案件。
2. 納稅義務人自動向稅捐稽徵機關「補報」並「補繳」稅款者。
3. 補繳之稅款，應依郵政儲金匯業局之一年期定存利率，按日加計利息。

　　凡符合上述要件之納稅義務人，以下之處罰一律免除；如涉及刑事責任者，亦得免除之：
1. 稅捐稽徵法第41條之逃漏稅捐罪。
2. 稅捐稽徵法第42條之違反代徵或扣繳義務罪。
3. 稅捐稽徵法第43條之教唆或幫助逃漏稅罪。
4. 稅捐稽徵法第44條之未給與、取得及保存憑證之處罰。
5. 稅捐稽徵法第45條之未設置記載及保存帳簿之處罰。
6. 各稅法所定關於逃漏稅之處罰。

　　經查於民國68年增訂本條文之立法理由為「納稅義務人有短漏稅捐情事者，除已經人檢舉及已經稽徵機關或財政部指定調查人員進行調查者外，如能自動向稽徵機關補繳所漏稅捐者，自宜經常加以鼓勵，俾能激勵自新。茲增訂本條，規定各稅法所定有關漏報、短報之處罰一律免除；但其補繳稅款，應按日加計利息。至其本應依刑法等法律處斷之處罰，則不包括在內。」惟何謂「進行調查」，此在各稽徵機關之作業上，本有選案日、派案日、發函日、調查日等之不同，為統一各地不同稽徵機關認定標

準，財政部乃於80年8月16日發布台財稅第801253598號函釋，以「發函調查」作為本條「進行調查」之基準日，變成只要有發函調查之情形，不論調查內容為何，或是否與違章案件相關連，皆一律否准納稅義務人適用本條免責之權利，而忽略該條文當初立法目的，似有為德不足之處，為求公平客觀，理應以稽徵機關調查人員已掌握具體違章事實為判斷基準，較符激勵自新之立法意旨。

從以上的詳細說明，可知我國目前的租稅刑事罰，主要者有以上數種，其在各該稅法未規定者，可適用刑法的規定予以論罪科刑。是本例中的青松偽造統一發票，並用以簽發給他人，是觸犯刑法第216條及第210條所定的行使偽造私文書罪，其犯罪行為是屬於積極的作為，而且是財政部所訂前開「適用標準」中的一項，並已達成其逃漏稅的結果，又與稅捐稽徵法第41條所定的逃漏稅捐罪構成要件相符，而其所犯行使偽造私文書罪與逃漏稅捐罪二者間，又有方法結果的牽連關係，應依刑法第55條的規定，從一重論以行使偽造私文書罪，應處以五年以下有期徒刑，且不得易科罰金。

第二節　租稅刑事罰的救濟程序

漏開統一發票被判刑後，就沒有救濟途徑了嗎？

實例

　　逸昌在台北市忠孝東路四段開設一家大王服飾店，價廉物美，生意鼎盛。不過該店為避免稅負，卻在98年間連續三次被該管台北市國稅局查獲漏開統一發票，金額高達新台幣300萬元，該店除被補稅並裁處罰鍰外，逸昌亦被該局依稅捐稽徵法第41條移送台北地檢署檢察官偵查提起公訴，並經台北地方法院判處有期徒刑八個月，逸昌接到法院的判決書後，認為別人漏開統一發票的案例很多，卻沒被判刑，獨有他一人被判徒刑，心裡甚感不平，又很恐慌，但不知如何請求救濟是好？更不知若依法能尋求救濟，是不是有被改判無罪的希望？

解說

一般刑事訴訟案件，當事人對於下級法院的判決若有不服，得上訴於上級法院，請求撤銷改判，此在租稅刑事案件，因其所適用的程序法則，仍然是刑事訴訟法，所以其救濟程序，與一般刑事案件並無不同，茲將租稅刑事罰救濟程序有關的重要事項，逐一說明如次：

(一) 上訴權人

當事人對於下級法院的判決不服者，均得上訴於上級法院。此處所謂的「當事人」，包含被告及檢察官。被告為自己的利益得提起上訴，固是當然之理，即使檢察官亦得為被告的利益提起上訴。又被告的法定代理人或配偶，亦得為被告的利益獨立上訴，不受被告意思的拘束。至原審的辯護人也可以為被告的利益而上訴，但不得與被告所明示的意思相反，蓋其上訴權是本於代理權的作用，如被告已有捨棄上訴權的明白意思表示，辯護人自不得再為被告上訴。

(二) 上訴的期間

當事人如不服原判決，必須自送達判決後起算十日內提起上訴，否則其上訴不合法，會遭原審法院以裁定駁回。又此處所謂的提起上訴，是指上訴經法院受理之日為準，因此，郵寄上訴書狀縱然是在十日內，但如郵差將上訴書狀送到法院之日已逾十日，亦屬上訴逾期。再者，當事人在法院判決宣示後送達前的上訴，亦發生上訴的效力。

(三) 上訴的程式

當事人提起上訴，應以上訴書狀（如附件一之上訴狀格式）提出於原審法院為之。又上訴書狀如果未敘明上訴理由者，固於法定程式無違，但如是上訴第三審的最高法院，則依法必須敘明上訴理由，因第三審是法律審，且採書面審理原則，如未具上訴理由，則其上訴不合法，會被第二審法院以裁定駁回，但是當事人如在上訴期間未來得及敘述理由者，可先具狀上訴表示不服，並在提起上訴狀後十日內補提理由於原審法院。

(四) 上訴的範圍

當事人得對於判決的一部上訴，未聲明為一部上訴者，視為全部上訴。又對於判決的一部上訴者，其有關係的部分，視為亦已上訴。所謂有關係的部分，是指該部分與上訴部分在審判上無從分割，因其一部上訴而受其影響之義，其情形約有以下數項：

1. 罪、刑與保安處分。
2. 對數罪中的一罪上訴，其刑的執行部分。
3. 主刑與從刑。
4. 緩刑與犯罪及科刑。
5. 刑的量定與犯罪。

(五) 上訴的審級

我國目前的刑事訴訟，是採三級三審制。租稅刑事罰，其初審是由各地方法院管轄，所以不服地方法院的第一審判決而上訴時，應向管轄第二審的高等法院為之，不服高等法院的第二審判決而上訴者，應向最高法院為之。

(六) 上訴第三審的限制

依我國目前的刑事訴訟制度，第一、二審是事實審，第三審是法律審。為使輕微的刑事案件早日確定，並顧及第三審的特性，刑事訴訟法規定，以下三種案件不得上訴第三審：

1. **刑法第61條所列各罪的案件**　依前述現有租稅刑事罰的態樣，目前僅有刑法第61條第1款所列情形，即犯最重本刑為三年以下有期徒刑、拘役、或專科罰金之罪者，其經第二審判決後，不得上訴於第三審法院。因此前述的數種租稅刑事犯，只有教唆或幫助逃漏稅捐罪、教唆或幫助違背義務或侵占稅捐罪，及遺產稅或贈與稅納稅義務人違背禁止處分之罪，因其最重本刑均為三年以下有期徒刑，所以不得上訴第三審，其餘的罪刑，都在五年以下有期徒刑，所以均得上訴第三審。

2. **非以原判決違背法令為理由者**　所謂判決違背法令，是指原判決不適用

法則或適用不當者而言。又所謂法則，不以實體法為限，即程序法則，亦包在內。又原判決是否當然違背法令，應依刑事訴訟法第379條所定的各種情形為準。至在原審判決後，刑罰有廢止、變更或免除者，亦得為上訴第三審的理由。

3. 訴訟程序違背法令，而顯然於判決無影響者。

(七) 上訴審的判決

1. 第二審判決的種類

(1) **上訴駁回**　第二審應予駁回上訴的情形有二：

①上訴不合法：即上訴有不合法律上程式、為法律所不應准許（如無上訴權人上訴、被告為其自己的不利益上訴等是）或是上訴權已喪失者（如捨棄上訴或撤回上訴是）。

②上訴無理由：即認為原審判決，在認定事實及適用法律，均無違誤，其上訴為無理由。

(2) **撤銷原判決**　其情形有三：

①自為第二審判決：第二審法院認為上訴有理由或上訴雖無理由，而原判決不當或違法者，應將原判決經上訴部分撤銷，就該案件自為判決。

②發回原審法院：第二審法院認為原審判決諭知管轄錯誤，免訴或不受理是不當而予以撤銷者，既未經原審法院為實體判決，為保全當事人的審級利益，自得以判決將該案件撤銷發回原審法院更為審判。

③自為第一審判決：第二審法院於該案件如有第一審管轄權，又因原審法院末諭知管轄錯誤是不當而撤銷原判決者，應自為第一審判決。

2. 第三審判決的種類

(1) **上訴駁回**　其情形有二：

①上訴不合法者。

②上訴無理由者。

(2)**撤銷原判決** 其情形有四：

①自為第三審判決：第三審法院因原審判決有下列情形之一而予以撤銷者，應就該案件自為判決：

Ⅰ、雖是違背法令而不影響於事實的確定，可據以為裁判者。

Ⅱ、應諭知免訴或不受理者。

②發回原審法院：其情形有二：

Ⅰ、第三審法院因原審判決諭知管轄錯誤、免訴或不受理係不當而予以撤銷者，應以判決將該案件發回原審法院，但有必要時，得逕行發回第一審法院。

Ⅱ、第三審法院因前項三種應撤銷原判決以外的情形而撤銷原審判決者，應以判決將該案件發回原審法院。

③發交第二審或第一審法院：第三審法院因原審法院未諭知管轄錯誤是不當而予以撤銷者，應以判決將該案件發交該管第二審或第一審法院。

④發交與原審法院同級的他法院：第三審法院因首述三種應撤銷原判決以外的情形而撤銷原判決者，應以判決將該案件發交與原審法院同級的他法院。

(八) 第二審判決的限制

由被告上訴或為被告的利益而上訴者，第二審法院不得諭知較重於原審判決之刑。但原審判決因適用法條不當而撤銷之者，不在此限。

(九) 第三審為被告之利益而撤銷原判決之效力

第三審為被告的利益而撤銷原判決時，如於共同被告有共同之撤銷理由者，其利益及於共同被告。

(十) 非常上訴

當事人對於已確定的判決，如因其認定事實有錯誤，又可依法聲請再審，如發現該案件的判決是違背法令者，可聲請檢察官依法聲請最高法院檢察長向最高法院提起非常上訴。

　　租稅刑事罰的司法救濟程序，依目前的法制，共有第二審、第三審上訴及聲請再審及非常上訴等程序。依前節對於各種租稅刑事罰則的說明，目前司法審判實務，認為漏開統一發票是屬於單純的不作為，與稅捐稽徵法第41條所定的犯罪構成要件須有積極作為，尚有不符，應不為罪。因此，本例中的逸昌對於第一審法院就其漏開統一發票的行為所為有期徒刑八月的判決，如果不服，可依前述說明，提起第二審上訴或依法聲請再審，甚至在判決確定後，亦得依法請求檢察官提起非常上訴以求救濟。故逸昌只要在法定期間內，依規定上訴高等法院，應可獲得撤銷改判無罪的結果。

附件：刑事上訴書狀格式

刑事上訴狀				
案號	年度　　字第　　號		承辦股別	
稱謂	姓名或名稱	依序填寫：國民身分證統一編號或營利事業統一編號、性別、出生年月日、職業、住居所、就業處所、公務所、事務所或營業所、郵遞區號、電話、傳真、電子郵件位址、指定送達代收人及其送達處所。		
上訴人即被告	許○○	國民身分證統一編號（或營利事業統一編號）： 性別：男／女　　生日：　　　職業： 住： 郵遞區號：　　　　電話： 傳真： 電子郵件位址： 送達代收人： 送達處所：		

為被訴逃漏稅捐案件，不服台灣台北地方法院中華民國98年x月x日第一審判決，爰依法提起上訴事：

一、上訴人（即被告）在台北市忠孝東路四段xx號開設大王服飾店，於98年間，因疏未注意，致漏開統一發票新台幣（下同）300萬元，應補徵之營業稅捐5萬元，業經上訴人依規定繳納完畢，並被裁處罰鍰2倍確定在案（如證件一、二）。

二、按稅捐稽徵法第41條所定之逃漏稅捐罪，其所謂「詐術或其他不正當方法」，必須以有積極的行為為要件。本案上訴人因生意忙碌，一時漏開統一發票，並非以積極的行為為之，且顯無犯罪的故意可言，應無再依首開法條為雙重處罰之理。況目前各營業人漏開統一發票者，比比皆是，除了補稅並處罰鍰外，並無再處以刑事罰之前例，本件台灣台北地方法院卻對上訴人之本案科以刑罰，顯屬違法。為此，依法提起上訴。謹狀

台灣台北地方法院刑事庭　轉呈

台灣高等法院刑事庭　　公鑒

證物名稱及件數	一、稅款繳納收據影本乙件。 二、罰鍰繳納收據影本乙件。

中華民國　　○　年　○　月　○　日

具狀人　上訴人即被告　許○○　　　簽名蓋章

撰狀人　　　　　　　　　　　　　　簽名蓋章

附錄一 | 行政訴訟裁判費徵收一覽表

依據修正之行政訴訟法，自96年8月15日起，提起行政訴訟依法徵收裁判費

徵收裁判費項目	裁判費金額（單位：新台幣）
起訴事件（通常訴訟程序）	4,000元
起訴事件（簡易訴訟程序）	2,000元
上訴事件（通常訴訟程序）	6,000元
上訴事件（簡易訴訟程序）	3,000元
抗告	1,000元
聲請參加訴訟或駁回參加	1,000元
聲請回復原狀	1,000元
聲請停止執行或撤銷停止執行之裁定	1,000元
起訴前聲請證據保全	1,000元
聲請重新審理	1,000元
聲請假扣押、假處分或撤銷假扣押、假處分之裁定	1,000元
再審之訴（高等行政法院）	4,000元（通常訴訟程序） 2,000元（簡易訴訟程序）
再審之訴（最高行政法院）	6,000元（通常訴訟程序） 3,000元（簡易訴訟程序）
聲請再審	1,000元

附錄二 | 稅捐稽徵法

【法規沿革】

1. 中華民國六十五年十月二十二日總統（65）台統（一）義字第3619號令制定公布全文51條

2. 中華民國六十八年八月六日總統（68）台統（一）義字第3862號令增訂公布第48-1條條文

3. 中華民國七十九年一月二十四日總統（79）華總（一）義字第0426號令修正公布

4. 中華民國八十一年十一月二十三日總統（81）華總（一）義字第5660號令增訂公布第48-2、50-2、50-3、50-4、50-5條條文

5. 中華民國八十二年七月十六日總統（82）華總（一）義字第3426號令修正公布第48-1條條文

6. 中華民國八十五年七月三十日總統（85）華總（一）義字第8500190190號令增訂公布第1-1、48-3條條文

7. 中華民國八十六年五月二十一日總統（86）華總（一）義字第8600115450號令修正公布第33條條文

8. 中華民國八十六年十月二十九日總統（86）華總（一）義字第8600229660號令修正公布第6條條文

9. 中華民國八十九年五月十七日總統（89）華總一義字第8900118350號令增訂公布第11-2條條文

10. 中華民國九十六年一月十日總統華總一義字第09600001861號令修正公布第6條條文

11. 中華民國九十六年三月二十一日總統華總一義字第09600034671號令修正公布第23條條文

12. 中華民國九十六年十二月十二日總統華總一義字第09600164521號令修正公布第18條條文

13. 中華民國九十七年八月十三日總統華總一義字第09700153231號令修正

公布第24、44條條文

14.中華民國九十八年一月二十一日總統華總一義字第09800014581號令修
　正公布第28條條文

15.中華民國九十八年五月十三日總統華總一義字第09800118841號令修正
　公布第24、33、48-1條條文；並增訂第12-1條條文

16.中華民國九十八年五月二十七日總統華總一義字第09800129201號令修
　正公布第47條條文

17.中華民國九十九年一月六日總統華總一義字第09800326961號令修正公
　布第44條條文；並增訂第11-3～11-7、25-1條條文及第一章之一章名

18.中華民國100年1月26日總統華總一義字第10000016591號令修正公布
　第38條條文

19.中華民國100年5月11日總統華總一義字第10000092961號令修正公布
　第19、35、57條條文；施行日期由行政院定之

【法規內容】

第一章　總則

第一條（適用範圍）

稅捐之稽徵，依本法之規定；本法未規定者，依其他有關法律之規定。

第一條之一（解釋函令之發布）

財政部依本法或稅法所發布之解釋函令，對於據以申請之案件發生效
力。但有利於納稅義務人者，對於尚未核課確定之案件適用之。

第二條（稅捐之意義）

本法所稱稅捐，指一切法定之國、省（市）及縣（市）稅捐。但不包括關
稅及礦稅。

第三條（稽徵機關）

稅捐由各級政府主管稅捐稽徵機關稽徵之，必要時得委託代徵；其辦法由
行政院定之。

第四條（使領館等免稅之核定）

財政部得本互惠原則，對外國派駐中華民國之使領館及享受外交官待遇之
人員，暨對雙方同意給與免稅待遇之機構及人員，核定免徵稅捐。

第五條（與外國互免稅捐之商訂）

財政部得本互惠原則，與外國政府商訂互免稅捐，於報經行政院核准後，以外交換文方式行之。

第六條（稅捐之優先權）

稅捐之徵收，優先於普通債權。

土地增值稅、地價稅、房屋稅之徵收，優先於一切債權及抵押權。

經法院或行政執行署執行拍賣或交債權人承受之土地，執行法院或行政執行署應於拍定或承受五日內，將拍定或承受價額通知當地主管機關，依法核課土地增值稅、地價稅、房屋稅，並由執行法院或行政執行署代為扣繳。

第七條（破產財團成立後之應納稅捐）

破產財團成立後，其應納稅捐為財團費用，由破產管理人依破產法之規定清償之。

第八條（公司重整中發生之稅捐）

公司重整中所發生之稅捐，為公司重整債務，依公司法之規定清償之。

第九條（納稅義務人應為行為之時間）

納稅義務人應為之行為，應於稅捐稽徵機關之辦公時間內為之。但繳納稅捐，應於代收稅款機構之營業時間內為之。

第十條（納稅期間之延長）

因天災、事變而遲誤依法所定繳納稅捐期間者，該管稅捐稽徵機關，得視實際情形，延長其繳納期間，並公告之。

第十一條（憑證保存年限）

依稅法規定應自他人取得之憑證及給予他人憑證之存根或副本，應保存五年。

第十一條之一（相當擔保之意義）

本法所稱相當擔保，係指相當於擔保稅款之左列擔保品：

一、黃金，按九折計算，經中央銀行掛牌之外幣、核准上市之有價證券，按八折計算；其計值辦法，由財政部定之。

二、政府發行經規定可十足提供公務擔保之公債，按面額計值。

三、銀行存款單摺，按存款本金額計值。

四、其他經財政部核准，易於變價及保管，且無產權糾紛之財產。

第十一條之二（文件辦理或提出之方式）

依本法或稅法規定應辦理之事項及應提出之文件，得以電磁紀錄或電子傳輸方式辦理或提出；其實施辦法，由財政部訂之。

第一章之一　納稅義務人權利之保護

第十一條之三（納稅人法定之納稅權益）

財政部依本法或稅法所發布之法規命令及行政規則，不得增加或減免納稅義務人法定之納稅義務。

第十一條之四（明定租稅優惠年限）

稅法或其他法律為特定政策所規定之租稅優惠，應明定實施年限並以達成合理之政策目的為限，不得過度。

前項租稅優惠之擬訂，應經稅式支出評估。

第十一條之五（稅捐調查之權益保護）

稅捐稽徵機關或財政部賦稅署指定之調查人員，於進行調查前，除通知調查將影響稽徵或調查目的者外，應以書面通知被調查者調查或備詢之事由及範圍。被調查者如委任代理人，該代理人應於接受調查或備詢時，出具委任書。

被調查者或其代理人經稅捐稽徵機關或財政部賦稅署之許可，得偕同輔佐人到場接受調查或備詢。

第十一條之六（課稅及處罰之調查程序保障）

稅捐稽徵機關故意以不正當方法取得之自白且與事實不相符者，不得作為課稅或處罰之證據。

第十一條之七（設置陳情或解答之場所）

稅捐稽徵機關應設置適當場所，聆聽陳情或解答納稅義務人問題。

第二章　納稅義務

第十二條（共有財產之納稅義務人）

共有財產，由管理人負納稅義務；未設管理人者，共有人各按其應有部分負納稅義務，其為公同共有時，以全體公同共有人為納稅義務人。

第十二條之一（課稅構成要件之認定及明訂舉證之責任）

涉及租稅事項之法律，其解釋應本於租稅法律主義之精神，依各該法律之

立法目的，衡酌經濟上之意義及實質課稅之公平原則為之。

稅捐稽徵機關認定課徵租稅之構成要件事實時，應以實質經濟事實關係及其所生實質經濟利益之歸屬與享有為依據。

前項課徵租稅構成要件事實之認定，稅捐稽徵機關就其事實有舉證之責任。

納稅義務人依本法及稅法規定所負之協力義務，不因前項規定而免除。

第十三條（清算人之納稅義務）

法人、合夥或非法人團體解散清算時，清算人於分配賸餘財產前，應依法按稅捐受清償之順序，繳清稅捐。

清算人違反前項規定者，應就未清繳之稅捐負繳納義務。

第十四條（遺囑執行人等之納稅義務）

納稅義務人死亡，遺有財產者，其依法應繳納之稅捐，應由遺囑執行人、繼承人、受遺贈人或遺產管理人，依法按稅捐受清償之順序，繳清稅捐後，始得分割遺產或交付遺贈。

遺囑執行人、繼承人、受遺贈人或遺產管理人，違反前項規定者，應就未清繳之稅捐，負繳納義務。

第十五條（營利事業合併後欠稅之承擔）

營利事業因合併而消滅時，其在合併前之應納稅捐，應由合併後存續或另立之營利事業負繳納之義務。

第三章　稽徵

第一節　繳納通知文書

第十六條（繳納通知文書之填發）

繳納通知文書，應載明繳納義務人之姓名或名稱、地址、稅別、稅額、稅率、繳納期限等項，由稅捐稽徵機關填發。

第十七條（查對更正）

納稅義務人如發現繳納通知文書有記載、計算錯誤或重複時，於規定繳納期間內，得要求稅捐稽徵機關，查對更正。

第二節　送達

第十八條（送達方法）

繳納稅捐之文書，稅捐稽徵機關應於該文書所載開始繳納稅捐日期前送

達。

第十九條（應送達人）

為稽徵稅捐所發之各種文書，得向納稅義務人之代理人、代表人、經理人或管理人以為送達；應受送達人在服役中者，得向其父母或配偶以為送達；無父母或配偶者，得委託服役單位代為送達。

為稽徵土地稅或房屋稅所發之各種文書，得以使用人為應受送達人。

納稅義務人為全體公同共有人者，繳款書得僅向其中一人送達；稅捐稽徵機關應另繕發核定稅額通知書並載明繳款書受送達者及繳納期間，於開始繳納稅捐日期前送達全體公同共有人。但公同共有人有無不明者，得以公告代之，並自黏貼公告欄之翌日起發生效力。

第三節　徵收

第二十條（加徵滯納金之統一規定）

依稅法規定逾期繳納稅捐應加徵滯納金者，每逾二日按滯納數額加徵百分之一滯納金；逾三十日仍未繳納者，移送法院強制執行。

第二十一條（核課期間）

稅捐之核課期間，依左列規定：

一、依法應由納稅義務人申報繳納之稅捐，已在規定期間內申報，且無故意以詐欺或其他不正當方法逃漏稅捐者，其核課期間為五年。

二、依法應由納稅義務人實貼之印花稅，及應由稅捐稽徵機關依稅籍底冊或查得資料核定課徵之稅捐，其核課期間為五年。

三、未於規定期間內申報，或故意以詐欺或其他不正當方法逃漏稅捐者，其核課期間為七年。

在前項核課期間內，經另發現應徵之稅捐者，仍應依法補徵或並予處罰；在核課期間內未經發現者，以後不得再補稅處罰。

第二十二條（核課期間之起算）

前條第一項核課期間之起算，依左列規定：

一、依法應由納稅義務人申報繳納之稅捐，已在規定期間內申報者，自申報日起算。

二、依法應由納稅義務人申報繳納之稅捐，未在規定期間內申報繳納者，自規定申報期間屆滿之翌日起算。

三、印花稅自依法應貼用印花稅票日起算。

四、由稅捐稽徵機關按稅籍底冊或查得資料核定徵收之稅捐，自該稅捐所
　　屬徵期屆滿之翌日起算。

第二十三條（追徵時效）

稅捐之徵收期間為五年，自繳納期間屆滿之翌日起算；應徵之稅捐未於徵收期間徵起者，不得再行徵收。但於徵收期間屆滿前，已移送執行，或已依強制執行法規定聲明參與分配，或已依破產法規定申報債權尚未結案者，不在此限。

應徵之稅捐，有第十條、第二十五條、第二十六條或第二十七條規定情事者，前項徵收期間，自各該變更繳納期間屆滿之翌日起算。

依第三十九條暫緩移送執行或其他法律規定停止稅捐之執行者，第一項徵收期間之計算，應扣除暫緩執行或停止執行之期間。

稅捐之徵收，於徵收期間屆滿前已移送執行者，自徵收期間屆滿之翌日起，五年內未經執行者，不再執行，其於五年期間屆滿前已開始執行，仍得繼續執行；但自五年期間屆滿之日起已逾五年尚未執行終結者，不得再執行。

本法中華民國九十六年三月五日修正前已移送執行尚未終結之案件，自修正之日起逾五年尚未執行終結者，不再執行。

第二十四條（稅捐之保全及限制出境之處分與解除）

納稅義務人欠繳應納稅捐者，稅捐稽徵機關得就納稅義務人相當於應繳稅捐數額之財產，通知有關機關，不得為移轉或設定他項權利；其為營利事業者，並得通知主管機關，限制其減資或註銷之登記。

前項欠繳應納稅捐之納稅義務人，有隱匿或移轉財產、逃避稅捐執行之跡象者，稅捐稽徵機關得聲請法院就其財產實施假扣押，並免提供擔保。但納稅義務人已提供相當財產擔保者，不在此限。

在中華民國境內居住之個人或在中華民國境內之營利事業，其已確定之應納稅捐逾法定繳納期限尚未繳納完畢，所欠繳稅款及已確定之罰鍰單計或合計，個人在新臺幣一百萬元以上，營利事業在新臺幣二百萬元以上者；其在行政救濟程序終結前，個人在新臺幣一百五十萬元以上，營利事業在新臺幣三百萬元以上，得由財政部函請內政部入出國及移民署限制其

出境；其為營利事業者，得限制其負責人出境。但已提供相當擔保者，應解除其限制。

財政部函請內政部入出國及移民署限制出境時，應同時以書面敘明理由並附記救濟程序通知當事人，依法送達。

稅捐稽徵機關未執行第一項或第二項前段規定者，財政部不得依第三項規定函請內政部入出國及移民署限制出境。

限制出境之期間，自內政部入出國及移民署限制出境之日起，不得逾五年。

納稅義務人或其負責人經限制出境後，具有下列各款情形之一，財政部應函請內政部入出國及移民署解除其出境限制：

一、限制出境已逾前項所定期間者。

二、已繳清全部欠稅及罰鍰，或向稅捐稽徵機關提供欠稅及罰鍰之相當擔保者。

三、經行政救濟及處罰程序終結，確定之欠稅及罰鍰合計金額未滿第三項所定之標準者。

四、欠稅之公司組織已依法解散清算，且無賸餘財產可資抵繳欠稅及罰鍰者。

五、欠稅人就其所欠稅款已依破產法規定之和解或破產程序分配完結者。

第二十五條（稅捐之保全）

有左列情形之一者，稅捐稽徵機關，對於依法應徵收之稅捐，得於法定開徵日期前稽徵之。但納稅義務人能提供相當擔保者，不在此限：

一、納稅義務人顯有隱匿或移轉財產，逃避稅捐執行之跡象者。

二、納稅義務人於稅捐法定徵收日期前，申請離境者。

三、因其他特殊原因，經納稅義務人申請者。

納稅義務人受破產宣告或經裁定為公司重整前，應徵收之稅捐而未開徵者，於破產宣告或公司重整裁定時，視為已到期之破產債權或重整債權。

第二十五條之一（免予徵、退、移送強制執行之授權範圍）

依本法或稅法規定應補、應退或應移送強制執行之稅捐在一定金額以下

者，財政部得視實際需要，報請行政院核定免徵、免退或免予移送強制執行。

第四節　緩繳

第二十六條（延期或分期繳納）

納稅義務人因天災、事變或遭受重大財產損失，不能於法定期間內繳清稅捐者，得於規定納稅期間內，向稅捐稽徵機關申請延期或分期繳納，其延期或分期繳納之期間，不得逾三年。

第二十七條（緩繳權利之停止）

納稅義務人對核准延期或分期繳納之任何一期應繳稅捐，未如期繳納者，稅捐稽徵機關應於該期繳納期間屆滿之翌日起三日內，就未繳清之餘額稅款，發單通知納稅義務人，限十日內一次全部繳清；逾期仍未繳納者，移送法院強制執行。

第五節　退稅

第二十八條（退稅）

納稅義務人自行適用法令錯誤或計算錯誤溢繳之稅款，得自繳納之日起五年內提出具體證明，申請退還；屆期未申請者，不得再行申請。

納稅義務人因稅捐稽徵機關適用法令錯誤、計算錯誤或其他可歸責於政府機關之錯誤，致溢繳稅款者，稅捐稽徵機關應自知有錯誤原因之日起二年內查明退還，其退還之稅款不以五年內溢繳者為限。

前二項溢繳之稅款，納稅義務人以現金繳納者，應自其繳納該項稅款之日起，至填發收入退還書或國庫支票之日止，按溢繳之稅額，依繳納稅款之日郵政儲金一年期定期儲金固定利率，按日加計利息，一併退還。

本條修正施行前，因第二項事由致溢繳稅款者，適用修正後之規定。

前項情形，稅捐稽徵機關於本條修正施行前已知有錯誤之原因者，二年之退還期間，自本條修正施行之日起算。

第二十九條（退稅之扣抵）

納稅義務人應退之稅捐，稅捐稽徵機關應先抵繳其積欠。並於扣抵後，應即通知該納稅義務人。

第六節　調查

第三十條（調查）

稅捐稽徵機關或財政部賦稅署指定之調查人員，為調查課稅資料，得向有關機關、團體或個人進行調查，要求提示有關文件，或通知納稅義務人，到達其辦公處所備詢，被調查者不得拒絕。

被調查者以調查人員之調查為不當者，得要求調查人員之服務機關或其上級主管機關為適當之處理。

稅納義務人及其他關係人提供帳簿、文據時，該管稽徵機關或財政部賦稅署應掣給收據，除涉嫌違章漏稅者外，應於帳簿、文據提送完全之日起，七日內發還之；其有特殊情形，經該管稽徵機關或賦稅署首長核准者，得延長發還時間七日。

第三十一條（搜查）

稅捐稽徵機關對逃漏所得稅及營業稅涉有犯罪嫌疑之案件，得敘明事由，聲請當地司法機關簽發搜索票後，會同當地警察或自治人員，進入藏置帳簿、文件或證物之處所，實施搜查；搜查時非上述機關人員不得參與。經搜索獲得有關帳簿、文件或證物，統由參加搜查人員，會同攜回該管稽徵機關，依法處理。

司法機關接到稽徵機關前項聲請時，如認有理由，應儘速簽發搜索票；稽徵機關應於搜索票簽發後十日內執行完畢，並將搜索票繳回司法機關。其他有關搜索及扣押事項，準用刑事訴訟法之規定。

第三十二條（調查人員身分之証明）

稅捐稽徵機關或財政部指定之調查人員依法執行公務時，應出示有關執行職務之證明文件；其未出示者，被調查者得拒絕之。

第三十三條（個人租稅資訊秘密之保護）

稅捐稽徵人員對於納稅義務人之財產、所得、營業及納稅等資料，除對下列人員及機關外，應絕對保守秘密，違者應予處分；觸犯刑法者，並應移送法院論罪：

一、納稅義務人本人或其繼承人。

二、納稅義務人授權代理人或辯護人。

三、稅捐稽徵機關。

四、監察機關。

五、受理有關稅務訴願、訴訟機關。

六、依法從事調查稅務案件之機關。

七、經財政部核定之機關與人員。

八、債權人已取得民事確定判決或其他執行名義者。

稅捐稽徵機關對其他政府機關為統計目的而供應資料，並不洩漏納稅義務人之姓名或名稱者，不受前項之限制。

經財政部核定獲得租稅資訊之政府機關或人員不可就其所獲取之租稅資訊，另作其他目的之使用，且第一項第四款至第七款之機關人員及第八款之人，對稽徵機關所提供第一項之資料，如有洩漏情事，準用同項對稽徵人員洩漏秘密之規定。

第三十四條（重大逃漏稅之公告）

財政部或經其指定之稅捐稽徵機關，對重大欠稅案件或重大逃漏稅捐案件經確定後，得公告其欠稅人或逃漏稅捐人姓名或名稱與內容，不受前條第一項限制。

財政部或經其指定之稅捐稽徵機關，對於納稅額較高之納稅義務人，得經其同意，公告其姓名或名稱，並予獎勵；其獎勵辦法，由財政部定之。

第一項所稱確定，係指左列各種情形：

一、經稅捐稽徵機關核定之案件，納稅義務人未依法申請復查者。

二、經復查決定，納稅義務人未依法提起訴願者。

三、經訴願決定，納稅義務人未依法提起再訴願者。

四、經再訴願決定，納稅義務人未依法提起行政訴訟者。

五、經行政訴訟判決者。

第四章　行政救濟

第三十五條（復查及訴願）

納稅義務人對於核定稅捐之處分如有不服，應依規定格式，敘明理由，連同證明文件，依下列規定，申請復查：

一、依核定稅額通知書所載有應納稅額或應補徵稅額者，應於繳款書送達後，於繳納期間屆滿之翌日起三十日內，申請復查。

二、依核定稅額通知書所載無應納稅額或應補徵稅額者，應於核定稅額通

知書送達之翌日起三十日內,申請復查。

三、依第十九條第三項規定受送達核定稅額通知書或以公告代之者,應於
　核定稅額通知書或公告所載應納稅額或應補徵稅額繳納期間屆滿之翌
　日起三十日內,申請復查。

納稅義務人或其代理人,因天災事變或其他不可抗力之事由,遲誤申請
復查期間者,於其原因消滅後一個月內,得提出具體證明,申請回復原
狀。

但遲誤申請復查期間已逾一年者,不得申請。

前項回復原狀之申請,應同時補行申請復查期間內應為之行為。

稅捐稽徵機關對有關復查之申請,應於接到申請書之翌日起二個月內復查
決定,並作成決定書,通知納稅義務人;納稅義務人為全體公同共有人
者,稅捐稽徵機關應於公同共有人最後得申請復查之期間屆滿之翌日起二
個月內,就分別申請之數宗復查合併決定。

前項期間屆滿後,稅捐稽徵機關仍未作成決定者,納稅義務人得逕行提起
訴願。

第三十五條之一（進口貨物稅捐之徵收）

國外輸入之貨物,由海關代徵之稅捐,其徵收及行政救濟程序,準用關稅
法及海關緝私條例之規定辦理。

第三十六條（刪除）

第三十七條（刪除）

第三十八條（行政救濟後稅款之退補）

納稅義務人對稅捐稽徵機關之復查決定如有不服,得依法提起訴願及行政
訴訟。

經依復查、訴願或行政訴訟等程序終結決定或判決,應退還稅款者,稅捐
稽徵機關應於復查決定,或接到訴願決定書,或行政法院判決書正本後十
日內退回;並自納稅義務人繳納該項稅款之日起,至填發收入退還書或國
庫支票之日止,按退稅額,依各年度一月一日郵政儲金一年期定期儲金固
定利率,按日加計利息,一併退還。

經依復查、訴願或行政訴訟程序終結決定或判決,應補繳稅款者,稅捐稽
徵機關應於復查決定,或接到訴願決定書,或行政法院判決書正本後十日

內，填發補繳稅款繳納通知書，通知納稅義務人繳納；並自該項補繳稅款原應繳納期間屆滿之次日起，至填發補繳稅款繳納通知書之日止，按補繳稅額，依各年度一月一日郵政儲金一年期定期儲金固定利率，按日加計利息，一併徵收。

本條中華民國一百年一月十日修正施行前，經復查、訴願或行政訴訟程序終結，稅捐稽徵機關尚未送達收入退還書、國庫支票或補繳稅款繳納通知書之案件，或已送達惟其行政救濟利息尚未確定之案件，適用修正後之規定。但修正前之規定有利於納稅義務人者，適用修正前之規定。

第五章　強制執行

第三十九條（未繳稅捐之強制執行）

納稅義務人應納稅捐，於繳納期間屆滿三十日後仍未繳納者，由稅捐稽徵機關移送法院強制執行。但納稅義務人已依第三十五條規定申請復查者，暫緩移送法院強制執行。

前項暫緩執行之案件，除有左列情形之一者外，稽徵機關應移送法院強制執行：

一、納稅義務人對復查決定之應納稅額繳納半數，並依法提起訴願者。

二、納稅義務人依前款規定繳納半數稅額確有困難，經稽徵機關核准，提
　　供相當擔保者。

第四十條（強制執行之撤回與停止）

　　稅捐稽徵機關，認為移送法院強制執行不當者，得向法院撤回。已在執行中者，應即聲請停止執行。

第六章　罰則

第四十一條（逃漏稅捐之處罰）

納稅義務人以詐術或其他不正當方法逃漏稅捐者，處五年以下有期徒刑、拘役或科或併科新臺幣六萬元以下罰金。

第四十二條（違反代徵或扣繳義務之處罰）

代徵人或扣繳義務人以詐術或其他不正當方法匿報、短報、短徵或不為代徵或扣繳稅捐者，處五年以下有期徒刑、拘役或科或併科新臺幣六萬元以下罰金。

代徵人或扣繳義務人侵占已代繳或已扣繳之稅捐者，亦同。

第四十三條（教唆或幫助逃漏稅捐之處罰）

教唆或幫助犯第四十一條或第四十二條之罪者，處三年以下有期徒刑、拘役或科新臺幣六萬元以下罰金。

稅務人員、執行業務之律師、會計師或其他合法代理人犯前項之罪者，加重其刑至二分之一。

稅務稽徵人員違反第三十三條規定者，除觸犯刑法者移送法辦外，處一萬元以上五萬元以下罰鍰。

第四十四條（違反給予或取得憑證之處罰）

營利事業依法規定應給與他人憑證而未給與，應自他人取得憑證而未取得，或應保存憑證而未保存者，應就其未給與憑證、未取得憑證或未保存憑證，經查明認定之總額，處百分之五罰鍰。但營利事業取得非實際交易對象所開立之憑證，如經查明確有進貨事實及該項憑證確由實際銷貨之營利事業所交付，且實際銷貨之營利事業已依法處罰者，免予處罰。

前項處罰金額最高不得超過新臺幣一百萬元。

第四十五條（違反設置或記載帳簿義務之處罰）

依規定應設置帳簿而不設置，或不依規定記載者，處新臺幣三千元以上七千五百元以下罰鍰，並應通知限於一個月內依規定設置或記載；期滿仍未依照規定設置或記載者，處新臺幣七千五百元以上一萬五千元以下罰鍰，並再通知於一個月內依照規定設置或記載；期滿仍未依照規定設置或記載者，應予停業處分，至依規定設置或記載帳簿時，始予復業。

依規定應驗印之帳簿，未於規定期限內送請主管稽徵機關驗印者，除通知限期補辦外，處新臺幣一千五百元以上一萬五千元以下罰鍰；逾期仍未補辦者，得連續處罰至補辦為止。

不依規定保存帳簿或無正當理由而不將帳簿留置於營業場所者，處新臺幣一萬五千元以上六萬元以下罰鍰。

第四十六條（拒絕調查之處罰）

拒絕稅捐稽徵機關或財政部賦稅署指定之調查人員調查，或拒不提示有關課稅資料、文件者，處新臺幣三千元以上三萬元以下罰鍰。

納稅義務人經稅捐稽徵機關或財政部賦稅署指定之調查人員通知到達備詢，納稅義務人本人或受委任之合法代理人，如無正當理由而拒不到達備

詢者，處新臺幣三千元以下罰鍰。

第四十七條（法人或非法人團體實際業務負責人之刑責）

本法關於納稅義務人、扣繳義務人及代徵人應處徒刑之規定，於下列之人適用之：

一、公司法規定之公司負責人。

二、民法或其他法律規定對外代表法人之董事或理事。

三、商業登記法規定之商業負責人。

四、其他非法人團體之代表人或管理人。

前項規定之人與實際負責業務之人不同時，以實際負責業務之人為準。

第四十八條（逃漏稅之處理）

納稅義務人逃漏稅捐情節重大者，除依有關稅法規定處理外，財政部並得停止其享受獎勵之待遇。

第四十八條之一（自動補繳漏稅之免除處罰及按日加計利息）

納稅義務人自動向稅捐稽徵機關補報並補繳所漏稅款者，凡屬未經檢舉、未經稽徵機關或財政部指定之調查人員進行調查之案件，下列之處罰一律免除；其涉及刑事責任者，並得免除其刑：

一、本法第四十一條至第四十五條之處罰。

二、各稅法所定關於逃漏稅之處罰。

前項補繳之稅款，應自該項稅捐原繳納期限截止之次日起，至補繳之日止，就補繳之應納稅捐，依原應繳納稅款期間屆滿之日郵政儲金匯業局之一年期定期存款利率按日加計利息，一併徵收。

第四十八條之二（輕微違章之減免）

依本法或稅法規定應處罰鍰之行為，其情節輕微，或漏稅在一定金額以下者，得減輕或免予處罰。

前項情節輕微、金額及減免標準，由財政部擬訂，報請行政院核定後發布之。

第四十八條之三（適用法律）

納稅義務人違反本法或稅法之規定，適用裁處時之法律。但裁處前之法律有利於納稅義務人者，適用最有利於納稅義務人之法律。

第七章　附則

第四十九條（稅捐規定之準用）

滯納金、利息、滯報金、怠報金、短估金及罰鍰等，除本法另有規定者外，準用本法有關稅捐之規定。但第六條關於稅捐優先及第三十八條，關於加計利息之規定，對於罰鍰不在準用之列。

第五十條（納稅義務人規定之準用）

本法對於納稅義務人之規定，除第四十一條規定外，於扣繳義務人、代徵人、代繳人及其他依本法負繳納稅捐義務之人準用之。

第五十條之一（徵收期間之起算）

本法修正前，應徵稅捐之繳納期間已屆滿者，其徵收期間自本法修正公布生效日起算五年。

本法修正公布生效日前，已進行之徵收期間，應自前項徵收期間內扣除。

第五十條之二（罰鍰案件處分機關之更動）

依本法或稅法規定應處罰鍰者，由主管稽徵機關處分之，不適用稅法處罰程序之有關規定，受處分人如有不服，應依行政救濟程序辦理。但在行政救濟程序終結前，免依本法第三十九條規定予以強制執行。

第五十條之三（過渡時期輕微違章減免之適用）

本法修正前所發生應處罰鍰之行為，於本法修正公布生效日尚未裁罰確定者，適用第四十八條之二規定辦理。

第五十條之四（過渡時期罰鍰處分機關之確定）

依本法或稅法規定應處罰鍰之案件，於本法修正施行前尚未移送法院裁罰者，依本法之規定由主管稽徵機關處分之；其已移送法院裁罰者，仍依本法修正施行前各稅法之規定由法院裁罰。

第五十條之五（施行細則之訂定）

本法施行細則，由財政部擬訂，報請行政院核定後發布之。

第五十一條（施行日）

本法自公布日施行。但中華民國一百年四月二十六日修正之條文，其施行日期由行政院定之。

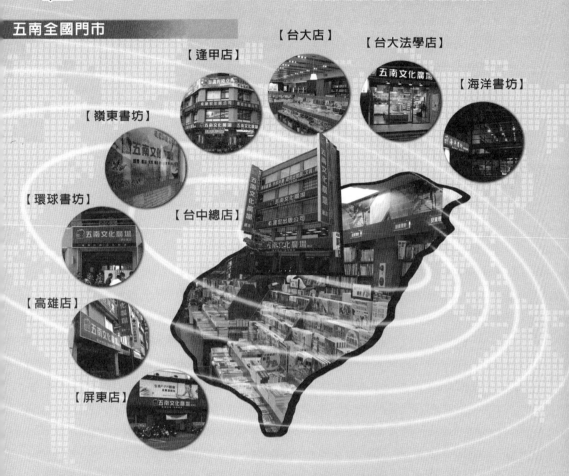

國家圖書館出版品預行編目資料

實用租稅救濟/陳廷献著. — 初版. — 臺
北市:五南, 2011.07
　面;　　公分.--

ISBN 978-957-11-6270-6 (平裝)

1.租稅 2.稅務行政救濟

567.01　　　　　　　　100006023

1R96

實用租稅救濟

作　　　者 — 陳廷献(260.5)

發 行 人 — 楊榮川

總 編 輯 — 龐君豪

主　　　編 — 劉靜芬　林振煌

責任編輯 — 李奇蓁　雷化豪

封面設計 — P.Design視覺企劃

出 版 者 — 五南圖書出版股份有限公司

地　　　址:106台北市大安區和平東路二段339號4樓

電　　　話:(02)2705-5066　傳　　　真:(02)2706-6100

網　　　址:http://www.wunan.com.tw

電子郵件:wunan@wunan.com.tw

劃撥帳號:01068953

戶　　　名:五南圖書出版股份有限公司

台中市駐區辦公室/台中市中區中山路6號

電　　　話:(04)2223-0891　傳　　　真:(04)2223-3549

高雄市駐區辦公室/高雄市新興區中山一路290號

電　　　話:(07)2358-702　傳　　　真:(07)2350-236

法律顧問　元貞聯合法律事務所　張澤平律師

出版日期　2011年7月初版一刷

定　　　價　新臺幣450元